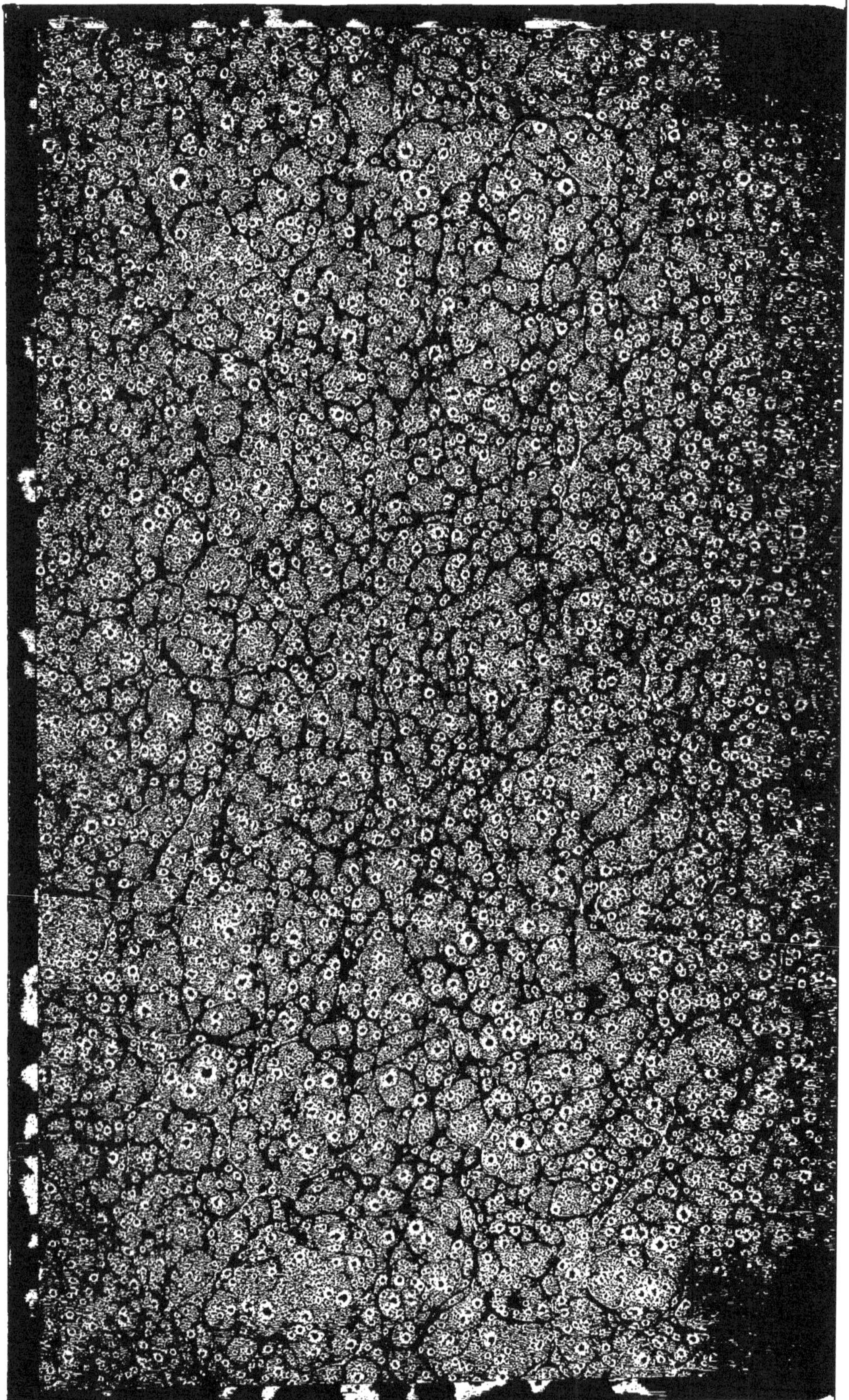

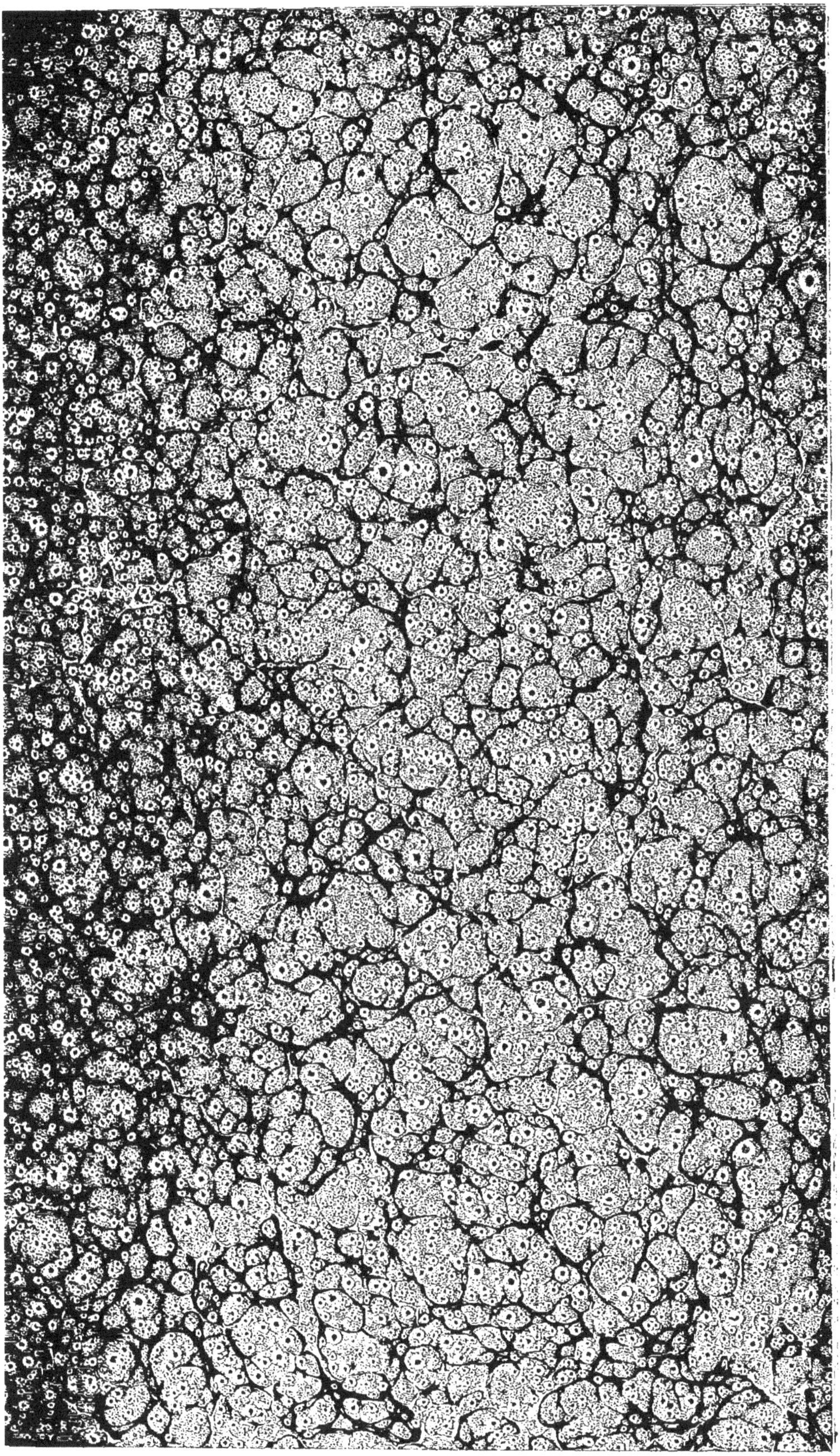

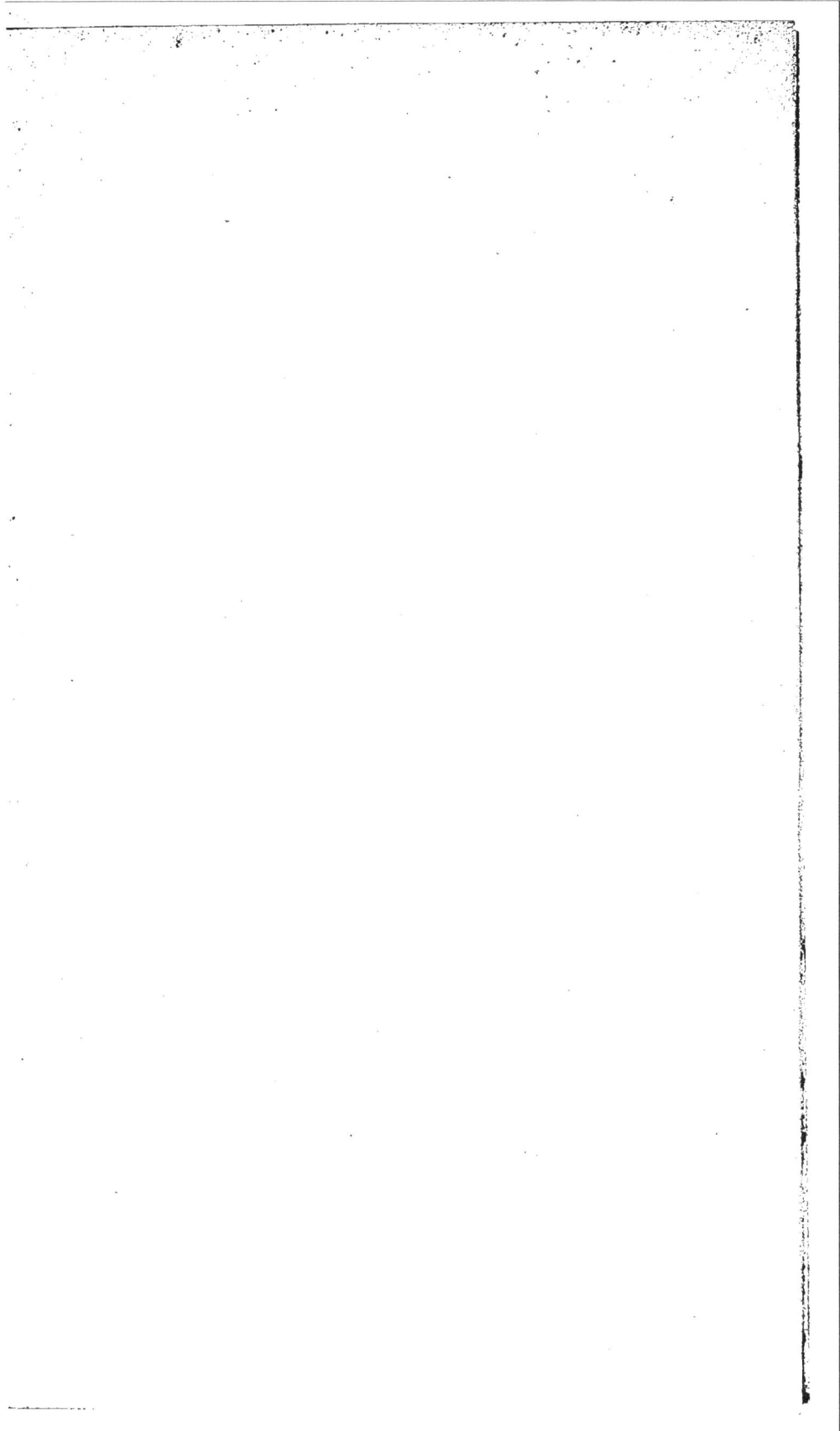

COURS

de

THÈMES ESPAGNOLS

COURS
DE
THÈMES ESPAGNOLS
SUR LES
PRINCIPALES RÈGLES GRAMMATICALES
OU

Supplément à la Grammaire espagnole, dans la partie pratique, offrant de nombreux exemples puisés chez de bons auteurs

PAR

JOSÉ ANTONIO BORRAZ

Professeur de langue espagnole

AUTEUR DE LA NOUVELLE GRAMMAIRE ESPAGNOLE A L'USAGE DES FRANÇAIS

Ouvrage autorisé par le Conseil royal de l'instruction publique

BORDEAUX

PAUL CHAUMAS, LIBRAIRE ÉDITEUR

Fossés du Chapeau-Rouge, 34

1848

PRÉFACE.

L'expérience de tous les jours démontre que les préceptes, en grammaire, quelque excellents qu'ils soient, restent souvent stériles si on ne les met pas en pratique par de bons exemples. Cette vérité a été tellement sentie et appréciée, que presque tous les auteurs de grammaires, surtout de langues étrangères, ont composé des thèmes, qui ne sont autre chose que des collections d'exemples, à l'appui des règles qu'ils ont établies ; et cela parce qu'ils ont cru insuffisants ces quelques exemples que l'on a l'habitude de proposer après chaque règle.

Je pense aussi comme eux, et cette considération m'a décidé à composer ces thèmes, que j'ai l'honneur d'offrir aux amateurs de la langue espagnole. C'est, selon moi, une espèce de grammaire pratique, un complément de celle qui roule plus particulièrement sur la théorie. Pour atteindre ce but, autant qu'il m'était permis de le faire, j'ai choisi mes exemples, en les prenant à de bonnes sources, comme Fénelon, Montesquieu, Lesage, Fontenelle, et plusieurs autres écrivains célèbres ; les pensées choisies des anciens poëtes latins, Horace, Ovide, Virgile, Térence, Sénèque, et autres, de même que plusieurs bonnes pièces dramatiques, m'ont fourni des matériaux que j'ai adaptés au sujet spécial de chaque thème.

J'aurais pu, comme bien d'autres, prendre les exemples des thèmes dans mon propre fonds; mais c'est précisément là ce que j'ai voulu éviter ; et bien certainement on trouvera dans ce livre très-peu de phrases qui n'aient été puisées chez des auteurs infiniment recommandables. Puisqu'il faut réduire en pratique les règles grammaticales, ne vaut-il pas mieux que ce soit par des phrases qui disent quelque chose à l'intelligence, qui apprennent quelque vérité, qui contiennent quelque maxime de bonne morale, que d'employer des phrases sottes, insignifiantes, et dénuées de tout intérêt?

Les thèmes que j'offre au public sont appropriés aux différentes parties du discours ; j'y ai multiplié les exemples, afin de donner abondamment les moyens de surmonter les difficultés que chaque sujet peut présenter dans la pratique. Je tâche en même temps d'indiquer la traduction des phrases françaises le plus littéralement possible, sans nuire à un bon arrangement des mots espagnols.

Le même esprit qui m'a dirigé dans la composition de ma Grammaire, m'a aussi inspiré pour faire ce cours de thèmes : j'ai travaillé consciencieusement, toujours dans le but de faciliter aux Français l'étude et la connaissance de ma langue maternelle, loin de toute pensée de spéculation. J'aime la vérité, et je la pratique autant qu'il m'est donné de la connaître, sans chicane, sans arrière-pensée, sans vouloir rabaisser personne ni porter ombrage à qui que ce soit.

Je dois faire observer ici que, pour me conformer autant que possible aux principes de la grammaire française, je sépare dans ces thèmes les *adjectifs* possessifs, nommés dans ma Grammaire *pronoms* possessifs absolus, des véritables pronoms, nommés *pronoms* possessifs relatifs; les adjectifs démonstratifs, interrogatifs et indéfinis, des pronoms ayant les mêmes dénominations.

Dans un grand nombre de ces thèmes, j'ai traduit tous les mots, excepté ceux qui font le sujet spécial du thème ; quant aux autres, j'ai laissé un grand nombre de mots à traduire, pour ne pas trop les répéter, et parce qu'on suppose que les élèves les savent déjà. Ces lacunes ont été remplies par des *tirets*, en remarquant que chaque *tiret* est placé au-dessous de chaque mot qui doit être traduit, mais on n'en trouvera pas au-dessous des mots en caractères italiques, qu'on ne doit pas traduire.

Mon but étant d'engager les élèves à faire des traductions exactement espagnoles, autant que leur connaissance de la langue le permet, il faudra laisser la traduction des parties de phrases qui se trouvent renfermées entre deux petites lignes perpendiculaires, telle qu'elle est, sans rien changer ni rien ajouter ; et lorsqu'on trouvera des mots surmontés de numéros, on devra placer ces mots dans l'ordre indiqué par les numéros mêmes, car la disposition des parties du discours n'est pas toujours la même dans les deux langues.

Les quelques notions grammaticales qui sont placées en tête de chaque thème, ne sont, à la rigueur, qu'une indication du sujet spécial du thème ; elles ne dispensent pas, pour le bien faire, d'avoir recours à une bonne grammaire, afin d'y puiser des notions plus amples et des explications plus détaillées sur le sujet.

Je ne fais pas d'allusions particulières à ma Grammaire (*),

(*) *Nouvelle Grammaire de la langue espagnole, à l'usage des Français.* Un vol. in-8°. Prix, cartonné : 4 fr.

quoique j'eusse pu renvoyer à la deuxième édition, qui a eu l'honneur d'être approuvée et autorisée par le Conseil royal de l'instruction publique (dans sa séance du 5 mars 1844), pour les colléges où la langue espagnole est enseignée. Les thèmes que je présente peuvent s'adapter à toutes les grammaires espagnoles, puisqu'elles roulent toutes sur les mêmes principes, à quelque chose près. Enfin, il est juste de laisser au professeur le droit qui lui appartient incontestablement de faire usage des moyens qu'il trouvera le plus convenables pour le but qu'il se propose dans l'enseignement de la langue espagnole.

Bordeaux. — Imprimerie de CRUZEL, rue des Ayres, 28.

COURS
DE
THÊMES ESPAGNOLS
SUR LES
PRINCIPALES RÈGLES GRAMMATICALES.

THÊME Ier.

Sur les articles masculin et féminin.

Il y a trois articles en espagnol, le masculin, le féminin et le neutre.

Masc. singulier : *El*, le, l'; *del*, du, de l'; *al*, au, à l'.

Masc. pluriel : *Los*, les; *de los*, des; *à los*, aux.

Fémin. singulier : *La*, la, l'; *de la*, de la, de l'; *à la*, à la, à l'.

Fémin. pluriel : *Las*, les; *de las*, des; *à las*, aux.

Nota. — L'article masculin, quoique destiné à être placé devant les substantifs masculins, précède ordinairement certains substantifs féminins, au singulier, qui commencent par *a* ou *ha*, lorsque cette première syllabe est longue; comme, *el agua*, l'eau, *el áncora*, l'ancre de navire, *el hacha*, la hache; et non *el alegría*, la joie, *el amistad*, l'amitié.

Le ciel et la terre sont l'ouvrage des mains du Créateur.
— cielo y — tierra son — obra *f.* — manos — Criador.
Dieu fit au commencement la lumière, le soleil, la lune et les
Dios hizo — principio — luz, — sol, — luna y —
étoiles, les plantes et les arbres, les quadrupèdes et les
estrellas, — plantas y — árboles, — cuadrúpedos y —
reptiles de la terre, les oiseaux de l'air et les poissons de la
réptiles — tierra, — aves *f.* — aire y — peces —

mer. La poésie s'enrichit des fictions de la fable, comme des
mar. — poesia se enriquece con — ficciones — fábula, como con —
faits de l'histoire. La jeunesse inconsidérée se laisse facilement
hechos — historia. — juventud inconsiderada se deja fácilmente
séduire par les attraits du vice. Dieu dit au premier homme et
seducir por — atractivos — vicio. Dios dijo — primer hombre y
à la première femme, comme *il* l'avait déjà dit aux animaux :
— primera muger, como lo habia ya dicho — animales :
Croissez, multipliez-vous et remplissez la terre. Le bon payeur
Creced, multiplicaos y llenad — tierra. — buen pagador
est le maître de la bourse des autres. On voit que | de tout
es — dueño — bolsa — otros. Se ve que | en todos
temps | les petits ont pâti des sottises des grands. Les
tiempos | — pequeños han padecido — necedades — grandes. —
fables sont considérées comme l'histoire des temps passés.
fábulas son consideradas como — historia — tiempos pasados.
Quelqu'un a dit que les vices des grands et des heureux de la
Alguno dijo que — vicios — grandes y — felices — —
terre se fortifient par l'adulation. L'amitié est une des plus
tierra se fortifican con — adulacion. — amistad es uno — mas
douces consolations que Dieu ait réservées aux âmes honnêtes.
dulces consuelos *m.* que Dios haya reservado — almas honestas.
| Malheureusement pour moi, | je m'étais affectionné aux
| Por desgracia mia, | yo me habia aficionado —
commodités de la vie. Sur l'aile du temps la tristesse s'envole;
comodidades — vida. Sobre — ala — tiempo — tristeza se vuela;
le temps ramène les plaisirs. Dans la prospérité il faut
— tiempo vuelve á traer — placeres. En — prosperidad es preciso
se préparer au malheur, et s'attendre aux changements de la
prepararse — desgracia, *f.* y contar con — mudanzas *f.* —
fortune. La délicatesse du goût conduit à la mendicité. Les
fortuna. — delicadeza — gusto conduce — mendicidad. —
injustices des pervers servent souvent d'excuse aux nôtres.
injusticias — perversos sirven muchas veces de excusa — nuestras.
Si *vous* aimez la vie, ne prodiguez *pas* le temps, car c'est
Si — amais — vida, no desperdicieis — tiempo, pues esta es

l'étoffe dont la vie est faite. L'activité est la mère de la
— tela con que — vida está hecha. — actividad es — madre —
prospérité, et Dieu ne refuse rien au travail. L'Afrique ne
prosperidad, y Dios no rehusa nada — trabajo. — Africa no
peut *pas* être aussi peuplée que l'Asie : cette dernière jouit
puede estar tan poblada como — Asia : esta última goza
d'un climat doux et fertile ; mais la première a *d'*immenses
de un clima dulce y fértil ; pero — primera tiene inmensos
déserts, et une température brûlante. Je sortis de *la* maison
desiertos, y una temperatura abrasada. Yo salí de casa
| pour aller vous voir ; | vos gens m'apprirent que vous
| para ir á verle á usted ; | sus criados me dijeron que usted
étiez à *la* messe ; mais *je* ne pus vous trouver ni à l'église
estaba en misa ; pero no pude hallarle ni en — iglesia
ni à *la* promenade, où *je* vous cherchai inutilement. *Il*
ni en paseo, en donde le busqué inútilmente.
règne une grande harmonie dans la distribution du globe de la
Reina una grande armonía en — distribucion — globo —
terre, que *nous* croyons abandonnée aux simples lois du
tierra, que creemos abandonada — simples leyes —
mouvement et du hasard. L'aigle, roi des oiseaux, fait
movimiento y — acaso. Aguila *f.* reina — aves, hace
son nid sur les rochers *les* plus inaccessibles. Je ne connais
su nido sobre — rocas mas inaccesibles. Yo no conozco
rien *de* plus estimable dans le monde, après l'homme vertueux,
nada mas estimable en — mundo, despues — hombre virtuoso,
que l'homme savant, si toutefois on peut séparer les sciences
que — hombre docto, si no obstante se pueden separar — ciencias
de la vertu. L'intérêt est le mobile apparent ou secret de la
— virtud. — interes es — móvil aparente ó secreto —
plupart des actions des hommes. Les qualités de l'esprit se
mayor parte — acciones — hombres. — prendas — espíritu se
font admirer, celles du cœur se font aimer.
hacen admirar, — — corazon se hacen amar.

THÈME II.

Sur l'article neutre.

Singul. sans pluriel : *Lo*, le, l' ; *de lo*, du, de l' ; *à lo*, au, à l'.

NOTA. — Cet article neutre sert exclusivement en espagnol à être placé devant les adjectifs substantivement employés, lorsqu'ils marquent toute l'étendue de leur signification ; comme : *lo bueno*, tout ce qui est bon, *lo blanco*, le blanc, *lo útil*, ce qui est utile.

Le vulgaire ignorant attache souvent le même prix au
— vulgo ignorante aplica muchas veces — mismo precio —
bon et au mauvais. | L'unique chose | que je vous demande
bueno y — malo. | — único | que yo le pido à usted
c'est le plus profond secret sur tout ce que *vous* avez vu et
es — mas profundo secreto sobre todo cuanto ha visto y
entendu. | Le côté plaisant | de la chose, *c*'est qu'il riait
oido. | — gracioso | del caso, es que él se reia
comme un bienheureux, | toutes les fois | qu'on parlait
como un bienaventurado, | siempre | que se hablaba
devant lui de ses affaires domestiques. Rien *n*'est beau que
delante de él de sus asuntos domésticos. Nada es bello como
le vrai, le vrai seul est aimable. *C*'est renverser l'ordre
— verdadero, — verdadero solo es amable. Es trastornar — órden
des choses *que de* préférer l'agréable à l'utile, et l'utile au
— cosas preferir — agradable — útil, y — útil —
nécessaire. Le sublime est plutôt dans les pensées et dans
necesario. — sublime está mas bien en — pensamientos y en
les choses même que dans les paroles. | J'avais oublié |
— cosas mismas que en — palabras. | Se me habia olvidado |
le principal, *c*'était *de* prendre les documents qui constataient
— principal, y era tomar — documentos que probaban
mon droit, pour suivre ce fatal procès. La pièce ne fut
mi derecho, para seguir aquel fatal pleito. — pieza no fué
pas jouée, parce que les censeurs en[3] avaient[1] supprimé[2]
representada porque — censores en ella habian suprimido

le mieux et le plus intéressant, *en* n' en laissant que le
— mejor y — mas interesante, no de ella dejando mas que —
squelette. Telle était l'avarice de mon premier maître, qu'*il*
esqueleto. Tal era —avaricia de mi primer amo, que
me faisait périr de faim, et telle *était* sa lésinerie que de
me hacia perecer de hambre, y tal su mezquindad que de
| tous les | comestibles *qu'il* se procurait, *il* mangeait d'abord
| cuantos | comestibles se procuraba, comia primero
tout le plus mauvais, et gardait le bon.
todo — mas malo, y guardaba — bueno.

THÈME III.

Sur l'article composé indéterminé.

On l'appelle aussi adjectif indéfini : Du, de l', de la, de l', des.

NOTA. — Cet article composé indéterminé, généralement parlant, doit être supprimé en espagnol : cependant, lorsque le sens de la phrase le permet, on le traduit par *unos* ou *algunos*, *unas* ou *algunas* : J'ai des livres qui ne me servent à rien, *tengo algunos libros que para nada me sirven.* Donnez-moi des ciseaux, *deme Vm. unas tijeras.*

Les qualités excessives nous font du mal : *nous* ne les
— cualidades excesivas nos hacen — mal : no las
sentons plus, *nous* les supportons. J'adresse toujours mon
sentimos mas, las soportamos. Yo dirijo siempre mi
intention à *une* bonne fin, | c'est-à-dire, | à faire du bien à
intencion á buen fin, | esto es, | á hacer — bien á
tous, et du mal à aucun. L'ame supporte des fatigues que le
todos, y — mal á ninguno. — alma aguanta — fatigas que —
corps ne soutient *pas*. Toutes les unions sont fondées sur
cuerpo no sostiene. Todas — uniones están fundadas sobre
des besoins mutuels. A quoi sert la paix avec des ennemis
— necesidades mutuas. ¿De que sirve — paz con — enemigos

sans foi? Le renard qui dort ne prend *pas* des poules.
sin fé? — zorro que duerme no coge — gallinas.
Labourez pendant que le paresseux dort; *vous* aurez du blé
Labrad mientras que — perezoso duerme: y tendreis — trigo
à vendre et à garder. Ne cherchons *point* à obtenir d'un
para vender y para guardar. No hagamos por obtener de un
homme juste des choses contraires à la justice. De la sagesse
hombre justo — cosas contrarias — justicia. — honestidad
et un bon caractère sont une assez belle dot pour une femme.
y un buen genio son una bastante bella dote para una muger.
Les biens de la fortune sont réellement des biens pour
— bienes — fortuna son realmente — bienes para
l'homme qui sait | en jouir, | et des maux pour | celui qui |
— hombre que sabe | gozar de ellos | y — males para | quien |
en abuse. Des fontaines | coulant | avec un doux murmure
abusa. — fuentes | que manaban | con un dulce mormullo
sur des prés semés d'amarantes et *de* violettes, formaient
en — prados matizados de amarantos y violetas, formaban
en divers lieux des bains aussi purs et *aussi* clairs que le
en varios lugares — remansos tan puros y claros como —
cristal. *Il* y a dans ta préface des expressions trop
cristal. Hay en tu preámbulo — expresiones demasiado
recherchées, des mots qui ne sont *point* | marqués au coin |
afectadas, — términos que no son | del gusto |
du public, des phrases entortillées | pour ainsi dire; | en un
— público, — frases enrevesadas | por decirlo asi; | en una
mot, ton style est singulier. La bonne marchandise trouve
palabra, tu estilo es singular. — buena mercadurîa halla
toujours des acheteurs. Je hais l'or, disait un sage, parce
siempre — compradores. Yo aborrezco — oro, decia un sabio, por-
qu'*il* a souvent donné de mauvais conseils. On traverse de
que ha muchas veces dado — malos consejos. Se atraviesan —
vastes contrées, d'affreux déserts, d'immenses fleuves, sans
vastas regiones, — espantosos desiertos, — immensos rios, sin
trouver aucune habitation humaine. De riants bocages et
hallar ninguna habitacion humana. — deliciosas florestas y

de riches troupeaux ornaient ces vallons, que d'heureuses
— ricos rebaños hermoseaban aquellos valles, que — dichosas
bergères parcouraient *en* chantant et *en* tressant des guirlandes.
zagalas recorrian cantando y tejiendo — guirnaldas.
La culture de la terre exige de rudes travaux et des soins
— cultivo *m.* — tierra exige — duros trabajos y — cuidados
non interrompus ; à cette condition elle répand de son sein
no interrumpidos ; con esta condicion ella derrama de su seno
l'abondance et la richesse. Avec de l'assiduité et de la patience
— abundancia y — riqueza. Con — perseverancia y — paciencia
on obtient tout. D'abondantes larmes vinrent enfin soulager
se consigue todo. — copiosas lágrimas vinieron en fin á aliviar
mon cœur, qui allait défaillir. Avec vos trésors *vous*
mi corazon, que iba á desfallecer. Con vuestros tesoros
ramassez de noirs soucis et des chagrins amers. Si le
recogeis — negros cuidados y — pesares amargos. Si —
corps se fortifie par des travaux modérés, *c'est* par des
cuerpo se fortalece con — trabajos moderados, con —
sages instructions *que* l'esprit se perfectionne. Le moyen de
juiciosas instrucciones — espíritu se perfecciona. — medio de
donner avec fruit des leçons de vertu, *c'est de* donner aux
dar con fruto — lecciones — virtud, es dar —
hommes de bons exemples à imiter. Les mêmes dangers qui
hombres — buenos ejemplos que imitar. — mismos peligros que
sont des écueils pour les méchants, deviennent des occasions
son — escollos para — malos, se hacen — ocasiones
de mérite pour les justes. Les philosophes, | tout profonds
de mérito para — justos. — filósofos, | por profundos
qu'ils sont, | ignorent la cause de bien des effets. L'espérance
que sean, | ignoran — causa de muchos — efectos. — esperanza
sert au moins à nous mener à la fin de la vie par des chemins
sirve á lo menos para guiarnos — fin *m.* — vida por — caminos
agréables. De bonnes actions et des études agréables sont les
agradables. — buenas acciones y — estudios agradables son —
plus doux passetemps. Tous les faux biens produisent de
mas dulces pasatiempos. Todos — falsos bienes producen —

véritables maux. Les quinzième et seizième siècles ont été
verdaderos males. — décimoquinto y décimosexto siglos han sido
marqués par de grandes découvertes. On ne trouve guère
señalados por — grandes descubrimientos. No se hallan muchos
des ingrats, tant que l'on est en état de faire du bien. S'*il*
— ingratos, mientras que uno está en estado de hacer — bien. Si
est utile *de* se faire des amis, *il* l'est encore plus *de* ne *point*
es útil hacerse — amigos, lo es todavía mas no
se faire des ennemis. *Il* y a de mauvais exemples qui sont
hacerse — enemigos. Hay — malos ejemplos que son
pires que des crimes. Ne demandons *pas* à un ami des choses
peores que — crímenes. No pidamos á un amigo — cosas
indignes de l'honneur, car un ami est *un* autre moi-même.
indignas — honor, pues un amigo es otro yo mismo.
Là se trouvent des hautes montagnes, toujours couvertes de
Allí se hallan — altos montes, siempre cubiertos de
neige, et dont sortent de grands fleuves qui parcourent les
nieve, y de los cuales salen — grandes rios que recorren —
deux Amériques. Louer quelqu'un des vertus qu'*il* n'a *pas*,
dos Américas. Alabar á alguno — virtudes que no tiene,
c'est lui dire impunément des injures.
es decirle impunemente — injurias.

THÈME IV.

Sur la formation du pluriel.

Les noms déclinables, dont la terminaison au singulier est en *a*, en *e*, en *o*, ou en *u*, brefs, font le pluriel en y ajoutant une *s*; ceux qui, au singulier, sont terminés par une consonne ou par un *á*, un *í*, ou un *ú* longs, ajoutent *es* pour la formation du pluriel : *verdad-es*, vérités ; *fiel-es*, fidèles ; *mies-es*, moissons, *olor-es*, odeurs ; *ley-es*, lois ; *albalá-es*, passavants ; *rubí-es*, rubis ; *biricú-es*, cinturons.

NOTA. — Certains mots font le pluriel comme le singulier, sans rien ajouter ni rien changer; tels sont les noms des jours de la semaine : *lúnes*, lundi; *mártes*, mardi; *miércoles*, mercredi; *jueves*, jeudi; et *viernes*, vendredi; d'autres qui sont composés d'un verbe et d'un substantif au pluriel, commme *paraguas*, parapluie; *cortaplumas*, canif; *mondadientes*, cure-dents; *perdonavidas*, rodomont; d'autres enfin, pris dans la langue grecque, qui sont terminés en *is*, comme *tésis*, thèse; *metamórfosis*, métamorphose; *análisis*, analyse. L'*y* grec qui termine un mot déclinable au singulier prend aussi *es* pour le pluriel, comme *ay*, plainte; *ayes*, plaintes; *rey*, roi; *reyes*, rois; *comboy*, convoi, *comboyes*, convois.

Les actions *les* plus éclatantes sont rarement les plus louables.
— accion mas brillante son rara vez — mas laudable.
Il y a eu des philosophes qui ont méprisé les temples et les
Ha habido — filósofo que han despreciado — templo y —
autels, et ont enseigné *de* ne *point* adorer les dieux; *d'*autres
altar, y han enseñado no adorar á — dios; otro
ont été si superstitieux que d'adorer les arbres, les pierres et
han sido tan supersticioso que adoraron — árbol, — piedra y
les animaux irraisonnables. N'est-*il pas* étrange que des milliers
— animal irracional. ¿No es extraño que — millar
d'espèces de végétaux, résineux, huileux, élastiques, mous et
de especie de vegetal, resinoso, oleoso, elástico, blando y
combustibles, diffèrent en tout du sol dur et pierreux qui les
combustible, difieran en todo — suelo duro y pedragoso que los
produit? Les qualités élémentaires de l'air, de l'eau, de la
produce? — cualidad elemental — aire, — agua, —
terre et du feu, ne sont *pas* faciles à déterminer. Les animaux
tierra y — fuego, no son fácil de determinar. — animal
ne sont sensibles qu'aux objets qui ont des convenances par-
no son sensible sino — objeto que tienen — conformidad particulières avec leurs besoins. Pour certains corps militaires
ticular con sus necesidad. Para cierto cuerpo militar
on exige des hommes de cinq pieds et six pouces. Parmi les
se exigen — hombre de cinco pié y seis pulgada. Entre —
vertus évangéliques, la charité tient le premier rang. J'ai
virtud evangélica, — caridad ocupa — primer lugar. He

parcouru la moitié de la terre, et *je* | n'y ai vu que | des
recorrido — mitad — tierra, y | solo he visto en ella | —
folies, des malheurs et des crimes. A quoi servent les lois
locura, — desdicha y — crimen. ¿De qué sirven — ley
quand *il* n'y a *pas* de mœurs? La société des sauvages ne
cuando no hay — costumbre? — sociedad — salvage no
consiste *pas* à avoir de belles villes murées, des rois entourés
consiste en tener — hermosa ciudad murada, — rey rodeado
d'une brillante cour, des spectacles, des couvents, des uni-
de una brillante corte, — espectáculo, — convento, — uni-
versités, des bibliothèques et des cabarets. Attendez, mon
versidad, — biblioteca y — taberna. Espere Vm, amigo
ami, revenez dans quelques jours; *je* suis en termes d'acco-
mio; vuelva dentro de alguno dia; estoy en término de aco-
modement avec un des principaux personnages de la cour. Je
modamiento con uno — principal personage — corte. Yo
vois les animaux, et *j'y* trouve le modèle des vertus que *je*
veo — animal, y en ellos hallo — modelo — virtud que
dois chérir. *Nous* devons à M. de Saint-Ange une exellente
debo amar. Debemos al Sr de Saint-Ange una excelente
traduction en vers des Métamorphoses d'Ovide. *Il* n'est *pas*
traduccion en verso — Metamórfosis de Ovidio. No es
bien difficile *de* soutenir des thèses, lorsqu'on a eu le temps
muy difícil — sostener — tésis, cuando se ha tenido — tiempo
de *s'y* préparer. Les lundi, les mercredi et les vendredi du
para prepararse. — lunes, — miércoles y — viernes —
carême sont appelés féries majeures dans les liturgies de
cuaresma *f.* son llamado feria mayor en — liturgia —
l'Église romaine. L'intéressant tableau! on y voit le sang
— iglesia romana. ¡Qué interesante cuadro! se[2] allí[1] ve[3] — sangre *f.*
ruisseler en liquides rubis des blessures du saint martyr. Il
brotar en líquido rubí — herida — santo mártyr. El
s'arrête en chemin et se dit en lui-même : Où vas-*tu*, in-
se para en el camino y se dice entre sí mismo : ¿Adonde vas, insensé? Ne semble-t-*il pas* que *tu* aies cent pistoles dans ta
sensato? ¿No parece que tengas cien doblon en tu

bourse? *tu* n'as *pas* seulement deux maravedis. On devrait
bolsillo? no tienes solamente dos maravedí. Se debiera
défendre à certains écoliers irascibles les couteaux, les ca-
prohibir á cierto estudiante iracundo — navaja, *f.* — cor-
nifs, les ciseaux, et même les épingles. La température de
taplumas, — tijeras, *f.* y aun — alfiler *m.* — temperatura de
certains pays est favorable au commerce des parapluies, car
cierto pais es favorable — comercio — paraguas, pues
il y pleut presque continuellement. De tout temps on a
en ellos llueve casi continuamente. En todos tiempo se ha
su que le sol, les eaux, l'atmosphère et les vents influent
sabido que — terreno, — agua, — atmósfera y — viento influyen
sur les végétaux, les animaux et les hommes. Souvent le
sobre — vejetal, — animal y — hombre. Muchas veces —
ciel serait injuste s'*il* exauçait nos prières. Les maximes des
cielo seria injusto si escuchase nuestro ruego. — máxima —
hommes décèlent leur cœur. Bénis soient les rois qui ont été
hombre descubren su corazon. Bendito sean — rey que han sido
les pères de leurs peuples.
— padre de sus pueblo.

THÈME V.

Sur le Genre des Substantifs.

La plupart des substantifs sont en espagnol du même genre qu'en français : cependant il en est un grand nombre qui ont un genre différent dans les deux langues.

Masculins en français, féminins en espagnol : le lait, *la leche;* le serpent, *la serpiente;* le sang, *la sangre;* l'orage, *la tempestad;* le nez, *la nariz;* le signe, *la señal;* le sel, *la sal,* le miel, *la miel;* le fiel, *la hiel;* le rideau, *la cortina;* l'argent (métal), *la plata;* le bord, *la orilla;* les oiseaux, *las aves;* le front, *la frente;* le bonheur, *la dicha;* le malheur, *la desdicha;* les bas, *las medias*; le genou, *la rodilla*; le sourcil, *la ceja*; le brouillard, *la niebla*; le lièvre, *la liebre*; le printemps, *la primavera*; le soir, *la tarde*, etc., etc.

Féminins en français, masculins en espagnol : la montagne, *el monte*; la forêt, *el bosque*; la rivière, *el rio*; l'armée, *el ejército*; la ruse, *el ardid*; la rougeole, *el sarampion*; la comète, *el cometa*; la planète, *el planeta*; une paire, *un par*; la chambre, *el cuarto*; la promenade, *el paseo*; la minute, *el minuto*; la jalousie, *los zelos*; la fumée, *el humo*; la suie, *el hollin*; la glace, *el hielo*; la punition, *el castigo*; la récompense, *el premio*; la cuisse, *el muslo*; la boue, *el lodo*; la brique, *el ladrillo*; la corne, *el cuerno*: la couleur, *el color*, etc.

| Tout le monde | cherche le bonheur sans pouvoir l'atteindre;
| todos | buscan — dicha sin poder alcanzarla:
serait-*il* fait pour cette terre? L'homme juste oppose à l'adversité
¿ seria hecha para esta tierra? — hombre justo opone — adversidad
un front serein et un courage invincible. Quand on supporte
— frente serena y — valor invencible. Cuando se soporta
le malheur avec courage, on goûte mieux le retour de la fortune.
— desgracia con valor, se goza mejor de — vuelta de — fortuna.
Le besoin | fait tout faire. | Quand on réfléchit sur le sort
— necesidad | fuerza á hacerlo todo. | Cuando se reflexiona sobre — suerte
des hommes, on trouve qu'*ils* sont bien peu *de* chose. Savoir
— hombres, se halla que son muy poca cosa. Saber
se posséder dans une affaire fâcheuse, c'est s'épargner la moitié
poseerse en — negocio ingrato, es ahorrarse — mitad
du chagrin. La sagesse n'est *pas* le fruit de l'âge, mais celui
— pena, — prudencia no es — fruto de — edad, sino el
d'heureuses dispositions. Quelle est la nature de l'eau? Est-*ce*
de felices disposiciones. ¿Cual es — naturaleza — agua? ¿Es
*d'*être répandue en vapeurs légères et invisibles dans l'air,
estar esparcida en vapores ligero é invisibles en — aire,
comme la rosée, ou rassemblée en brouillards épais dans les
como — rocío, ó reunida en nieblas espeso en —

nuages, ou consolidée en masse dans les glaces, ou fluide
nubes, ó consolidada en masa en — hielos, ó fluida
enfin, comme dans les rivières? La différence entre les planètes
en fin, como en — rios? — diferencia entre — planetas
et les comètes est que les premières tournent autour du soleil
y — cometas es que — primero giran al rededor — sol
d'une manière constante et régulière, et les secondes tournent
de una manera constante y regular, y — segundo giran
d'une manière irrégulière. Autrefois le sable restait inutile
de una manera irregular. Antiguamente — arena se estaba inútil
sur la terre; maintenant | on en fait | *de* belles glaces.
sobre — tierra; ahora | se hacen con ella | hermoso espejo.
Quand la dépense surpasse le gain, on ne peut *pas* aller bien
Cuando — gasto excede — ganancia, no se puede ir muy
loin. L'homme est né libre et partout *il* est dans les fers:
lejos. — hombre ha nacido libre y en todas partes está en — cadenas:
comment ce[3] changement[4] s'est-*il*[1] fait[2]? je l'ignore. *Il* n'y a
¿como este mudanza se ha hecho? yo lo ignoro. No hay
rien *d'*impossible à l'homme qui prend la foudre aux mains
nada imposible — hombre qui toma — rayo de las manos
de Jupiter tonnant et *qui* la fait descendre dans un puits le long
de Júpiter tonante y — hace bajar á un pozo á lo largo
d'une grande broche de fer. L'esclavage est pire que tous
de — grande asador de hierro. — esclavitud es peor que todos
les maux ensemble. *C'*était un petit homme qui m'arrivait
— males juntos. Era un hombrecillo que me llegaba
à peine aux épaules, et je ne le croyais *pas* un rival bien
apenas — hombros, y yo no le creia un rival muy
dangereux. L'on m'avait préparé une chambre fort propre et
peligroso. Se me habia preparado — cuarto muy aseado y
un lit de duvet. Les méchants perdent bientôt le souvenir
— cama de plumas. — malos pierden prontamente — memoria
du bien qu'on leur a fait. Ceux qui désirent beaucoup éprouvent
— bien que les han hecho. Los que desean mucho padecen
beaucoup *de* besoins. Le plus grand affront que *l'*on puisse
mucho necesidades. — mayor afrenta que se pueda

faire à une jeune femme, *c'est de* l'appeler laide. Par quel
hacer á una muger jóven, es llamarla fea. ¿Por qué
aveuglement inconcevable la plupart des hommes oublient la
ceguedad inconcebible — mayor parte — hombres olvidan —
petitesse de leur être? L'or et l'argent sont utiles lorsqu'on
pequeñez de su ser? — oro y — plata son útiles cuando se
en fait *un* bon usage. La connaissance de la vertu restera
hace de ellos buen uso. — conocimiento de — virtud estará
toujours sur la terre, soit pour nous consoler quand *nous*
siempre sobre — tierra, ya para consolarnos cuando
l'embrasserons, soit pour nous accuser quand *nous* violerons
la abrazáremos, ya para acusarnos cuando violáremos
ses lois. *C'est* par le mérite et non par la faveur *qu'il* faut
sus leyes. Por — mérito y no por — favor es preciso
chercher à s'avancer. La haine est si aveugle qu'*elle* ne cherche
tratar de ascender. — odio es tan ciego que no busca
pas même des prétextes pour se satisfaire. Les pensées *les*
ni aun — pretextos para satisfacerse. — pensamientos
plus sublimes ne sont rien si *elles* sont mal exprimées. Un auteur
mas sublimes no son nada si son mal expresado. Un autor
a dit que si presque tous les nègres sont camus, *c'est* parce que
ha dicho que si casi todos — negros son romos, es porque
les parents écrasent le nez à leurs enfants. Aux yeux de
— padres aplastan — nariz á sus hijos. — ojos á
l'envie la réputation *la* mieux établie n'est qu'une erreur
— envidia — reputacion mejor establecida no es mas que — error
publique.
público.

THÈME VI.

Sur les Adjectifs qualificatifs.

Ces adjectifs sont ainsi appelés parce qu'ils désignent quelque qualité.

Il en est qui dérivent des verbes, et qui pour cette raison sont appelés adjectifs verbaux ; tels sont *amante*, aimant, *complaciente*, complaisant, *picante*, piquant, *hablador*, parleur; *trabajador*, travailleur, *admirable*, admirable, *envidioso*, envieux, etc.

D'autres sont composés de deux mots réunis, et c'est pour cela qu'on les appelle adjectifs composés; comme *agridulce*, aigre-doux, *reciennacido*, nouveau-né, *barbilampiño*, qui n'a pas de barbe, *maniroto*, prodigue, *pelirubio*, à cheveux blonds, etc.

On emploie souvent un substantif adjectivement, parce qu'il sert à qualifier : il a été soldat, *ha sido soldado*, vous êtes médecin, *Vm. es médico*, on le nomma bibliothécaire, *le nombraron bibliotecario*.

Un adjectif peut aussi devenir substantif, s'il représente un être quelconque : les savants, *los doctos*, un importun, *un importuno*, deux aveugles, *dos ciegos*.

Une innovation n'est une amélioration que lorsqu'*elle* apporte
Una innovacion no es una mejora sino cuando aplica
à un mal réel, un remède efficace. Les nations ressemblent
á un mal real un remedio eficaz. — naciones se asemejan
aujourd'hui à un malade désespéré, qui compte sur une guérison
hoy á — enfermo desahuciado, que cuenta con — cura
miraculeuse. On nomme hardiment amour un caprice passager,
milagroso. Se llama osadamente amor — capricho pasagero,
une liaison sans attachement, un sentiment sans estime, des
— union sin apego, — sentimiento sin aprecio, —
simagrées pompeuses, une froide habitude, une fantaisie
moñadas engañosos, — frio costumbre, — fantasía
romanesque, un goût suivi d'un prompt dégoût : on donne
fingido, — gusto seguido de — pronto disgusto : se da
ce nom à mille chimères. Saint Paul était savant, éloquent,
este nombre á mil quimeras. San Pablo era docto, elocuente,
véhément, infatigable, instruit dans la langue grecque, et
vehemente, infatigable, instruido en — lengua griega, y
1 4 5 3
rempli de zèle pour la gloire de son maître. Que mon sort est
lleno de celo por — gloria de su maestro. ¡Qué mi suerte *f.* es

affreux, s'écriait un hibou; vieux, infirme, souffrant, accablé
horroroso, exclamaba — buho; viejo, achacoso, doliente, abrumado
de misère, *je* suis isolé sur la terre. Dieu, d'après la philosophie
— miseria, estoy aislado sobre — tierra. Dios, segun — filosofía
des Indiens, est immatériel, incompréhensible, invisible, sans
— Indios, es inmaterial, incomprehensible, invisible, sin
forme, éternel, tout-puissant; *il* connaît tout et *il* est présent
forma, eterno, omnipotente; lo conoce todo y está presente
partout. On n'écrira jamais rien *de* plus sage, *de* plus
en todas partes. No se escribirá jamás nada mas sabio, mas
vrai, *de* plus utile, que le livre *des Offices* de Cicéron. *Je*
verdadero, mas útil, que — libro — Oficios — Ciceron.
suis ici comme vous m'*y* avez laissé; ni plus gai, ni plus
Estoy aquí como usted me dejó; ni mas alegre, ni mas
triste, ni plus riche, ni plus pauvre, jouissant d'une santé
triste, ni mas rico, ni mas pobre, gozando — una salud
parfaite, ayant tout ce qui rend la vie agréable; sans amour,
perfecto, teniendo todo cuanto hace — vida agradable; sin amor,
sans avarice, sans ambition et sans envie: et tant que cela
sin avaricia, sin ambicion y sin envidia: y mientras esto
durera, *je* m'appellerai hardiment un homme heureux. Un vieux
durare, me llamaré osadamente — hombre feliz. — viejo
renard, cassé, goutteux, apoplectique, mais instruit, éloquent,
zorro, sin salud, gotoso, apopléctico, mas instruido, elocuente,
discret, et | sachant très-bien sa logique, | se mit à prêcher
discreto, y | muy ejercitado en la lógica, | se puso á predicar
au désert: son style était fleuri, sa morale excellente. Dieu
en el desierto: su estilo era florido, su moral excelente. Dios
me garde, monsieur, de marcher avec vous sur ces charbons
me guarde, señor mio, de andar con usted sobre esos carbones
ardents, cachés sous des cendres trompeuses. Celui qui connaît
ardientes, ocultos bajo — cenizas engañosas. Quien conoce
tout le prix d'une heureuse médiocrité, préfère une demeure
todo el valor de una feliz medianía, prefiere una vivienda
simple et décente à ces magnifiques et somptueux palais, qui
sencilla y decente á esos magníficos y suntuosos palacios, que

attirent l'envie. Ce petit monstre boiteux avait des jambes
atraen — envidia. Aquel pequeño monstruo cojo tenia — piernas
de bouc, le visage long, le menton pointu, le teint jaune et
de chivo, — cara largo, — barba puntiagudo, — tez *f.* amarillo y
noir, le nez fort écrasé : ses yeux qui paraissaient très
negro, — nariz *f.* muy aplastado : sus ojos que parecian muy
petits, ressemblaient à deux charbons allumés : sa bouche
pequeños, se asemejaban á dos carbones encendidos : su boca
excessivement fendue, | était surmontée de deux crocs de
excesivamente rasgado, | tenia sobrepuestos dos bigotes
moustache rousse, | et bordée de deux lippes sans pareilles.
bermejos retorcidos, | y ribeteado de dos morros sin igual.
Platon appelle cette immense sphère du monde, l'ouvrage
Platon llama á esta inmenso esfera — mundo, — obra *f.*
de l'Éternel Géomètre. *Il* est doux, *il est* beau *de* mourir pour sa
— Eterno Geómetra. Es dulce y bello — morir por su
patrie. Bonne et respectable famille, famille patriarcale,
patria, Bueno — respetable familia, familia patriarcal,
enfants du bon Dieu! *je* n'oublierai *pas* les heures que *j*'ai
hijos — buen Dios! no olvidaré — horas que he
passées au milieu de vous. Rien *n*'étonne l'homme juste et
pasado en medio de vosotros. Nada admira al hombre justo y
constant dans ses principes : sa vertu n'est ébranlée ni par les
constante en sus principios : su virtud no es alterada ni por —
cris insensés d'un peuple en fureur, ni par les regards
gritos insensatos de un pueblo furioso, ni por — miradas *f.*
menaçants d'un tyran farouche, ni par les vents qui exercent
amenazadoras — un tirano feroz, ni por — vientos que ejercen
leur empire sur une mer orageuse, ni par les foudres que
su imperio sobre un mar tempestuoso, ni por — rayos que
lance la main terrible de Jupiter. Que l'univers entier s'écroule
arroja — mano terrible — Júpiter. Si — universo entero se desploma
sur sa tête, *il en* sera écrasé, mais non *pas* effrayé. Parmi les
sobre su cabeza, será aplastado, pero no asustado. Entre —
journalistes | *il* en est | qui ont compris leur mission du
diaristas | hay algunos | que han entendido su mision por el

côté honorable, qui sont partisans de tout ce qui est noble,
lado honroso, que son partidarios — todo lo que es noble,
défenseurs de tout ce qui est beau, admirateurs de tout ce qui
defensores — todo cuanto es bello, y admiradores — todo lo que
est grand. Les climats tempérés ne produisent que des choses
es grande. — climas templados no producen sino — cosas
tempérées; les herbes *les* plus douces, les légumes *les* plus
templado; — yerbas mas dulces, — legumbres *f.* mas
sains, les fruits *les* plus suaves, les animaux *les* plus tranquilles,
sano, — frutas mas suaves, animales mas pacíficos,
sont l'apanage de ces heureux climats.
son — suerte *f.* — aquellos feliz climas.

THÈME VII.

Sur les Adjectifs déterminatifs. — Numéraux.

On se sert des adjectifs numéraux pour compter. Ils sont de deux espèces, numéraux cardinaux, et numéraux ordinaux; les cardinaux, qui expriment le nombre, sont: *uno*, *una*, un, une; *dos*, deux; *tres*, trois; *cuatro*, quatre; *diez*, dix; *veinte*, vingt; *cien* ou *ciento*, cent; *mil*, mille, etc.

Les ordinaux sont ceux qui marquent l'ordre et le rang: *primero*, *primera*, premier, première; *segundo*, *da*, second, de; *tercero*, *ra*, troisième; *cuarto*, *ta*, quatrième; *décimo*, *ma*, dixième; *vigésimo*, *ma*, vingtième; *centésimo*, *ma*, centième, etc.

NOTA. — *Docena*, douzaine; *un par*, une paire; *centena*, centaine; *millar*, millier; *millon*, million, etc., sont des substantifs, ainsi que *el dos*, le deux; *el cuatro*, le quatre; *el quince*, le quinze; *el veinte y cinco*, le vingt-cinq; *de tal mes*, de tel mois; *el tres y el siete son mis números de predileccion*, le trois et le sept sont mes numéros favoris; *es la una*, il est une heure; *son las dos*, *las tres*, *las cuatro*, etc., il est deux heures, trois heures, etc.

Le *Moniteur universel* dit que dans l'année 1837 *il* y avait en
El *Monitor universal* dice que en — año — habia en

France 261 salles d'asile, et que le nombre des élèves qui
Francia — salas de asilo, y que — número — alumnos que
y étaient reçus montait à 29,214. En 1840 *il* y avait 555 salles
en ellas eran recibidos ascendia à — — En — habia — salas
d'asile contenant 50 986 élèves. A la fin de 1843 *il* y avait 1,489
de asilo que contenian — — alumnos. Al fin de — habia —
salles d'asile recevant 96,192 élèves. Le pape, qui autrefois
salas de asilo que admitian — — alumnos. — papa, que en otro tiempo
étoit élu par le peuple de Rome, | est maintenant élu | par le
era elegido por — pueblo de Roma, | lo es ahora | por —
collége des cardinaux, dont *le* nombre est fixé à 70. Le phare
colegio — cardenales, cuyo — número está fijado á — — faro
qu'on appelle la tour de Cordouan, à l'embouchure de la
que se llama — torre — Corduan, al desembocadero —
Gironde, de 150 pieds d'élévation, fut bâti par Henri IV,
Gironda, de — piés de elevacion, fué construido par Enrique —
sur un rocher isolé. La statue de Charles Quint, que *l'*on voit
sobre — peñasco aislado. — estatua de Carlos Quinto, que se vé
au haut d'une colonne, sur une des places de Gand, *y* a été
en lo alto de una columna, en una — plazas de Gante, — ha sido
placée par la ville même, en *l'*honneur de ce fameux empereur
colocada por — ciudad misma, en honor de aquel famoso emperador,
qui y était né le 24 janvier 1500. On a écrit que, en
que en ella habia nacido — — de enero de — Se ha escrito que, en
1843, *il* s'est commis en France 17 parricides constatés,
— se han cometido en Francia — parricidios probados,
dont 9 | ont été impunis; | 416 assassinats, *dont*
de los cuales — | han quedado sin castigo; | — asesinatos,
219 impunis; 72 empoisonnements, *dont* 52 impunis; 290
— sin castigo; — envenenamientos, — impunes; —
meurtres, *dont* 152 impunis; 318 infanticides, *dont* 226 impunis.
homicidios, — impunes; — infanticidios, — impunes.
La flèche des Invalides de Paris est élevée de 324 pieds au-dessus
— aguja — Inválidos — Paris es alta — — piés encima
du pavé; la tour de la cathédrale de Strasbourg est de 440
— empedrado; — torre — catedral — Estrasburgo es — —

pieds de hauteur; la croix de Saint-Pierre de Rome de 378
pies — altura; — cruz — San Pedro — Roma — —
pieds; la grande pyramide du Caire de 468 pieds. *C'est* un fait
piés; — gran — pirámide — Cairo — piés. Es un hecho
singulier que les trois frères, Louis XVI, Louis XVIII, et
singular que — tres hermanos, Luis — — —
Charles X, aient été successivement rois de France. Sur 100
Carlos — hayan sido sucesivamente reyes — Francia. Sobre —
personnes, *il* y en a 30 qui sacrifient toutes les espérances de
personas, hay — que sacrifican todas — esperanzas —
l'avenir à la jouissance du présent. Un des plus célèbres édifices
— porvenir — disfrute *m.* — presente. Uno — mas célebres edificios
de la Chine est la tour de porcelaine, haute de 280 pieds, au
— China es — torre — porcelana, — alta — — piés, —
sommet de laquelle on arrive par un escalier de 400 marches.
cima *f.* — cual se llega por una escalera — — escalones *m.*
Xercès vint attaquer les Grecs avec une armée de 1,100,000
Xerjes vino á atacar — Griegos con un ejército — —
combattants; *d'*autres disent de 1,700,000. La ville de Venise
combatientes; otros dicen — — ciudad — Venecia
a 72 paroisses, sur 72 îles qui communiquent entre elles par
tiene — parroquias, sobre — islas que se comunican entre sí por
plusieurs centaines de ponts. Philippe II, roi d'Espagne, perdit
muchos centenares — puentes. Felipe — rey — España, perdió
les Provinces-Unies, qui s'érigèrent en république. Philippe III
— Provincias Unidas, que se erigieron en república. —
acheva l'entière expulsion des Maures d'Espagne en 1610.
acabó — entera expulsion — Moros — España en —
Philippe IV eut pour successeur son fils Charles II, qui mourut
— tuvo por sucesor á su hijo — — quien murió
sans enfants l'an 1700. Toutes les provinces d'Espagne se
sin hijos — año — Todas — provincias — España se
trouvèrent réunies par le mariage de Ferdinand V, roi d'Aragon,
hallaron reunidas por — matrimonio — Fernando — rey — Aragon,
le catholique, et d'Isabelle, héritière de Castille.
— católico, y — Isabel, heredera — Castilla.

THÈME VIII.

Sur les Adjectifs possessifs.

Ces adjectifs sont *mi*, mon, ma; *mis*, mes; *tu*, ton, ta; *tus*, tes; *su*, son, sa; *sus*, ses; *nuestro*, *nuestra*, notre; *nuestros*, *nuestras*, nos; *vuestro*, *vuestra*, votre; *vuestros*, *vuestras*, vos; *su*, leur; *sus*, leurs.

En apostrophe on dit aussi : *mio*, *mia*, mon, ma; *mios*, *mias*, mes : *¡Dios mio!* mon Dieu! *¡ó madre mia!* ô ma mère! *amigos mios*, mes amis; *hermanas mias*, mes sœurs.

On dit aussi : *mio*, *mia*, *mios*, *mias*, *tuyo*, *tuya*, *tuyos*, *tuyas*, etc., toutes les fois que ces adjectifs suivent les substantifs auxquels ils s'accordent : *un tio mio*, un de mes oncles; *una prima mia*, une de mes cousines; *unos parientes suyos*, des parents à lui ou à elle; *eran amigos nuestros*, c'étaient de nos amis, etc.

Ces expressions françaises, à moi, à toi, à lui ou à elle, à nous, à vous, à eux ou à elles, s'expriment en espagnol par *mio*, *mia*, *mios*, *mias*, *tuyo*, *tuya*, *tuyos*, *tuyas*, etc., selon le genre et le nombre du substantif qui marque l'objet possédé, ou dont on a la propriété : le livre est à moi, *el libro es mio*; la maison n'est pas à lui, *la casa no es suya*; ces champs étaient à nous, *esos campos eran nuestros*; toutes ces richesses seront à elle, *todas esas riquezas seran suyas*, etc.

Je me flatte, monsieur, lui dis-*je*, que ma juste curiosité ne
Yo me lisonjeo, señor, le dije, que — justa curiosidad no
vous déplaira *pas*, et que vous voudrez bien me faire l'honneur
le disgustará, y que Vm. tendrá á bien de hacerme — honor
de m'instruire de votre religion. On connaît cette réponse
de instruirme en — religion. Es conocida esta respuesta
prudente d'un cocher à un batelier : Si tu me dis que mon
prudente — — cochero á — barquero: Si tu me dices que —

carrosse est un bélître, je te dirai que ton bateau est un maraud.
coche es — belitre, yo te diré que — barco es — pillo.
Je me félicite avec vous d'être né sous la loi de grâce, qui
Yo me felicito con Vm. de haber nacido bajo — ley — gracia, que
ne veut *pas* qu'on plonge le couteau dans le cœur de son ami,
no quiere que se clave — cuchillo en — corazon — — amigo,
de son fils, de sa fille, de son frère, de sa femme chérie; et
— — hijo, — — hija, — — hermano, — — esposa querida; y
qui au contraire donne l'exemple de porter sur ses épaules la
que — contrario da — ejemplo — llevar sobre — hombros —
brebis égarée. *Je* veux qu'on ait *de* très-grands égards
oveja descarriada. Quiero que se tenga muchísimo respeto
pour le précepteur de mes enfants, mais *je* ne veux]
al preceptor — — hijos; pero no quiero]
point du tout] qu'*il* ait la moindre autorité dans ma
de ningun modo] que tenga — mas mínima autoridad en —
maison. *Il* n'y a point de nation qui ait dit à un homme :
casa. No hay ninguna nacion que haya dicho á — hombre :
Sire, nous donnons à votre gracieuse majesté le pouvoir de
Señor, nosotros damos á — graciosa majestad — poder —
prendre nos femmes, nos enfants, nos biens et notre vie, et
tomar — mugeres, — hijos, — bienes y — vida, y
de nous faire empaler selon votre bon plaisir et votre adorable
— hacernos empalar segun — buen placer y — adorable
caprice. L'homme fait souvent, malgré lui, ce qu'*il*
capricho. — hombre hace muchas veces, á pesar — lo que
condamne. Il faut te quitter, charmante fontaine! ta place
condena. Es preciso dejarte, ¡hechicera fuente! — lugar
devrait bien être aujourd'hui, non plus au milieu de cette
debiera bien estar — hoy, no ya en medio — esta
campagne muette et déserte, mais au milieu de l'Arcadie, ou
campaña muda y yerma, sino en medio — — Arcadia, ó
du moins au milieu d'un pays où *il* y aurait des troupeaux
al menos en medio — — pais donde hubiera — rebaños
pour s'abreuver dans ton cours, des pasteurs pour se reposer
para beber en — corriente, — pastores para descansar

sur tes bords, et des bergères que ton murmure pût faire
sobre — orillas, y — pastoras que — mormullo pudiese hacer
rêver. Nous avons droit de | prendre intérêt | aux
meditar. Nosotros tenemos derecho — | interesarnos | en —
catastrophes de notre temps; car nos pères et nos mères
catástrofes *f.* — — tiempo; pues — padres y — madres
ont été mêlés à ces tragédies, et presque toutes nos
han estado mezclados en aquellas tragedias, y casi todas —
familles saignent encore. Quand ils ont vu leurs
familias echan sangre aun. Cuando ellos han visto á —
femmes et leurs enfants malades de besoin, *ils* sont allés
mugeres y á — hijos enfermos — necesidad, han ido
à la filature demander du travail; et on leur a dit qu'*il* n'y
— hilandería á pedir — trabajo; y les han dicho que no
en avait *pas*: ça les a montés. Alors le règne de l'homme
habia eso los ha incomodado. Entonces — reinado — hombre
sur la nature s'établira complétement, et le fer, le
sobre — naturaleza se establecerá completamente, y — hierro, —
bronze, le feu, l'air et l'eau, soumis à ses ordres,
bronce, — fuego, — aire y — agua, sometidos á — órdenes,
vivifiés par sa pensée, seront les dociles instruments de
vivificados por — pensamiento, serán — dóciles instrumentos —
sa puissance. J'admire messieurs[2] les[1] hommes[3]; leurs propres
— potencia. Yo admiro á señores — hombres; — propios
défauts leur paraissent des minuties, au lieu qu'*ils* regardent
defectos les parecen — frioleras, en vez que miran
ceux d'autrui avec un microscope. Des mécaniques! oh! voilà
los agenos con — microscopio. — Mecánicas! oh! he allí
des travailleurs de fer et d'acier, qui font leur besogne
— trabajadores — hierro — — acero, que hacen — tarea
vite et bien: avec cela on n'a plus besoin d'ouvriers.
presto — bien: con eso no se tiene ya necesidad de obreros.
Vous avez organisé votre gouvernement, comme si *vous*
Vosotros habeis organizado — gobierno, como si
deviez être toujours en guerre entre vous, et toujours en paix
debieseis estar siempre en guerra entre vosotros, y siempre en paz

avec vos voisins. Tu admires ces hommes, tu leur portes
con — vecinos. Tu admiras á esos hombres, tu les tienes
envie! si *tu* savais ce qu'*ils* sont! des êtres blasés,
envidia! si supieras lo que son! unos entes extenuados,
anéantis; des fous qui ne savent *pas* jouir; qui dès leur
anonadados; unos locos que no saben gozar; que desde —
première jeunesse, ont calciné leur sensibilité aux ardeurs
primera juventud, han calcinado — sensibilidad en los ardores
de toutes les débauches; des malheureux qui se sentent
de todos — excesos, unos desdichados que se sienten
mourir, et qui secouent leur agonie par des moyens extrêmes.
morir, y que desechan — agonía con — medios extremos.
Chacun de leurs sens a perdu toute son énergie : *ils*
Cada uno de — sentidos ha perdido toda — energía:
n'entendent plus, leur vue est trouble, leur toucher indécis,
no oyen ya, — vista está turbada, — tacto indeciso,
leur goût inerte : *il* leur faut d'épaisses nuées de parfums,
— gusto inerte : necesitan — espesas nubes de perfumes,
pour qu'*ils* les sentent. Les sueurs de nos frères ont servi
para que los sientan. — sudores *m.* — hermanos han servido
vos caprices, leurs épargnes ont entretenu votre luxe : nous
— caprichos, — ahorros han mantenido — lujo : nosotros
avons supporté tout cela, car on nous laissait du moins
hemos aguantado todo eso, pues nos dejaban al menos
l'honneur. La pensée de la mort est bien importune,
— honor. — pensamiento — muerte es muy importuno,
lorsqu'*elle* vient troubler nos réjouissances, et nous avertir,
cuando viene á turbar — regocijos, y á advertirnos,
malgré nous et en dépit de notre oubli, que *nous* sommes
á pesar — y en despecho de — olvido, que sómos
mortels. Notre père qui es dans les cieux, *que* ton nom soit
mortales. — padre que estás en — cielos, — nombre sea
sanctifié. Adieu, mon ami, tâche *de* bien t'amuser jusqu'à
santificado. A Dios, — amigo, procura bien divertirte hasta
mon retour. Ma chère sœur, je serai toujours un bon
— vuelta. — querida hermana, yo seré siempre un buen

frère pour toi, comme j'espère que tu seras une bonne
hermano para tí, como espero que tu serás una buena
sœur pour moi.
hermana para mí.

THÊME IX.

Sur les Adjectifs démonstratifs.

Ces adjectifs sont : *este*, *esta*, ce, cet, cette ; *ese*, *esa*, *aquel*, *aquella*, ce, cet, cette ; *estos*, *estas*, *esos*, *esas*, *aquellos*, *aquellas*, ces.

Este, *esta*, *estos*, *estas*, sont employés pour désigner les objets ayant rapport à la personne qui parle : *este sombrero*, ce chapeau, c'est-à-dire le mien.

Ese, *esa*, *esos*, *esas*, s'appliquent aux objets qui se rapportent à la personne à qui l'on parle : *esa silla*, cette chaise, c'est-à-dire la tienne ou la vôtre.

Aquel, *aquella*, *aquellos*, *aquellas*, sont employés pour exprimer les objets qui n'ont de rapport ni à l'un ni à l'autre : *aquellas señoras*, ces dames, c'est-à-dire des dames absentes à la conversation.

Les premiers servent aussi pour des objets très-rapprochés : *esta casa*, cette maison, celle où je me trouve maintenant.

Les seconds s'appliquent à des objets un peu éloignés : *esos muchachos*, ces enfants, qui sont à quelque distance.

Les troisièmes indiquent des objets indéfiniment éloignés : *aquella ciudad*, cette ville, Rome, par exemple, ou Constantinople.

Ces adjectifs s'appliquent à toutes sortes de distances, soit quant aux lieux, soit quant aux temps.

Le feu répandu dans l'intérieur du globe, ce feu caché
El fuego esparcido en — interior — globo, — fuego escondido

dans l'eau et dans la glace même, est probablement la source
en — agua y en — hielo mismo, es probablemente — origen *m*
impérissable de ces exhalaisons, de ces vapeurs, dont *nous*
indestructible — — exhalaciones, — — vapores *m.*, de que
sommes continuellement environnés. Ah! vous êtes à Paris,
estamos continuamente rodeados. Ah! usted está en Paris,
vous m'écrivez, et *vous* ne me dites rien de ces monuments,
Vm. me escribe, y no me dice nada de — monumentos,
de ces hôtels, de ces palais, de ces temples, et de ces autres
— — fondas, — — palacios, — — templos, y — — otras
mille curiosités, que les étrangers et les nationaux vont
mil curiosidades, que — extrangeros y — nacionales van à
admirer dans cette vaste et belle capitale de la France! Cette
admirar en — vasta y bella capital — Francia! —
négligence mérite bien mes reproches. Ces chapiteaux corinthiens
negligencia merece bien mis quejas. — capiteles corintios
qui, brillant autrefois dans les airs, semblaient écraser de
que, brillando antiguamente en — aires, parecian oprimir con
leur poids la terre qui les portait, *ils* gisent sur l'herbe! ces
su peso — tierra que los llevaba, yacen sobre — yerba! —
feuilles d'acanthe, si délicates, sont couvertes par *des* feuilles
hojas de acanto, tan delicadas, están cubiertas con hojas
d'orties! que tout ce qui rampe se console, car tout ce qui
— ortigas! que todo cuanto rastrea se consuele, pues todo lo que
s'élève tombe. Ce personnage qui, dans cette cave, est auprès
se eleva cae. — personage que, en — cueva, está junto
d'un fourneau embrasé, est un chimiste : le feu consume peu
á un hornillo encendido, es un químico : — fuego consume poco
à peu son riche patrimoine, et *il* ne trouvera jamais ce qu'*il*
á poco su rico patrimonio, y no hallará nunca lo que
cherche. Je conçois qu'*il* serait agréable *de* remplacer toutes
busca. Yo concibo que sería agradable reemplazar todas
ces masures par *de* beaux palais; mais pour exécuter cette
— casucas por bellos palacios; mas para ejecutar —
belle entreprise, où prendrons-*nous de* l'argent? Je me
hermosa empresa, ¿de donde sacaremos el dinero? Yo me

retirai toute honteuse, et *je* pleurai de dépit d'avoir essuyé
retiré toda avergonzada, y lloré de despecho —haber sufrido
cet affront. Chaque année, pendant cette métamorphose,
— afrenta *f.* Cada año, durante — metamórfosis,
vaudra *des* siècles d'existence et de vie. L'indigent qui gagne
valdrá siglos —existencia y — vida. El indigente que gana
inopinément une riche succession, refusera *d'en* croire la
inopinadamente una rica sucesion, rehusará creer —
première annonce, et *il* rebutera le porteur de ce gracieux
primer anuncio, y desechará — portador — — gracioso
message, et l'accusera d'insulter à sa misère. Si *je* n'étais
mensage, y le acusará de insultar á su miséria. Si no estuviera
pas chez vous, je punirais l'insolence de ce fourbe,
en su casa de Vm., yo castigaria — insolencia — — trapacero,
qui ose me traiter de voleur. Vous reconnaîtrez que ces
que se atreve á tratarme de ladron. Vm. reconocerá que —
prétendues bizarreries du jeu des passions tiennent à
supuestas extravagancias — juego — pasiones, dependen de
des profonds calculs, par lesquels Dieu vous prépare cet
profundos cálculos, por los cuales Dios le prepara —
immense bonheur, qui | n'est réalisable que | dans cet ordre
inmensa dicha, que | solo puede realizarse | en — órden
combiné, dont parle Fourier. Et moi aussi, *j'*ai un peu
combinado, de que habla Fourier. Y yo tambien, —he un poco
lu les ouvrages de cet homme-là; mais dès la première
leido — obras *f.* — — hombre; pero desde — primera
vue, *j'*ai senti mon enthousiasme se refroidir. Ah! ces juges,
vista, —he sentido mi entusiasmo resfriarse. Ah! — jueces,
ils vont donc voir un homme enfin! Je vais donc leur dire
van pues á ver un hombre en fin! Yo voy pues á decirles
en face ce que *je* pense de ce pouvoir immonde, dont ils
en su cara lo que pienso — — poder inmundo, de que ellos
sont les instruments. *Il* reste aux hommes occupés trop
son — instrumentos. Les queda — hombres ocupados muy
peu *de* temps pour lire ce prodigieux amas de faits, qui se
poco tiempo para leer — prodigioso monton de hechos, que se

précipitent *les* uns sur *les* autres, et ces recueils de lois
precipitan — unos sobre otros, y — colecciones — leyes
presque toujours contredites à force d'être expliquées. Qu'est
casi siempre contradichas á fuerza — ser explicadas. ¿Qué se
devenu ce bois sombre et religieux, qui ombrageait
ha hecho — bosque sombrío y religioso, que cubria con su sombra
cette fontaine d'Égérie, *qui* la défendait des vents, des
— fuente — Egeria, y la defendia — vientos, —
animaux et des hommes? Après cela on nous réconcilia;
animales y — hombres? Despues de esto nos reconciliaron;
nous nous embrassâmes, et depuis ce temps-là *nous* sommes
nos abrazamos, y desde — tiempo somos
ennemis mortels.
enemigos mortales.

THÈME X.

Sur les Adjectifs interrogatifs.

Ces adjectifs sont : *qué?* indéclinable; *cual? cuales?* quel? quelle? quels? quelles? et *cuyo, cuya, cuyos, cuyas?*

L'adjectif interrogatif *cuyo, cuya, os, as?* marque la possession ou la propriété et signifie : à qui est tel objet? à qui est ce chien? *cuyo es ese perro?* à qui sont ces vignes? *cuyas son aquellas viñas?*

Sans interrogant, cet adjectif *cuyo, a, os, as*, est plus particulièrement employé comme relatif, pour désigner la possession, et il s'accorde alors avec le substantif possédé et non avec le possesseur : cette femme dont le fils vient de mourir est inconsolable, *esa muger, cuyo hijo acaba de morir, está inconsolable.*

Quel enfant a[1] jamais[3] rendu[2] à ses parents l'amour et l'affection
— hijo ha jamas vuelto á sus padres — amor y — afecto *m.*
que ceux-ci avaient pour lui? Par quel malheur une découverte
que estos tenian por él? Por — desgracia un descubrimiento

si utile à tout le genre humain est restée inconnue pendant
tan útil para todo — género humano ha estado desconocido durante
tant *de* siècles? De quels moyens se sont servis les Anglais
tantos siglos? De — medios se han valido — Ingleses
pour acquérir leur prépondérance maritime? Par quelle
para adquirir su preponderancia marítima? Por —
politique sont-*ils* parvenus *à* être, | pour ainsi dire, | les
política han conseguido ser, | por decirlo así, | —
maîtres de toutes les mers? Quels services peut-on attendre
dueños — todos — mares? — servicios podemos esperar
de ces êtres stupides, grossiers, paresseux, menteurs et
— — seres estúpidos, groseros, perezosos, embusteros y
adonnés à l'ivrognerie? Quelles vertus trouveriez-vous chez
entregados — borrachera? — virtudes hallaria Vm. entre
des barbares, remplis de superstitions et de fanatisme,
unos bárbaros, atestados — supersticiones y — fanatismo,
avides de sang et de pillage? Quels seraient les gens *les*
sedientos — sangre y — pillage? — serian — personas
plus ardents à l'étude, s'*il* y avait des récompenses
mas ardientes — estudio, si hubiese — recompensas
pécuniaires pour le vrai mérite? *Ce* serait les pauvres et
pecuniarias para — verdadero mérito? Serian — pobres y
leurs enfants. Quelle serait la manière de se conduire dans le
sus hijos. — seria — modo — portarse en —
commerce, pour gagner beaucoup en peu *de* temps, sans
comercio, para ganar mucho en poco tiempo, sin
cesser d'être honnête homme? Voilà une question difficile à
dejar — ser hombre de bien? He aquí una cuestion difícil de
résoudre. Quels peuvent être les motifs, et quelles les raisons
resolver. — pudieron ser — motivos, y — — razones
qui portèrent Charles-Quint à renoncer au trône de l'empire?
que excitaron á Carlos Quinto á renunciar — trono — imperio?
Tu sais bien, mon enfant, que je ne suis *pas* riche; il faut
Tu sabes bien, hijo mio, que yo no soy rico; es preciso
que *tu* apprennes un métier quelconque qui te donne de quoi
que aprendas un oficio cualquiera que te dé con que

vivre ; voyons, quel état veux-*tu* apprendre ? quel est le
vivir ; veamos, — oficio quieres aprender ? — es —
métier qui peut *te* convenir ? *Je* vous ai aimé comme un
profesion que puede convenirte ? Le he amado á Vm. como un
ami, *je* vous ai chéri comme un frère, vous n'avez
amigo, le he querido como á un hermano, Vm. no ha
reçu de moi que *des* bienfaits : et quelle a été votre
recibido de mí, sino beneficios ; y — ha sido su
conduite à mon égard ? celle d'un ingrat.
conducta para conmigo ? la de un ingrato.

THÈME XI.

Sur les Adjectifs indéfinis.

Ces adjectifs, qui expriment une idée indéterminée et générale, sont : *ningun*, *ninguno*, *a*, *os*, *as*, aucun, aucune, nul, nulle ; *algun*, *alguno*, *a*, *os*, *as*, quelque, quelques ; *un*, *una*, *os*, *as*, un, une, quelques, des ; *otro*, *a*, *os*, *as*, autre, autres ; *cierto*, *a*, *os*, *as*, certain, aine, ains, aines ; *cada*, singulier indéclinable, chaque ; *diversos*, *as*, pluriel, divers, diverses ; *varios*, *as*, pluriel, plusieurs, maint, mainte ; *mismo*, *a*, *os*, *as*, même, mêmes ; *que*, indéclinable, quel, quelle, quels, quelles ; *cual*, *cuales*, quel, quelle, quels, quelles ; *cualquier*, *cualquiera*, *cualesquiera*, quelconque ; *todo*, *a*, *os*, *as*, tout, toute, tous, toutes ; *tal*, *tales*, tel, telle, tels, telles ; *mucho*, *a*, *os*, *as*, beaucoup de ; *poco*, *a*, *os*, *as*, peu de ; *bastante*, *es*, *harto*, *a*, *os*, *as*, assez de ; *demasiado*, *a*, *os*, *as*, trop de ; *cuanto*, *a*, *os*, *as*, combien de ; *tanto*, *a*, *os*, *as*, tant de.

Les adverbes beaucoup, peu, assez, trop, que, combien et tant, suivis de la préposition *de* et d'un substantif, deviennent en espagnol des adjectifs indéfinis, qui s'accordent en genre et en nombre avec le substantif qui les suit : beaucoup d'honneurs, *muchos honores;* peu de patience, *poca paciencia;* que de chagrins, *cuantos disgustos.*

Avec une bonne conduite on trouve toujours assez *de*
Con una buena conducta se hallan siempre —
protecteurs. Toutes les sectes sont différentes, mais la morale
protectores. — — sectas son diferentes, mas — moral
est partout la même. Le jaloux ne met son plaisir que
es en todas partes — — El celoso no pone su placer sino
dans le mal *d'*autrui. Les philosophes de nos jours sont des
en — mal — Los filósofos de nuestros dias son —
hommes également éloignés de la superstition et du fanatisme.
hombres igualmente agenos — supersticion y — fanatismo.
On voit des citoyens profondément instruits, cultivant les
Se ven — ciudadanos profundamente instruidos, que cultivan —
sciences dans une retraite occupée et paisible. *J'ai* connu des
ciencias en — retiro ocupado y pacífico. He conocido —
magistrats d'une probité inaltérable, si supérieurs à leurs
magistrados de — probidad inalterable, tan superiores á sus
emplois, qu'*ils* savent les quitter avec autant *de* sérénité que
empleos, que saben dejarlos con — serenidad como
s'*ils* allaient avec leurs amis. Quel luxe! quelle magnificence!
si fuesen con sus amigos. Qué lujo! qué magnificencia!
Je crus entrer chez quelque princesse, ou pour mieux
Creí entrar en la estancia de — princesa, ó por mejor
dire, *je* crus voir étalées devant mes yeux toutes les richesses
decir, creí ver ostentar delante de mis ojos — — riquezas
du monde, entassées dans cette demeure. Tout homme
— mundo, apiñadas en aquella morada. — hombre
prudent doit toujours se garder de donner trop crédit à *des*
prudente debe siempre guardarse — dar — crédito á
mauvais discours. Le Tartare vit de chair crue de cheval, le
malignos discursos. El Tártaro vive con carne cruda de caballo, —
Hollandais de poissons, *un* autre peuple de racines, *un* autre de
Holandés con pescados, — pueblo con raices, — con

laitages, et par tout pays on trouve *des* vieillards. *Il* y a, dit
lacticinios, y en — paises se encuentran viejos. Hay, dice
l'Évangile, beaucoup *d'*appelés et peu *d'*élus. *Il* existe des
el Evangelio, — llamados y — escogidos. Existen —
préjugés plus ou moins funestes à la société, dans
preocupaciones mas ó menos funestas — sociedad, en
chaque peuple, et dans chaque siècle, que les autorités littéraires
— pueblo, y en — siglo, que — autoridades literarias
et administratives devraient combattre. Telle est la jalousie des
y administrativas debieran combatir. — es — envidia —
marchands d'aujourd'hui, qu'*ils* cherchent tous les moyens de
mercaderes de hoy dia, que buscan — — medios de
s'écraser *les* uns *les* autres. Tel médecin vous prescrira un
arruinarse — á — — médico le prescribirá á Vm. —
remède souverain, qui provoquera le dédain et la censure de
remedio soberano, que provocará — desden y — censura de
tel autre. Dieu veut que la race humaine tout entière soit
— — Dios quiere que — raza humana — entera sea
heureuse, ou bien nul peuple *ne* jouira du bonheur. La
feliz, ó bien — pueblo gozará — dicha *f.* —
vénalité des charges avait rendu nécessaire la vénalité
venalidad — empleos habia hecho necesaria — venalidad
de la justice, et chaque différend entre deux hommes était
— justicia, y — disension entre dos hombres era
encore un impôt qui les ruinait souvent *tous* les deux. Le
todavía — impuesto que los arruinaba á menudo á ambos. —
milieu d'une forêt vaste et profonde, tel serait à mon gré le
centro de una floresta vasta y profunda, — seria á mi grado —
plus beau des temples. Mourrai-je tant *de* fois sans sortir de la
mas bello — templos. Moriré yo — veces sin salir de —
vie? Vous trouverez sans doute quelque jeune personne, qui
vida? Vm. hallará sin duda — jóven muger, que
fera sur vous la même impression, et dont vous n'aurez *pas*
hará en Vm. — — impresion, y cuyo Vm. no habrá
tué *le* frère. *Je* conviens que vous avez quelque sujet de
matado hermano. Confieso que Vm. tiene — motivo de

vous plaindre de nous; mais oublions le passé, et rendons
quejarse de nosotros; pero olvidemos — pasado, y demos
grâces au ciel qui nous rassemble. Le peu *de* temps que *nous*
gracias — cielo que nos reune. — — tiempo que
avons à vivre nous avertit de ne *pas* porter trop loin nos
tenemos que vivir nos advierte que no llevemos — lejos nuestras
espérances. Lorsqu'on connaîtra toute l'étendue de ma
esperanzas. Cuando se conozca — — extension — mi
découverte, on s'étonnera que j'aie eu *la* patience de
descubrimiento, se admirarán que yo haya tenido paciencia —
temporiser et différer la publication, que *j*'aie pu mettre
contemporizar y dilatar — publicacion, que haya podido poner
tant *de* reserve, et prendre un ton si glacial dans l'annonce
— reserva, y tomar un tono tan frío en — anuncio
d'un événement qui doit exciter tant *d*'enthousiasme. Sous
— — acontecimiento que ha de excitar — entusiasmo. Bajo
quelque nom, sous quelque prétexte que vous vous présentiez
— nombre, bajo — pretexto que Vm. se presente
à lui, vous serez toujours son ennemi, et il vous regardera
á él, Vm. será siempre su enemigo, y él le mirará á Vm.
comme tel. Qui sait? un jour viendra peut-être où, comme
como tal. Quien sabe? — dia vendrá quizá en que, como
tant d'autres, *nous* pourrons dire avec *une* certaine satisfaction:
— otros, podremos decir con — satisfaccion:
Nous avons payé notre dette à la patrie. Cette fois *ce* n'était
hemos pagado nuestra deuda — patria. Esta vez no era
plus la même voix, *ce n'était plus* le même amour, *ce n'était*
ya — — voz, ni — — amor, ni
même *plus* le même homme; mais *ce* fut toujours le même
aun — — hombre; pero fué siempre — —
ravissement, le même bonheur, la même extase. Ah! ma tante,
echizo, — — felicidad, — — éxtasis *m*. Ah! tia mia,
moi ne *pas* vous aimer, après toutes les preuves d'affection
yo no amarla á Vm., despues de — — pruebas de afecto
que *vous* m'avez données, et que *vous* ne cessez de me donner
que me ha dado, y que no cesa de darme

chaque jour! | Plusieurs fois, et *tout* récemment encore, j'ai
— dia! | — veces, y nuevamente aun, he
cru être sur les traces de la vérité; mais le fil de cette
creido estar sobre — huellas — — verdad; pero — hilo de aquel
ténébreuse intrigue m'a toujours échappé. | *Il* n'y a point *de*
tenebroso enredo me ha siempre escapado. | No hay —
feu, quelque violent qu'*il* soit, qui puisse réduire l'or en
fuego, por mas violento que sea, que pueda reducir — oro en
poudre. Combien *d'*hommes ne pensent *pas*, ou ne disent que
polvo. — hombres no piensan, ó no dicen sino
ce que les autres ont pensé! On s'expose à passer pour un
lo que — otros han pensado! Uno se expone á pasar por —
sot, lorsqu'*on* répète les sottises d'autrui. Certaines gens
necio, cuando repete — necedades — — personas
étudient toute leur vie; à la mort *elles* ont tout appris, excepté
estudian — su vida; á — muerte lo han todo aprendido, excepto
à penser. Quelque chose que *nous* disions dans un moment
á pensar. — cosa que digamos en — momento
d'emportement, *il* est bien rare qu'*elle* ne nous cause *pas des*
de arrebato, es muy raro que no nos cause
regrets. Que *d'*hommes spirituels dans la société, se font
pesar. — hombres agudos en — sociedad, se dan
connaître pour *des* sots dans un tête à tête! Nos
á conocer por tontos en — conversacion particular! Nuestros
vaisseaux triomphants ont parcouru plus d'une fois *l*'un et *l*'autre
buques triunfantes han recorrido mas de — vez — y —
hémisphère. *C'*est un grand mal *que de* ne pouvoir *en* supporter
hemisferio. Es — gran mal el no poder aguantar
aucun. Imaginez un pretexte quelconque pour venir me trouver
— Imagine Vm. — pretexto para venir á verme
sans être soupçonné. *Il* n'y a aucune histoire qui soit plus remplie
sin ser sospechado. No hay — historia que esté mas llena
de fables que celle des anciens Grecs. L'Amérique méridionale
de fábulas que la — antiguos Griegos. — América meridional
produit certains insectes qui font *des* piqûres mortelles.
produce — insectos que hacen picaduras mortales.

THÈME XII.

Sur quelques Adjectifs particuliers.

Ces adjectifs sont : 1° *bueno*, bon; *malo*, mauvais; *uno*, un; *alguno*, quelque; *ninguno*, aucun, nul; *primero*, premier; *tercero*, troisième, et *postrero*, dernier, qui à la terminaison masculine du singulier perdent l'*o* finale, lorsqu'ils précèdent un substantif : *Buen tiempo*, bon temps; *mal uso*, mauvais usage; *un ladron*, un voleur; *algun dia*, quelque jour; *ningun remedio*, aucun remède; *el primer año*, la première année; *el tercer libro*, le troisième livre; *el postrer momento*, le dernier moment.

2° *Grande*, grand, qui perd la dernière syllabe lorsqu'il précède un substantif qui commence par quelque consonne : *Gran milagro*, grand miracle; *gran rey*, grand roi.

3° *Santo*, saint, qui perd aussi la dernière syllabe lorsqu'il précède le nom propre d'un saint : *san Pedro*, saint Pierre; *san Antonio*, saint Antoine; *san Luis*, saint Louis. De cette règle sont exceptés les noms propres *Domingo*, Dominique; *Tomás* ou *Tomé*, Thomas, et *Toribio*, Toribe, (saint espagnol) : *santo Domingo*, *santo Tomás*, *santo Toribio*.

4° *Ciento*, cent, adjectif numéral cardinal, qui perd encore la dernière syllabe devant tout substantif et la conserve devant un autre adjectif de nombre : *cien cañones*, cent canons; *cien doncellas*, cent jeunes filles; *ciento y veinte pesos*, cent vingt piastres; *ciento-cuaranta y dos reales*, cent quarante-deux réaux.

Il y avait à l'entrée de cette maison solitaire un bon hermite
Habia — entrada de aquella casa solitaria — — hermitaño
qui paraissait accablé de vieillesse. Un bon livre est un bon et
que parecia agobiado de vejez. — — libro es — — y
complaisant ami. C'était un brave général, actif, bienfaisant,
complaciente amigo. Era — valiente general, activo, benéfico,

juste, sobre, aimable même, lorsqu'*il* n'était *pas* de mauvaise
justo, sobrio, y aun amable, cuando no estaba de —
humeur. Le grand nombre de malheurs qui affligent les
humor *m.* El — número de desdichas que afligen á —
humains ont fait imaginer le mauvais principe des Manichéens,
humanos han hecho imaginar — — principio — Maniqueos,
le Dieu du mal. Homère fut un grand poëte, Alexandre un
— Dios — mal. Homero fué — — poeta, Alejandro —
grand conquérant, Platon un grand philosophe, Démosthène
— conquistador, Platon — — filósofo, Demóstenes
un grand orateur, Newton un grand géomètre, et plusieurs
— — orador, Neuton — — geómetra, y muchos
autres ont acquis le renom de grands; mais le véritable
otros han adquirido — renombre de — pero — verdadero
grand homme est celui qui pratique constamment la vertu. Le
— hombre es el que practica constantemente — virtud. —
grand courage paraît dans les grands dangers. Y a-t-*il* quelque
— valor parece en — — peligros. ¿Hay —
législateur, même parmi les sauvages, qui n'ait *pas* respecté
legislador, aun entre — salvages, que no haya respetado
la morale publique? quelque chef de religion qui ait exhorté
— moral pública? — gefe de religion que haya exhortado
à la pratique du vice? Aucun prétexte *ne* peut dispenser un
— práctica — vicio? — pretexto — puede dispensar á —
magistrat de remplir fidèlement la mission honorable qui lui a
magistrado de cumplir fielmente — mision honorífica que le ha
été confiée. Le premier mouvement de l'homme à la vue d'un
sido confiada. — — movimiento — hombre — vista — —
malheureux, c'est de le secourir. Les Actes des apôtres nous
desdichado, es el de socorrerle. — Actos — apóstoles nos
parlent longuement des actions et des travaux de saint Paul,
hablan largamente — acciones y — trabajos — — Pablo,
et seulement comme par occasion on y dit quelques mots sur
y solamente como por ocasion se dicen — palabras sobre
saint Pierre, saint Jean, saint Jacques, saint Étienne et saint
— Pedro, — Juan, — Tiago, — Estévan y —

Barnabé. Les premiers pères de l'église furent presque tous
Bernabé. — — padres — iglesia fueron casi todos
grecs; saint Basile, saint Epiphane, saint Cyrille, saint Jean
griegos; — Basilio, — Epifânio, — Cirilo, — Juan
Chrisostome, saint Atanase, saint Grégoire de Naziance, saint
Crisóstomo, — Atanasio, — Gregorio Nacianceno, —
Clément d'Alexandrie et plusieurs autres: puis vinrent dans
Clemente de Alejandria y varios otros: despues vinieron en
l'église latine saint Jérôme, saint Ambroise, saint Augustin,
—iglesia latina — Gerónimo, — Ambrosio, — Agustin,
saint Grégoire premier, saint Cyprien, saint Isidore de Seville,
— Gregorio primero, — Cipriano, — Isidoro de Sevilla,
saint Bernard et un grand nombre d'autres, jusqu'à saint
— Bernardo y — — número de otros, hasta —
Thomas-d'Aquin, qui était moine de l'ordre de saint Dominique,
Tomas de Aquino, quien era fraile — órden de — Domingo,
et *qui* est censé le dernier docteur de l'église. Cent bons soldats,
y es contado— — doctor — iglesia. — — soldados,
commandés par un habile général, battront toujours *des* milliers
mandados por — hábil general, vencerán siempre á millares
de soldats indisciplinés, et conduits par un chef ignorant et
de soldados indisciplinados, y conducidos por — gefe ignorante y
lâche. La distance de Bordeaux à Paris est à peu près de
cobarde. — distancia de Burdeos á Paris es poco mas ó menos de
cent cinquante lieues. Le premier, *le* deuxième et *le* troisième
— cincuenta leguas. — — segundo y —
chapitres de la Génèse ne peuvent s'entendre littéralement,
capítulos — Génesis *m.* no pueden entenderse literalmente,
d'après saint Augustin, mais dans un sens tout à fait allégorique.
segun — Agustin, sino en —sentido enteramente alegórico.
Le dernier livre canonique de l'écriture, qui est l'Apocalypse,
— — libro canónico — escritura, que es — Apocalipsis,
semble être un résumé de tous les livres sacrés de l'ancien et
parece ser — resúmen de todos — libros sagrados — antiguo y
du nouveau testament. Vous calomniez les femmes espagnoles
— nuevo testamento. Vms. calumnian á — mugeres españolas

par ouï dire; mais croyez qu'une femme espagnole n'est *pas*
por oidas; pero crean que una muger española no es
plus fainéante ni plus paresseuse qu'une française, ou anglaise,
mas — ni mas perezosa que una francesa, ó inglesa,
ou italienne, ou allemande. Les vices *les* plus communs parmi
ó italiana, ó alemana. — vicios mas comunes entre
les femmes *c'est d'*être bavardes, médisantes, curieuses, et
— mugeres son ser hablador, murmurador, curioso, y
d'aimer avec passion les parures et les colifichets.
amar con pasion — aderezos *m.* y — pelendengues.

THÈME XIII.

Sur les Diminutifs et Augmentatifs.

On fait les diminutifs et les augmentatifs en changeant la terminaison des substantifs ou des adjectifs de la manière suivante.

Pour former les diminutifs, c'est-à-dire pour exprimer la petitesse d'un objet matériel quelconque, on prend le nom qui signifie la chose même, et on y change la terminaison en *ico*, *ica*, *icos*, *icas*; ou en *ito*, *ita*, *itos*, *itas*; ou en *illo*, *illa*, *illos*, *illas*; ou en *uelo*, *uela*, *uelos*, *uelas*; ou enfin en *ejo*, *eja*, *ejos*, *ejas* : *un perrico*, un petit chien; *un pájaro*, un oiseau; *un pajarillo*, un petit oiseau; *una casa*, une maison; *una casita*, une petite maison; *un mozo*, un jeune garçon; *los mozuelos*, les petits garçons. Il y a encore d'autres terminaisons de diminutifs moins en usage.

Les augmentatifs qui expriment la grandeur matérielle des objets se forment en faisant terminer les substantifs ou adjectifs en *on* ou *ona*; en *azo* ou *aza* : *un borracho*, un ivrogne; *un borrachon*, un grand ivrogne; *una mugerona*, une femme grosse et grande ; *un perro*, un chien ; *un perrazo*, un gros chien ; *una casa*, une maison ; *una casaza*, une grande et vieille maison.

J'étais tout désolé de l'accident qui m'était arrivé,
Yo estaba del todo desconsolado — accidente que me habia sucedido,
ne sachant *pas* où *je* pourrais trouver ma petite sœur.
no sabiendo donde podria encontrar á mi — hermana.
Tout le monde admirait cet enfant, car *il* était joli à
Todos admiraban aquel niño, pues era lindo en
ravir, le petit ange. D'où viennent tes plaintes, sensible
extremo,— — ángel. ¿De donde vienen tus quejas, sensible
tourterelle? sans doute *tu* regrettes la compagne que *tu* as
tórtola? sin duda echas menos — compañera que has
perdue. Elle fut transformée en papillon ; ses petits bras
perdido. Ella fué transformada en mariposa ; sus — brazos
devinrent *des* ailes, ses tendres pieds *des* petites pattes
se convirtieron en alas, sus tiernos pies en — patas
dorées. Ce pauvre petit chien m'était si attaché que *je*
doradas. Aquel pobre — perro me estaba tan aficionado que
ne puis *pas* me consoler de sa mort : pauvre petite bête ! *Nous*
no puedo consolarme de su muerte : pobre — animal !
étions bien enfants Dorila et moi, et nous allions dans les
Eramos muy niños Dorila y yo, cuando íbamos á los
bois et *dans les* prés cueillir *de* petites fleurs. Pauvre petite !
bosques y prados á coger — flores. Pobre —
tranquillise-toi, ma fille, et ne t'abandonnes *pas* à la douleur,
tranquilizate, hija mia, y no te abandones — dolor *m.*
comme *tu* le fais. On savait que le plus jeune de ses enfants était
como lo haces. Se sabia que — mas jóven de sus hijos era
le petit chéri de son père et de son grand-père. On m'a dit
— — querido de su padre y de su abuelo. Me han dicho
qu'on vient de mettre en prison petit Jean, domestique de
que acaban de poner en la cárcel á — Juan, criado del
monsieur *le* marquis. *Il* avait le don particulier de débiter *de*
señor marqués. tenia — don particular de contar

petits contes aux dames, et de leur offrir une petite prise de
— cuentos — señoras, y de ofrecerles un — polvo de
tabac dans une belle tabatière d'argent. Quand j'allais le
tabaco en una hermosa caja de plata. Cuando yo iba á
voir, *il* fallait, bon gré malgré, accepter une grande tasse
verle, era preciso, con gana ó sin ella, aceptar un — jícara *m.*
de chocolat pour le contenter. Ce que *je* te recommande sur
de chocolate para contentarle. Lo que te encargo sobre
tout *c'est* de *ne pas* faire attention aux grandes maximes de
todo es que no hagas caso de las — máximas de
ce vieux radoteur. Tais-toi, grand imbécile, ne vois-*tu pas*
ese viejo caduco. Calla, — simple, ¿no ves
qu'*il* est jaloux de ton mérite, et qu'*il* ne trouve bon que
que está envidioso de tu mérito, y que no halla bueno sino
ce qu'il dit et *ce qu'il* fait? Mon oncle s'est tellement fâché
lo que él dice y hace? Mi tio se ha de tal modo enfadado
contre moi qu'*il* m'a appelée grande drolesse.
contra mí que me ha llamado — pícara.

THÈME XIV.

Sur les Comparatifs de supériorité et d'infériorité.

Ces comparatifs sont : *mas que*, plus que; *menos que*, moins que; *mejor que*, mieux que ou meilleur que; *peor que*, pire que; *mayor que*, plus grand que; *menor que*, moindre que ou plus petit que.

Rien *n'*est plus désagréable qu'un ami lent à obliger. On
Nada es — desagradable — un amigo lento á obligar. Nos
s'accoutume plus aisément à la violence qu'à l'injustice. Rien
acostumbramos — fácilmente á — violencia — — injusticia. Nada
*n'*est plus sincère que la conscience, et plus avantageux que ses
es — sincero — — conciencia, ni — ventajoso — sus
conseils. La vie de l'homme est le résultat de toutes les
consejos. — vida — hombre es — resultado de todas —

convenances morales, et tient plus à la sobriété, à la
convenencias morales, y depende — de la sobriedad, de la
tempérence et aux autres vertus qu'à la nature des
templanza y de las demas virtudes —de la naturaleza —
aliments. L'argent n'est utile que parce qu'*il* est plus aisé *de*
alimentos. —dinero solo es útil — porque es — fácil
payer un mouton avec un louis d'or, que *de* donner pour un
pagar un carnero con un luis de oro, — dar por un
mouton six paires de bas. La plume, à l'heure qu'il est,
carnero seis pares de medias.— pluma, á la hora en que estamos,
fait une blessure plus profonde et plus dangereuse que la balle
hace una herida — profunda y — peligrosa — — bala
la mieux dirigée. On parlait beaucoup de rendre la capitale
— dirigida. Se hablaba mucho de hacer — capital
du royaume plus commode, plus propre, plus saine et plus belle
— reino — cómoda, — aseada, — sana y — bella
qu'*elle ne* l'était : on *en* parlait et on ne faisait rien. *Il* vaut mieux
— lo era : se hablaba y no se hacia nada. Vale mas
avoir un bon caractère que beaucoup *d'*or. Les femmes sont
tener un buen genio — mucho oro. — mugeres son
généralement moins cruelles que les hommes. Plusieurs animaux
generalmente — crueles — — hombres. Muchos animales
sont mieux nourris, mieux logés et mieux habillés que
son — alimentados, — alojados y — vestidos —
nous, et avec beaucoup moins *de* peine que nous. Vous
nosotros, y con mucha — pena — nosotros. Vosotros
demandez *des* miracles : quel plus grand miracle que la structure
pedis milagros : ¿qué mayor milagro — — estructura
de l'univers, et les mouvements réglés et invariables qui s'y
— universo, y — movimientos reglados é invariables que se
opèrent ? La moindre bonne action est plus appréciable que
operan en él? — menor buena accion es — apreciable —
les plus beaux discours. L'homme est plus noble que les
— — bellos discursos. —hombre es — noble — —
animaux, auxquels *il* est semblable par ses organes ; mais *il*
animales, á los cuales es semejante por sus órganos; pero

est moins parfait que *d'*autres êtres; auxquels *il* ressemble
es — perfecto — otros seres, á los cuales se asemeja
probablement par la pensée. On a partout regretté
probablemente por — pensamiento. Se ha en todas partes llorado
un temps où les hommes étaient plus robustes, les femmes
un tiempo en que — hombres eran — robustos, — mugeres
plus belles, les saisons plus égales, la vie plus longue,
— hermosas, — estaciones — iguales, — vida — larga,
et la lune plus lumineuse qu'aujourd'hui. *Ce* n'est *pas* un
y — luna — luminosa — hoy dia. No es un
méchant homme; mais s'*il* veut soutenir la concurrence, *il*
malo hombre; pero si quiere sostener — concurrencia,
ne peut *pas* payer la main-d'œuvre plus cher que les autres
no puede pagar — trabajo personal — caro — — demas
fabricants. Je suppose que l'industrie se soit perfectionnée
fabricantes. Yo supongo que — industria se haya perfeccionado
cent fois plus que du temps de Hugues Capet dans tous les arts:
cien veces — — en tiempo de Hugo Capet en todas — artes *f.*:
je dis donc que nous sommes réellement cent fois plus
digo pues que nosotros somos realmente cien veces —
riches qu'on *ne* l'était dans ce temps-là; car être riche *c'*est
ricos — lo eran en aquel tiempo; pues ser rico es
jouir; or, je jouis d'une maison plus aérée, mieux
gozar; ahora bien, yo gozo de una casa — ventilada, —
bâtie, mieux distribuée que *n'*était celle du roi *lui*-même;
construida, — distribuida — lo era la — rey mismo;
on cultive mieux les vignes qu'alors, et *je* bois *de* meilleur vin;
se cultivan — — viñas — entonces, y bebo — vino;
on a perfectionné les manufactures, et *je* suis vêtu d'un
se han perfeccionado — manufacturas, y estoy vestido de un
drap plus beau que celui dont le roi se servait. Aucune
paño — hermoso — aquel de que — rey se servia. Ninguna
troupe *n'*a montré plus *de* courage que les trois cents Spartiates,
tropa ha mostrado — valor — — tres cientos Esparciatas,
morts *en* combattant au détroit des Thermopyles. *Nous* nous
muertos combatiendo en el estrecho — Termópilos. Nos

tourmentons moins pour devenir heureux, que pour faire croire
atormentamos — por llegar á ser felices, — por hacer creer
que *nous* le sommes.
que lo somos.

THÈME XV.

Sur les Comparatifs d'égalité.

Ces comparatifs se font de trois manières : 1° avec des adjectifs ou adverbes, on dit aussi ou si... que, et on les rend en espagnol par *tan... como;* cet enfant est aussi aimable que le vôtre; *ese niño es tan amable como el de Vm.*; ils écrivent aussi bien l'un que l'autre; *escribe tan bien el uno como el otro;*

2° Avec des substantifs, on dit autant de... que, et en espagnol cette locution se traduit par *tanto, a, os, as..., como;* il y avait autant d'hommes que de femmes; *habia tantos hombres como mugeres;*

3° Avec des verbes, on dit autant... que, et on le rend par *tanto... como;* il boit autant qu'il mange; *él bebe tanto como come.*

Il ne faut pas confondre ce dernier avec cette locution, tant que, qui s'exprime en espagnol par *tanto que,* parce que ceci n'est pas un comparatif; j'ai tant travaillé, que je suis fatigué; *he trabajo tanto que me hallo rendido.*

Mêlez à la sagesse un peu de folie; rien *n*'est si doux que
Mezclad — cordura un poco de locura; nada es — dulce —
de s'oublier un moment quand l'occasion le permet. Notre
olvidarse un momento cuando — ocasion lo permite. Nuestra
existence n'est *pas* aussi malheureuse qu'on veut le faire accroire.
existencia no es — desgraciada — se quiere hacerlo creer.
Il est aussi dangereux *de* faire *du* bien à un scélérat, que *de* faire
Es — peligroso hacer bien á un malvado, — hacer

du mal à un homme d'honneur. Tous les plus beaux talents
mal á un hombre de honor. Todos — — bellos talentos
réunis ne valent *pas* une vertu. Je n'ai trouvé dans la
reunidos no valen — — una virtud. Yo no he hallado en —
description de la fontaine de Vaucluse, par Delille, ni tant
descripcion — fuente de Vaucluse, por Delille, ni —
*d'*écume, ni tant *de* fracas, ni tant *de* murmures, que m'en a
espuma, ni — estruendo, ni — mormullos, — me los ha
offert la fontaine *elle*-même. Ces charmes célèbres de
ofrecido — fuente misma. Aquellos atractivos célebres de
Cléopâtre, qui avaient si longtemps captivé Antoine, et
Cleopatra, que habian tan largo tiempo cautivado á Antonio, y
séduit César, qui avaient fait presque autant *de* bruit et *des*
seducido á César, que habian hecho casi — ruido y
ravages dans l'univers que les armes romaines *en* avaient fait,
estragos en — universo — las armas romanas habian hecho,
les voilà morts : *ce* n'est plus Cléopâtre, mais un cadavre. *C'est*
ételos muertos : no es ya Cleopatra, sino un cadáver.
à la banque même de Gênes *qu'*est renfermé sous cent clefs
En — banco mismo de Génova está encerrado bajo cien llaves
le mot de cette énigme aussi grande que terrible, si la banque
— secreto de este enigma — grande — terrible, si — banco
possède *des* millards, ou si *elle* doit *des* millards.
posee millares de cuentos, ó si debe millares de cuentos.
Personne dans la conversation *ne* sait autant s'oublier soi-même,
Nadie en — conversation sabe — olvidarse á sí mismo,
et se souvenir des autres que cet honnête et savant magistrat.
y acordarse — otros — ese honrado y sabio magistrado.
Toutes les forces de la république de Gênes étaient aussi mal
Todas — fuerzas — república de Génova estaban — mal
administrées qu'*elles* étaient faibles. *Il* entra dans un grenier,
administradas — eran débiles. Entró en un granero,
par une fenêtre, aussi transporté de joie qu'un pilote, qui
por una ventana, — transportado de gozo — un piloto, que
voit arriver au port son vaisseau menacé du naufrage. *Je* puis
ve arribar — puerto su navío amenazado — naufragio. Puedo

assurer que c'est une voiture aussi douce qu'une litière, et
asegurar que aquel es un carruage — suave — una litera, y
avec cela si diligente qu'on n'a *pas le* temps de s'ennuyer
con eso — diligente — no se tiene tiempo de fastidiarse
en route. Les cris de sa chère moitié lui percent l'âme : il
en el camino. Los gritos de su querida mitad le traspasan —alma : el
est pénétré de douleur, et *il* souffre autant qu'elle. Autant
está penetrado de dolor, y padece . — — ella. —
vaudrait ne *pas* avoir des lois, que *d'en* avoir et ne les faire
valdria no tener — leyes, — tenerlas y no hacerlas
point observer. Autant *il* est honorable pour l'humanité cet
observar. — es honroso para —humanidad este
instinct de pitié, que la nature a mis dans nos
instinto de compasion, que — naturaleza ha puesto en nuestros
cœurs, autant *il* est déshonorant pour les hommes *de* traiter
corazones, — es deshonroso para — hombres el tratar
leurs semblables avec cruauté. J'ai[1] autant[3] étudié[2] les hommes
á sus semejantes con crueldad. Yo he — estudiado — hombres
qu'un autre ait pu les étudier; et cependant leur
—cualquiera otro haya podido estudiarlos; y sin embargo su
cœur est encore une énigme impénétrable pour moi. Une
corazon es todavía un enigma impenetrable para mí. Una
république n'a jamais tant à craindre que lorsqu'*elle* ne craint
república no tiene jamas — que temer — cuando no teme
plus rien. Autant les cieux sont éloignés de la terre, autant les
mas nada. — los cielos están distantes — tierra, — —
desseins de Dieu sont éloignés des pensées des hommes :
designios de Dios están distantes — pensamientos — hombres :
vouloir les pénétrer vaut autant que chercher *à* connaître ce qui
querer penetrarlos vale — — procurar conocer lo que
n'[1]a[3] jamais[2] existé. Une cause sans effet est une chimère, une
no ha jamas existido. Una causa sin efecto es una quimera, un
absurdité, aussi bien qu'un effet, sans cause. Un écrivain
absurdo, — bien — un efecto, sin causa. Un escritor
moderne a prétendu prouver que dans tous *les* temps les
moderno ha pretendido probar que en todos tiempos —

français ont remporté autant *de* victoires qu'*ils* ont livré *de*
franceses han ganado — victorias — han librado
combats. Malgré les différentes opinions des calculateurs de
combates. A pesar de — diferentes opiniones — calculadores —
l'espèce humaine, *il* est probable qu'*il* y a sur toute la surface
—especie humana, es probable — hay sobre toda — haz
de la terre autant *d'*hommes que *de* femmes.
— tierra — hombres — mugeres.

THÈME XVI.

Sur plus... plus, et moins... moins, répétés dans une phrase.

Le premier plus ou moins, se traduit par *cuanto mas* ou *cuanto menos*, et le second par *tanto mas* ou *tanto menos;* en observant que si ces mots ont rapport à des substantifs, *cuanto* et *tanto* deviennent des adjectifs, qui s'accordent en genre et en nombre avec les substantifs; et s'ils ont rapport à des adjectifs, à des verbes, ou à des adverbes, ils restent adverbes indéclinables : plus on a des chagrins, plus la vie devient insupportable; *cuantas mas penas tiene uno, tanto mas insoportable se hace la vida. Cuantas*, adjectif, qui s'accorde avec *penas; tanto*, adverbe.

L'opulence et le repos sont à une si grande distance *l'*un de
— opulencia y — reposo estan á una tan grande distancia—uno—
l'autre, que plus *on* approche de celle-là, plus *on* s'éloigne de
—otra, que — uno se acerca á aquella, — se aleja de
celui-ci. Plus un homme vicieux avance en âge, plus le vice
este. — un hombre vicioso avanza en edad, — —vicio
jette en lui *de* profondes racines. Plus on approfondit l'homme,
echa en él profundas raices. — se profundiza el hombre,
plus on y démêle *de* grandeur et *de* faiblesse. On peut bien
— se descubren en él grandeza y flaqueza. Se puede bien

dire que le maître de la fabrique ne paie *pas* grassement ses
decir que — dueño de — fábrica no paga abundantemente á sus

ouvriers : moins on lui demande pour sa peine, plus on est
obreros : — se le pide por su pena, — se está

sûr d'être préféré. Plus un peuple accumule *de* théories
seguro de ser preferido. — un pueblo acumula teorías

morales, moins *il* est enclin à suivre leurs dogmes. J'étais
morales, — está inclinado á seguir sus dogmas. Yo estaba

tout étonné de ne rien savoir, après tant *de* veilles et *de*
todo atónito de no nada saber, despues de tantas vigilias y

lecture : on aurait dit que, plus j'étudiais pour découvrir
lectura : hubieran dicho que, — yo estudiaba por descubrir

quelque vérité, moins *je* pouvais la saisir : *je* n'avais que
alguna verdad, — podia alcanzarla : no tenia mas que

des doutes. Est-ce une punition du ciel, qui se plaît ainsi à
dudas. ¿Es este un castigo — cielo, que se complace así en

confondre notre orgueil ? je le crains; car plus l'homme
confundir nuestra soberbia ? yo lo temo; pues — el hombre

cherche *à* pénétrer quelque mystère de la nature, moins *il* est
procura penetrar algun misterio de la naturaleza, — está

près de l'atteindre. Au train dont *je* vais, plus je passerai
cerca de alcanzarlo. — paso que voy, — yo pase

*d'*années au théâtre, plus *j'*y ferai *de* dettes, pour aller à la
años en el teatro, — en él haré deudas, para ir al

fin mourir isolé et pauvre dans le fond d'une province. Plus
fin á morir aislado y pobre en — fondo de una provincia. —

vous donnerez *de* renseignements à ces braves gens, mieux *ils*
Vm. diere indicaciones á esas buenas gentes, —

sauront travailler à la découverte de ces papiers que vous
sabrán trabajar en descubrir — esos papeles que Vm.

recherchez. La fortune est quelquefois si bizarre que,
busca. — fortuna es á veces tan extravagante que,

moins on se donne de soucis pour avoir ses bonnes grâces,
— nos tomamos trabajo por obtener sus favores,

plus *elle* nous comble de ses bienfaits. Soyez persuadé que plus
— nos colma de sus beneficios. Esté Vm. persuadido que —

vous vivrez, plus l'expérience vous apprendra à vous méfier des
Vm. viva, — — experiencia le enseñará á recelarse —
hommes. Vous deviez vous défier d'un amant de ce caractère :
hombres. Vm. debia desconfiar de un amante de ese carácter :
plus *il* a *de* crédit et *de* faveur, plus vous deviez être en garde
— tiene crédito y favor, — Vm. debia precaverse
contre lui. Insensé que vous êtes ! plus vous vous affligerez,
contra él. Insensato qué Vm. es ! — Vm. se aflija,
plus *vous* verserez *de* pleurs, plus elle jouira de son triomphe,
— derrame lágrimas, — ella gozará de su triunfo,
et plus *elle* insultera à votre douleur. Tel est notre penchant à la
y — insultará á su dolor de Vm. Tal es nuestra propension —
paresse que, moins *nous* travaillerions, moins *nous* aurions
pereza qué, — trabajáramos, — tendriamos
envie de travailler.
gana de trabajar.

THÈME XVII.

Sur les Superlatifs.

Les adverbes très, fort, bien, précédant des adjectifs ou des adverbes, se rendent en espagnol par *muy*; ou bien on fait terminer les adjectifs par *ísimo*, *ísima*, *ísimos*, *ísimas*, selon le genre et le nombre des substantifs avec lesquels ils s'accordent. Quant aux adverbes superlatifs, on ajoute *mente* à la terminaison *ísima*, féminin singulier : *claro*, *clara*, fait *clarísimo*, *clarísima*, et l'adverbe, *clarísimamente*; *grande*, *grandísimo*, *grandísimamente*; *fácil*, *facilísimo*, *facilísimamente*.

Les adjectifs terminés en *ble*, comme *amable*, *noble*, *afable*, changent *ble* en *bilísimo*, *bilísima*, *amabilísimo*, *amabilísimamente*, *nobilísimo*, *nobilísimamente*; *afabilísimo*, *afabilísimamente*; *fiel* fait *fidelísimo*, *ma*, *fuerte*, *fortísimo*, *ma*.

Un changement très remarquable s'était opéré dans des
Una mudanza — notable se habia operado en —

facultés intellectuelles de cet homme éminent, qui avait
facultades intelectuales de aquel hombre eminente, que habia
étonné son siècle par ses actions et par ses écrits. Il faut
admirado á su siglo con sus acciones y con sus escritos. Es menester
ajouter une très petite dose d'opium, pour faire dormir
añadir una — pequeña dósis de opio, para hacer dormir
notre malade : *je* vous recommande la plus minutieuse
á nuestro enfermo : le encargo á Vm. — — escrupulosa
exactitude à suivre tout ce que l'ordonnance prescrit, et
exactitud en seguir todo lo que — receta prescribe, y
moyennant cela *il* guérira très promptement. Une très belle
por este medio sanará — prontamente. Una — bella
occasion se présentait alors pour aller en Amérique sans le
ocasion se ofrecia entónces para ir á la América sin —
moindre danger, et il en profita. *C*'est un moyen très commode
menor peligro, y él la aprovechó. Es un medio — cómodo
de ne *pas* payer ses dettes *que de* les nier. Vous avez agi très
de no pagar sus deudas el negarlas. Vm. ha obrado —
noblement envers une personne qui a toujours cherché *à* vous
noblemente con una persona que ha siempre procurado da-
nuire : cela vous fait beaucoup *d*'honneur. On fait aujourd'hui
ñarle: eso le hace á Vm. mucho honor. Se hace hoy
très vite avec *des* machines, ce qu'on faisait autrefois
— pronto con máquinas, lo que se hacia en tiempos pasados
très lentement à force de bras. Oui, *j*'ai été extrêmement
— lentamente á fuerza de brazos. Sí, he estado sumamente
surpris d'apprendre que vous étiez en très grande faveur auprès
admirado de saber que Vm. estaba en — grande favor con
du premier ministre, et que la plupart des grâces passaient
el primer ministro, y que — mayor parte — gracias pasaban
par vos mains. *C*'est une fort belle chose, par le temps qui
por sus manos. Es una — bella cosa, en — tiempo que
court, *que d*'être possesseur d'une honnête fortune, indépendante
corre, el ser posesor de una decente fortuna, independiente
des caprices du sort. Sénèque, qui dans *de* très belles phrases,
— caprichos — suerte *f*. Séneca, quien — bellas frases,

arrangées avec *des* paroles très éloquentes, conseillait *de*
compuestas con palabras — elocuentes, aconsejaba
mépriser le vil métal, les richesses perfides, était lui-même
despreciar — vil metal, — riquezas pérfidas, estaba él mismo
très riche : voilà la morale et les moralistes! *Il* est bien certain
— rico: ¡he aquí — moral y — moralistas! Es — cierto
qu'aux yeux de la nature les rois et leurs sujets sont
que — ojos — naturaleza — reyes y sus vasallos son
parfaitement égaux. Il jouit d'un caractère fort heureux; *il*
perfectamente iguales. Él goza de un carácter — feliz;
est très attaché à ses amis, toujours disposé à les obliger.
es — adicto á sus amigos, siempre dispuesto á favorecerlos.
Abailard était un homme très célèbre de son vivant, *il* était
Abaelardo era un hombre — célebre mientras vivió; era
un grand théologien, très savant, très éloquent, *il* était l'oracle
— gran teólogo, — docto, — elocuente, era — oráculo
de son siècle. Au premier mois, le quatorzième jour de la lune
de su siglo. El primer mes, — catorceno dia — luna
au soir, *c'est* la pâque du Seigneur Dieu, et au quinzième
por la tarde, es — pascua — Señor Dios, y el quinceno
vous célébrerez la fête solennelle du Seigneur très haut.
celebrareis — fiesta solemne — Señor — alto.
L'ingratitude est un crime très honteux, en sorte qu'on
— ingratitud es un crímen — vergonzoso, de suerte que no se
n'a jamais trouvé un homme qui consentît à s'en reconnaître
ha jamas hallado un hombre que consintiese en — reconocerse
coupable. Les méchants perdent bien vite le souvenir des
culpable. — malos pierden — presto — memoria —
bienfaits qu'*ils* ont reçus. Les sciences ont *des* racines très
favores que han recibido. — ciencias tienen raices —
amères, mais | *les* fruits en sont | très doux. Quoique livré
amargas, pero | sus frutos son | — dulces. Aunque entregado
à tous les plaisirs de la vie, Alcibiade était, quand *il le* fallait,
á todos — placeres — vida, Alcibiades era, cuando convenia,
le plus modéré des hommes. Bien *des* personnes peuvent faire
— — moderado — hombres. Muchas personas pueden hacer

une action sage, mais *il en* est bien peu qui soient capables
una accion prudente, pero hay — pocas que sean capaces
de faire une action généreuse. Les Espagnols, lorsqu'*ils* écrivent
de hacer una accion generosa. — Españoles, cuando escriben
au pape, lui donnent le titre de très-saint ou très heureux
— papa, le dan — título de — santo ó — beato
père; lorsqu'*ils* s'adressent à un cardinal, celui de très éminent
padre; cuando hablan á un cardenal, el de — eminente
seigneur; et quand *ils* parlent à un évêque ou à un archevêque,
señor; y cuando hablan á un obispo ó á un arzobispo,
celui de très illustre seigneur.
el de — ilustre señor.

THÈME XVIII.

Sur le plus, le moins, le mieux.

Quand le plus, la plus, les plus, le moins, la moins, les moins, le mieux, la mieux, les mieux, suivis de quelque adjectif, se rapportent à des substantifs, on les rend en espagnol par *el mas*, *la mas*, *los mas*, *las mas*, *el menos*, *la menos*, etc., *el mejor*, *la mejor*, etc. C'est la plus aimable, *esa es la mas amable*; ils sont les plus jeunes, *ellos son los mas jóvenes;* elle est la moins avancée, *ella es la menos adelantada*; il est le mieux confectionné, *él es el mejor fabricado*.

Mais lorsque le substantif qui précède le plus, le moins, le mieux, est lui-même précédé d'un article, on ne doit pas répéter l'article devant plus, moins et mieux : C'est l'enfant le plus docile, *es el muchacho mas dócil;* c'était la saison la plus rigoureuse, *aquella era la estacion mas rigurosa;* c'est le tableau le mieux peint, *ese es el cuadro mejor pintado*.

Si le plus, le moins et le mieux se rapportent, non à un substantif, mais à quelque action exprimée par un ve be, ou à un adjectif lorsqu'on doit lui appliquer l'article neutre, on les rend par *lo mas*, *lo menos*, *lo mejor*: le plus que je puisse faire, *lo mas que puedo hacer*; le plus étonnant, *lo mas extraño*, etc.

| On m'a mené hier | dans la rue la plus obscure; |
| Me llevaron ayer | á — calle — mas obscura; |
on m'a fait entrer | dans la maison la plus pauvre; on m'a fait
me hicieron entrar | en — casa — — pobre; me hicieron
monter cinq étages, où enfin *j*'ai trouvé le premier président
subir cinco pisos, donde en fin hallé al primer presidente
du sénat de Nice. En toutes choses le plus sage est *de* savoir
— senado de Niza. En todas cosas lo — cuerdo es saber
tenir un juste milieu. La première et la plus grande peine
mantener un justo medio. — primera y — — grande pena
du crime, *c*'est *de* l'avoir commis. Déjà même le soupçon
— crímen, es haberle cometido. Ya tambien — sospecha
vous environne, et *il* ne faudrait que le plus faible indice,
le rodea á Vm., y no se necesitaria mas que — — ligero indicio,
pour que la vérité *tout* entière fût connue. Celui qui a
para que — verdad entera fuese conocida. El que tiene
peur d'être trompé, ne peut jamais être assez sur
miedo de ser engañado, no puede nunca estar bastante sobre
ses gardes; car *c'est* souvent lorsqu'*il* y est le plus *qu'il* se
sí; pues muchas veces cuando lo está — — se
laisse attraper. Pour exécuter les plus grandes entreprises, *il*
deja engañar. Para ejecutar — — grandes empresas,
ne faut qu'*une* tête et *des* mains; avec cela | l'on
no se necesita mas que cabeza y manos; con eso | se
vient à bout de tout. | *Je* vous jure, monsieur, que vous êtes
consigue todo. | Le juro á Vm., caballero, que Vm. está
dans l'erreur la plus profonde; *je* vous jure que vous n'avez
en — error — — profundo; le juro que Vm. no tiene
aucun motif de soupçonner ni moi ni personne. Fortune,
ningun motivo para sospecharme ni á mi ni á nadie. Fortuna,
accorde-moi seulement *une* demi-heure, et *je* suis à la fois le
concédeme solamente media hora, y soy á — vez —

plus heureux des hommes, des amants et des époux. *Nous* irons
— dichoso — hombres, — amantes y — esposos. Iremos
tous trois, le plus tôt qu'il nous sera possible, rejoindre
los tres, cuanto ántes nos sea posible, al encuentro
notre famille. Un retard pourrait amener pour moi les
de nuestra familia. Una dilacion podria traer para mí las
conséquences les plus facheuses. C'est ce que Minos, le plus
consecuencias — — fatales. Esto es lo que Minos, — —
sage et le meilleur de tous les rois, avait compris. Tout
sabio y — — de todos — reyes, habia entendido. Todo
ce que *vous* verrez de plus merveilleux dans cette île, est le
cuanto viereis de — maravilloso en esta isla, es —
fruit de ses lois. La plus faible plante, le moindre légume,
fruto de sus leyes. — — débil planta, la — legumbre,
contient dans une graine le germe de tout ce qui se déploie
contiene en un grano — gérmen de todo lo que se despliega
dans les plus hautes plantes, et dans les plus grands arbres
en — — altas plantas, y en — — grandes árboles
La chose la plus aisée devient pénible, quand on *la* fait | à
— cosa — — fácil se vuelve penosa, cuando se hace | de
contre-cœur. | La condition la plus heureuse a *des* amertumes
mala gana | — condicion — — feliz tiene amarguras
qui en corrompent toute la félicité. Les réputations les plus
que corrompen toda su felicidad. — reputaciones — —
brillantes doivent souvent plus à la prévention qu'au mérite.
brillantes deben á menudo — — prevencion que— mérito.
Les plus hautes montagnes sont les réservoirs d'où sortent
— — altos montes son — estanques de donde salen
les plus grands fleuves. Ce qui empêche le plus souvent un
— — grándes rios. Lo que impide — — á menudo á un
jeune homme *de* devenir habile, *c'*est sa suffisance et la persuasion
jóven hacerse hábil, es su suficiencia y — persuasion
de son propre mérite. Pierre le Grand est un des plus grands
de su propio mérito. Pedro el Grande es uno — — grandes
hommes que l'Europe ait vu naître. La plupart des hommes
hombres que — Europa haya visto nacer. — — — hombres

sont rampants devant les grands, et insolents vis-à-vis de leurs
son rastreros ante — grandes, é insolentes con sus
égaux. Le moyen le plus efficace qu'on puisse employer pour
iguales. — medio — — eficaz que se pueda emplear para
guérir de la crainte de la mort, *c'est de* vivre sans reproche. Le
curarse — temor — muerte, es vivir sin tacha. —
diamant est la pierre la plus pure et la plus pesante que l'on
diamante es — piedra — — pura y — — pesada que se
connaisse. *C'est* dans l'Inde et dans le Brésil *que* l'on trouve
conozca. En —India y en — Brasil se encuentran
les plus riches mines de diamants. Si on voulait définir les mots
— — ricas minas de diamantes. Se se quisiera definir — voces
que l'on comprend le moins, il faudrait peut-être définir ceux
que se entienden — — seria necesario quizá definir aquellos
dont on se sert davantage. Charles XII a éprouvé ce
de que nos servimos mas. Carlos doce ha experimentado lo
que la prospérité a de plus grand et ce que l'adversité a
que — prosperidad tiene de — grande y lo que —adversidad tiene
de plus cruel, sans avoir été amolli par celle-là, ni ébranlé
de — cruel, sin haber sido ablandado por aquella, ni acobardado
par celle-ci. Le plus grand des défauts qu'un homme puisse
por esta. — — grande — defectos que un hombre pueda
avoir, *c'est de* s'en croire exempt. La plupart des hommes
tener, es creerse exento de ellos. — — — hombres
flottent sans cesse entre *des* craintes ridicules et *de* fausses
fluctuan sin cesar entre temores ridículos y falsas
espérances. Ceux qui craignent le plus *de* mourir, sont ceux qui
esperanzas. Los que temen — — morir, sont los que
ont mal vécu. Les livres, disait le roi Alphonse, sont de tous
han mal vivido. — libros, decia — rey Alfonso, son de todos
mes conseillers ceux qui me plaisent le plus; car ni la crainte
mis consejeros los que me gustan — — pues ni el temor
ni l'espérance *ne* les empêche | de me dire | ce que je dois
ni — esperanza les impide | que me digan | lo que yo debo
faire. Les peuples les moins civilisés sont ceux chez lesquels
hacer. — pueblos — — civilizados son aquellos entre —cuales

on commet le plus *de* crimes. Les goûts les plus naturels doivent
se cometen — — crímenes. — gustos — — naturales deben
être aussi les plus simples. Le pire de tous les défauts qu'un
ser tambien — — simples. — — de todos — defectos que un
roi puisse avoir, *c'*est l'avarice, car un roi avare ne fait jamais
rey pueda tener, es—avaricia, pues un rey avaro no hace jamás
du bien à personne. L'œil appartient à l'âme plutôt que
bien á nadie. —ojo pertenece —alma mas bien que
tout autre organe : il en exprime les émotions les plus
cualquiera otro órgano : él expresa sus agitaciones — —
vives, ainsi que les mouvements les plus doux.
vivas, asi como —movimimientos — — suaves.

THÊME XIX.

Sur les Pronoms personnels.

Singulier, première personne, *yo*, je; *me*, me; *mí*, moi; *conmigo*, avec moi; deuxième personne, *tu*, tu; *te*, te; *ti*, toi; *contigo*, avec toi; troisième personne, masculin, *él*, il; *le*, le; lui; féminin, *ella*, elle; *la*, la; *le*, lui; neutre, *ello*, il ou cela; *lo*, le.

Pluriel, première personne, *nosotros*, *nosotras*, nous; *nos*, nous; deuxième personne, *vosotros*, *vosotras*, vous; *vos*, vous; *os*, vous; troisième personne, masculin, *ellos*, ils; *los*, les; *les*, leur; féminin, *ellas*, elles; *las*, les; *les*, leur.

Yo, *tu*, *él*, *ella*, *nosotros*, *nosotras*, *nos* pour *nosotros*, *vosotros*, *vosotras*, *vos*, *ellos*, *ellas*, *ello*, sans préposition, sont toujours sujet de la phrase; avec préposition, ils sont toujours régime : mais remarquez que *yo* et *tu* ne peuvent jamais être précédés d'aucune préposition, mais bien d'une conjonction.

Me, *te*, *le*, *la*, *lo*, *nos*, *os*, *los*, *las*, *les*, sont toujours régime ou direct ou indirect, excepté *le*, qui peut être régime direct et indirect pour le masculin, et seulement indirect pour le féminin; *la*, *lo*, *los* et *las*, qui sont toujours régime direct; et *les* qui est partout régime indirect.

Mí, *tí*, sont toujours précédés d'une préposition, et ils sont régime indirect; mais, dans certains cas, ils peuvent être régime direct seulement avec la préposition *á* : *No me mira á mí, sino á tí*; ce n'est pas moi qu'il regarde, mais toi.

Conmigo et *contigo*, sont simplement *mí* et *tí*, précédés de la préposition *con*, avec laquelle ils sont liés : c'est le *mecum* et *tecum* du latin.

Les pronons *me*, *te*, *le*, *la*, *lo*, *nos*, *os*, *los*, *las* et *les*, se placent, comme en français, devant les verbes, dans tous leurs temps, excepté dans l'infinitif, dans le gérondif, et dans toutes les personnes de l'impératif : et lorsqu'il y a deux pronoms, l'un régime direct, et l'autre indirect, celui-ci se place le premier, et le régime direct le dernier, devant le verbe en mots séparés, et après le verbe en un seul mot lié avec le verbe. Quand il faut deux pronoms de la troisième personne, celui qui est régime indirect se traduit par *se*, et se place devant le pronom régime direct.

Que dois-je faire? dis-*je* alors en moi-même; m'*en*
¿Qué debo — hacer? dije entónces entre — mismo; —
retournerai-*je*? ou serai-je assez hardi pour pénétrer jusqu'à
volveré ó seré — bastante atrevido para penetrar hasta
cette chambre? Je sais que Dieu n'a nul besoin de
aquel cuarto? — se que Dios no tiene ninguna necesidad de
nos sacrifices ni de nos prières; mais nous avons
nuestros sacrificios ni de nuestras oraciones; pero — tenemos
besoin de lui en faire: son culte n'est *pas* établi pour
necesidad de — — hacer: su culto no está establecido para
lui, mais pour nous. Les juifs ont toujours attendu un libérateur;
— sino para — — judíos han siempre esperado un libertador;
mais leur libérateur est pour eux, et non pour nous. Ils
pero su libertador es para — y no para — —

attendent un messie, qui rendra les juifs maîtres des chrétiens;
aguardan un mesías, que hará á — judíos dueños — cristianos;
et nous espérons que le messie réunira un jour les juifs aux
y — esperamos que — mesías reunirá un dia — judíos —
chrétiens : ils pensent précisément sur cela le contraire de ce
cristianos: — piensan precisamente sobre eso — contrario de lo
que nous pensons. Ami, me dit-il, je vois que tu es étranger;
que — pensamos. Amigo, — dijo —, — veo que — eres extrangero;
si je puis t'être de quelque utilité, tu n'as qu'à parler. La
si —puedo— ser de alguna utilidad, —no tienes mas que hablar. —
nature nous fait une illusion continuelle; mais c'est qu'elle
naturaleza — hace una ilusion continua; pero es porque —
nous montre les choses, non comme elles sont, mais comme
— muestra las cosas, no como — son, sino como
nous devons les sentir. Et moi aussi, je me sens inspiré par
— debemos — sentir. Y — tambien, — — siento inspirado por
toi, fontaine célèbre; auprès de toi mon cœur est calme, mon
— fuente célebre; cerca de — mi corazon está sosegado, mi
esprit serein, mes sens sont en paix: je suis heureux. Tu as
ánimo sereno, mis sentidos están en paz: — soy feliz. — tienes
raison, tu n'as qu'à faire comme moi; je ne me loue jamais:
razon, —no tienes mas que hacer como — — no — alabo nunca:
j'ai *du* bien, *de la* naissance, je fais *de la* dépense, mes
—tengo bienes, nacimiento, — hago gastos, mis
amis disent que j'ai quelque esprit; mais je ne parle jamais
amigos dicen que—tengo algun ingenio; pero — no hablo jamás
de tout cela: si j'ai quelques bonnes qualités, celle dont
de todo eso: si —tengo algunas buenas cualidades, aquella de que
je fais *le* plus *de* cas, c'est ma modestie. Quoi! je serais venu
— hago mas caso, es mi modestia. ¡Qué! —habria venido
à Paris, on aurait fait pour moi *des* sacrifices, on m'aurait donné
á Paris, habrian hecho por — sacrificios, — habrian dado
cent écus de pension, pour faire de moi un vétérinaire? Oh,
cien escudos de pension, para hacer — — un albeitar? ¡Oh,
non! Ah, ah! mon[2] oncle[1], je ferai tant *de* bruit que vous
no! ¡Ah, ah! mio tio, — haré tanto ruido que Vm.

entendrez parler de moi. Oui ; *en* te mariant, tu t'éloignes de
oirá hablar — — Si, casándote, — — alejas —
nous, toi qui seule ici avais toujours pour moi *de l'*amitié. Les
— — quien sola aquí tenias siempre por — amistad. —
torts de ceux que j'aime me trouveraient peut-être inflexible
culpas de los que — amo — hallarian quizá inflexible
et implacable ; mais ces torts, si je les connaissais, ou si je
é implacable; pero esas culpas, si — las conociese, ó si —
les soupçonnais, je voudrais franchement les leur déclarer. Je
las sospechase, — quisiera francamente — — declarar. —
ne crains *pas de* me tromper ; la crise est terrible, mais elle est
no temo — engañar; — crisis es terrible, mas — es
salutaire. Il plaide pour son honneur, et moi pour mon argent :
saludable. — litiga por su honor, y — por mi dinero :
ainsi il est plus intéressé que moi à conserver et à cacher ces
así — está mas interesado que — en conservar y en ocultar esos
documents. *En* agissant ainsi, tu veux me compromettre dans
documentos. Obrando así, — quieres — comprometer en
une malheureuse affaire. Tous étaient assis, tous dans un
un desgraciado asunto. Todos estaban sentados, todos en un
profond silence ; je passai au milieu d'eux, sans qu'un seul
profundo silencio ; — pasé por medio de — sin que uno solo
levât les yeux sur moi. | *Ce* n'est *pas* à nous | *d'*interroger
levantase — ojos sobre — | No nos toca á nosotros | preguntar á
la Providence ; nous ne devons que nous anéantir devant
— Providencia; — no debemos mas que — anonadar delante de
elle. Si vous avez quelque désir de vous éclairer, je suis magicien,
— Si Vm. tiene algun deseo de — instruir, — soy mágico,
et je vous ferai voir *des* choses fort extraordinaires : ayez
y — — haré ver cosas muy extraordinarias : tenga Vm.
seulement la bonté de m'accompagner à ma maison de
solamente la bondad de — acompañar á mi casa de
campagne, qui est à cinq cents pas d'ici, et peut-être ne
campo, que está á quinientos pasos de aquí, y quizá no
vous repentirez-vous *pas* de votre complaisance. Qu'un voyageur
— arrepentirá Vm. de su complacencia. Que un viagero

me raconte *des* choses merveilleuses et intéressantes, il me fait
— cuente cosas maravillosas é interesantes, — — da
grand plaisir pour un moment : vient-on me faire voir que tout
mucho gusto por un momento: se viene á — hacer ver que todo
ce qu'il m'a dit est faux, je suis indigné contre le hableur.
lo que — — ha dicho es falso, — estoy indignado contra — charlador.
Dis-moi, mon pauvre ami, ne m'expliqueras-tu *pas* d'où
Dí — mio pobre amigo, ¿no — explicarás — de donde
vient cette mélancolie qui te fait fuir la société? Ah! tu ne me
viene esa melancolía que — hace huir — sociedad? ¡Ah! — no —
réponds *pas*; tu n'as donc plus *de* confiance en moi! Oui,
respondes; — no tienes pues mas confianza en — Si,
pardi! par ce moyen-là tu acquiers la réputation d'un jeune
pardiez! por ese medio — adquieres — reputacion de un mozo
homme parfait, tandis que moi, je reste confondu dans la
perfecto, mientras que — — estoy confundido entre la
foule. Puisque tu veux que je juge si cette femme est
muchedumbre. Ya que — quieres que — juzgue si esa muger es
belle, ôte-lui donc ces diamants et cette draperie; fais au
hermosa, quita — pues esos diamantes. y ese ropage; haz al
moins que je la voie. Malheureux enfant! combien *de* fois t'ai-je
menos que — — vea. ¡Desdichado hijo! ¡ cuantas veces — he —
exhorté à renoncer au jeu! combien *de* fois t'ai-je prédit qu'*il*
exhortado á renunciar al juego! cuantas veces — he — predicho que
te coûterait la vie! Je déclare que *ce* n'est *pas* ma faute, si tu as
— costaria — vida! — declaro que no es mi culpa, si — has
péri misérablement. O fontaine chérie! lorsque la mousse, le
perecido miserablemente. ¡O fuente querida! cuando — musgo, —
gazon, la violette, la chèvre-feuille, la virginale aubépine, au
césped, — violeta, — madreselva, — virginal espino albar, en
lieu de cette voûte de marbre, te couvraient et te paraient seuls,
vez de esa bóveda de mármol, — cubrian y — adornaban solos,
tu devais être bien plus éloquente. Pour moi, lorsque je
— debias ser mucho mas elocuente. En cuanto á — cuando —
fus couché, au lieu de me livrer au sommeil, je ne fis que
estuve acostado, en lugar de — entregar — sueño, — no hice sino

m'occuper du malheur de la dame. J'ai vu accourir à moi
— ocupar — desgracia — señora. —he visto correr á —
| un de vos domestiques, | porteur d'une lettre si pressée, que
| á un criado de Vm., | portador de una carta tan urgente, que
je suis obligé de partir pour Paris à l'instant même. Hier,
— estoy obligado á marchar para Paris — instante mismo. Ayer,
quand je suis arrivé, sais-tu bien qu'au lieu de te jeter dans mes
cuando — llegué, ¿ sabes — bien que en vez de — echar en mis
bras, tu t'es laissée tomber à mes pieds, comme si j'avais quelque
brazos, — — dejaste caer á mis piés, como si — tuviese alguna
chose à te pardonner? Oui, je suis plus disposé à la guerre
cosa que — perdonar? Sí, — estoy mas dispuesto — guerra
qu'à la paix, quand la guerre peut être utile à la cause que je
que — paz, cuando — guerra puede ser útil — causa que —
sers; oui, quand *il* y a quelque chance à la soutenir; oui,
sirvo; sí, cuando hay alguna esperanza en — sostener; sí,
quand le sang de trois provinces ne coule *pas* au profit de
cuando — sangre *f.* de tres provincias no corre en provecho de
quelques ambitions particulières: pour le bien général, oui,
algunas ambiciones particulares: por — bien general, sí,
je suis disposé à la guerre; et si je voyais aujourd'hui les
— estoy dispuesto — guerra; y si — viese hoy —
mêmes chances qu'à *une* autre époque, je me jetterais
mismas probabilidades que en otra época, — — arrojaria
dans la mêlée avec le même courage et le même dévouement
al combate con — mismo valor y — misma voluntad
que je l'ai fait alors, fort de ma conscience, à laquelle
que — — he hecho entónces, fuerte de mi conciencia, á la cual
j'obéis, et *en* laissant à Dieu le soin de juger entre moi et
— obedezco, y dejando á Dios — cuidado de juzgar entre — y
mes adversaires. Ecoute-moi, je ne sais *pas* faire *de* belles
mis adversarios. Escucha — , — no sé hacer bellas
phrases comme tu en fais; je ne sais *pas* lire, comme toi, dans
frases como — — haces; — no sé leer, como — , en
ces beaux livres qui, je le crains bien, te tournent l'esprit
esos bellos libros que, — — temo bien, — trastornan — espíritu

plutôt qu'ils *ne* l'instruisent. L'entends-tu jamais se plaindre?
mas bien que— —instruyen. ¿—oyes — jamas — quejar?
pourtant il souffre horriblement, et le médecin, loin d'avoir
no obstante—padece horriblemente, y — médico, lejos de tener
besoin de l'encourager, le considère comme un martyr. Moi,
que — animar, — considera como un mártir. —,
je ne me mêlerai plus des affaires de personne: | qu'ai-je
— no — mezclaré mas — negocios de nadie: | qué necesidad
besoin | d'attirer sur moi la haine des uns et l'ingratitude
tengo yo | de atraer sobre — el odio de unos y — ingratitud
des autres? Toi, tu peux sans crainte te déclarer pour le parti
— otros? —, — puedes sin miedo — declarar por — partido
dominant; mais moi, je suis lié par *des* serments que je ne
dominante; pero — , — estoy atado con juramentos que — no
peux ni *ne* veux violer. Enfin, j'ai pu vaincre la répugnance
puedo — quiero violar. En fin, — he podido vencer — repugnancia
de mon père à me laisser voyager; ainsi donc, si tu le
de mi padre por — dejar viajar; así pues, si — —
veux bien, je ferai le voyage des Pyrénées avec toi. Vois, mon
quieres bien, — haré — viage — Pireneos — — Mira, mio
frère, toi et moi, nous sommes nés de la même mère; voilà
hermano, — y — — hemos nacido — misma madre; he aquí
pourquoi nous sommes si ressemblants de traits et de caractère.
porqué — somos tan parecidos de facciones y de genio.
Oh! viens avec moi, je te supplie, car j'aurai besoin de tes
¡Oh! ven — — — — suplico, pues — tendré necesidad de tus
conseils et de ton appui devant un tribunal si redoutable. *Ce*
consejos y de tu apoyo delante de un tribunal tan formidable.
sont mes enfants; *c'est* pour eux *que* je travaille, *c'est* à eux *que*
Son mis hijos; para — — trabajo, en —
je pense, *ce sont* eux *qui* font ma gloire et mon orgueil. Ah!
— pienso, — hacen mi gloria y mi orgullo. ¡Ah!
ces petites capricieuses! que veulent-elles? elles cherchent à
esas caprichosuelas! ¿qué quieren —? — tratan de
me donner mille chagrins, lorsque j'ai pour elles toutes
— dar mil disgustos, cuando — tengo por — todo

sortes de complaisances. Oui, mes enfants, vous êtes les seuls
género de complacencias. Sí, mios hijos, — sois — únicos
êtres qui m'empêchez *de* haïr la vie : je vous aime tous autant
seres que — impedis odiar — vida : — — amo á todos tanto
que votre mère vous chérissait : aussi je désire ardemment
como vuestra madre — queria : por eso — deseo con ardor,
que vous restiez unis, que vous vous aimiez *les* uns *les* autres,
que — esteis unidos, que — — ameis unos á otros,
et que dans toutes les traverses de la vie, vous vous prêtiez
y que en todas — penas — vida, — — presteis
mutuellement aide et secours.
mutuamente ayuda y auxilio.

THÊME XX.

Sur le Pronom réfléchi.

Le pronom réfléchi a trois variations ; *sí*, *se* et *consigo*. *Sí* est toujours précédé d'une préposition, et on ne s'en sert jamais sans préposition.

Se entre essentiellement dans la conjugaison des verbes pronominaux, réfléchis ou réciproques aux troisièmes personnes du singulier et du pluriel : *el se alaba*, il se vante ; *ellos se enfadaron*, ils se fâchèrent ; *ellas se aborrecian*, elles se haïssaient. *Se* est le régime indirect d'un verbe toutes les fois qu'il y a deux pronoms de la troisième personne du singulier ou du pluriel, en sorte que le lui, la lui, les lui, le leur, la leur, les leur, se traduisent par *se le*, *se la*, *se los*, *se las* et *se lo*, devant le verbe en deux mots séparés, et après le verbe en ne formant qu'un seul mot avec le verbe : *se le daré*, je le lui donnerai ; *se la envio*, je la lui envoie ; *se los pagué*, je les lui payai ; *se las debo*, je les lui dois ; *se lo he escrito*, je le lui ai écrit : *dársele*, le lui donner ;

enviársela, la lui envoyer; *págueselos usted*, payez-les lui; *debiéndoselas*, en les lui devant; *escribámoselo*, écrivons-le lui.

Consigo n'est autre chose que la préposition *con*, liée en un seul mot avec le pronom *sí*, en sorte qu'au lieu de dire *con sí*, comme on dit *de sí*, *á sí*, *para sí*, on dit *consigo*: c'est le *secum* du latin.

Les nations, harassées par le malheur, s'attachent avidement
— naciones, perseguidas por la desgracia, — entregan ansiosamente
à toute rêverie politique ou religieuse, qui leur fait entrevoir
á cualquier sueño político ó religioso, que les hace entrever
une lueur de bien-être. Faire plaisir à un ami, *c*'est s'en
una vislumbre de bienestar. Dar gusto á un amigo, es — —
faire à soi-même. Un jaloux est insupportable à tous, et odieux
dar á — mismo. Un celoso es insoportable á todos, y odioso
à lui-même, et chacun met *un* extrême plaisir à le tromper.
á — mismo, y cada cual tiene sumo placer en — engañar.
La plus importante et la plus négligée de toutes les conversations,
— mas importante y — mas descuidada de todas — conversaciones
c'est l'entretien avec soi-même. La route est dangereuse en
es — coloquio con — mismo. — camino es peligroso en
vérité; mais ne craignez rien, vous connaissez leur courage,
verdad; mas no tema Vm. nada, ya conoce su valor de ellos,
ils portent *des* armes avec eux, et *ils* ne se laisseront *pas* insulter
llevan armas — — y no — dejarán insultar
impunément par les brigands. Toutes les filles du village étaient
impunemente por — ladrones. Todas — mozas — lugar habian
parties ensemble pour aller à la fête, et avaient pris avec elles
marchado juntas para ir á — fiesta, y habian llevado — —
deux gros chiens, qui les auraient défendues en cas de besoin.
dos perrazos, que las hubieran defendido en caso de necesidad.
Chacun se croit en droit de se faire respecter, et de *ne*
Cada uno — cree en derecho de — hacer respetar, y de solo
consulter *qu*'avec soi-même ses propres intérêts. Dans *un*
consultar — — mismo sus propios intereses. En

pareil désordre personne *ne* pensait à soi : un noble dévoûment
semejante desórden nadie pensaba en — un noble ardor
se montrait sur chacun, pour la délivrance de tant *de*
— mostraba en cada uno, por — libertad de tantos
malheureux. Il a toujours avec lui un compagnon de voyage,
infelices. Él tiene siempre — — un compañero de viage,
c'est son poignard. Je vais passer huit jours à la maison de
y es su puñal. Yo voy á pasar ocho dias á — casa de
campagne de monsieur de Voltaire ; *il* m'*en* a tant prié, que *je*
campo del señor de Voltaire; me ha tanto rogado, que
le lui ai promis. Notre soleil tourne sur lui-même avec une
lo — he prometido. Nuestro sol gira sobre — mismo con una
rapidité qui nous étonne ; et les autres soleils tournent de même,
rapidez que nos admira; y — otros soles giran igualmente,
tandis qu'une foule innombrable de planètes roule autour
mientras que una multitud innumerable de planetas rueda al rededor
d'eux dans leur orbite. Tout est action, la mort même est
de ellos en sus órbitas. Todo es accion, — muerte misma es
agissante : car *nous* voyons les cadavres se décomposer, se
activa : pues vemos — cadáveres — descomponer, —
métamorphoser en végétaux, et nourrir les vivants, qui à
transformar en vegetales, y alimentar á — vivos, quienes á
leur tour *en* nourrissent *d*'autres. Si mes raisons pouvaient
su turno alimentan á otros. Si mis razones pudiesen
le convaincre, je les lui expliquerais, mais *ce* serait perdre le
convencerle, yo las — explicaria, pero seria perder —
temps *que de* les lui dire. *La* pauvre femme! son mari
tiempo el las — decir. ¡ Pobre muger ! su marido
vient de se noyer, et je n'ai *pas le* courage de le lui
acaba de — ahogar, y yo no tengo ánimo para lo —
annoncer.
anunciar.

THÈME XXI.

Sur le Substantif pronominal *usted* et *ustedes*.

Ce mot *usted* et son pluriel *ustedes* signifient votre merci ou votre honneur, vos mercis ou vos honneurs, et conséquemment ils s'accordent aux troisièmes personnes du singulier ou du pluriel avec les verbes, les pronoms personnels, et les adjectifs et pronoms possessifs. *Usted dice lo que piensa*, vous dites ce que vous pensez; *ustedes oirán hablar de ese muchacho*, vous entendrez parler de cet enfant; *usted ve sus proyectos realizados*, vous voyez vos projets réalisés; *usted ha tenido cuidado de mi hijo como del suyo propio*, vous avez eu soin de mon fils comme du vôtre même.

Ainsi, lorsqu'en français on dit vous à une seule personne ou à plusieurs, sans les tutoyer, on dit en espagnol *usted* et *ustedes*; mais quand on parle à une ou à plusieurs femmes, ces mots s'accordent avec les pronoms et les adjectifs au féminin. *Yo la contemplo á usted*, je vous contemple; *él las estima á ustedes*, il vous estime; *usted parece indispuesta*, vous paraissez indisposée; *ustedes estarian contentas*, vous seriez contentes.

Il faut remarquer que, avec le pronom *usted* ou *ustedes*, lorsqu'il est régime direct ou indirect, on fait le plus souvent usage d'un autre pronom personnel de la troisième personne, *le*, *la*, *se*, *les*, *los*, ou *las*, en cette forme : *yo* LE *aseguro á usted*, je vous assure; *todos* LE *amaban á usted*, tout le monde vous aimait; *nadie* LA *critica á usted*, personne ne vous critique; SE LO *diré á usted en satisfaccion*, je vous le dirai en confiance; LES *escribimos á ustedes dos cartas*, nous vous avons écrit deux lettres; *él* LOS *recibirá á ustedes con gusto*; il vous recevra avec plaisir; *yo* LAS *veria á ustedes satisfechas*, je vous verrais satisfaites; *¿ qué* LE *ha dicho á usted?* que vous a-t-il dit? Ne confondez pas avec, *¿ qué le ha dicho usted?* que lui avez-vous dit?

On pratique encore ce pléonasme avec les adjectifs et pronoms possessifs : su *hijo de usted*, votre fils ; su *madre de usted*, votre mère ; sus *amigos de usted*, vos amis ; *mis hermanas y las* SUYAS *de usted*, mes sœurs et les vôtres ; su *opinion de ustedes*, votre opinion ; *mi edad y la* SUYA *de usted*, mon âge et le vôtre, etc.

Hé bien ! tout ce que *je* vous ai promis est fait ; vous êtes
Pues bien ! todo lo que — he prometido está hecho ; — es
cette machine, *c*'est ainsi que vous êtes formé, et *je* ne vous
esta máquina, es así como — es formado, y no —
ai *pas* montré la millième partie des ressorts qui composent
he mostrado — milésima parte — resortes que componen
votre existence. Ne vous entêtez *point* d'être chez vous le
— existencia. No — encapriche. en ser en su casa el
maître ; mais si l'on veut bien le souffrir, contentez-vous de le
amo ; mas si quieren bien tolerarlo, contentese — con
paraître. Je vous apprendrai tout ce que vous voudrez savoir ;
parecerlo. Yo — enseñaré todo cuanto — quisiere saber ;
je vous instruirai de tout ce qui se passe dans le monde ; je vous
yo — instruiré de todo lo que se pasa en el mundo ; yo —
découvrirai les défauts des hommes, je serai votre démon
descubriré — defectos — hombres, y seré — demonio
tutélaire ; et plus éclairé que le génie de Socrate, *je* prétends
tutelar ; y mas ilustrado que — genio de Sócrates, pretendo
vous rendre encore plus savant que ce grand philosophe. En
— hacer aun mas sabio que aquel gran filósofo. En
un mot, *je* me donne à vous avec mes bonnes et mauvaises
una palabra, me doy á — con mis buenas y malas
qualités ; *elles* ne vous seront *pas* moins utiles les unes que les
cualidades ; no — serán menos útiles — unas que —
autres. Vous l'avez dit, un nouveau soulèvement est impossible
otras. — lo ha dicho, una nueva sublevacion es imposible
dans les circonstances actuelles, et je le pense comme vous.
en — circunstancias actuales, y yo lo pienso como —

D'où vous viennent ces tristes pressentiments? Pourquoi
¿De donde — vienen esos tristes presentimientos? ¿Porqué
doutez-vous de la providence de Dieu, au moment où Dieu
duda — — providencia de Dios, en el momento en que Dios
vient de tout faire pour vous? On veille sur moi comme sur
acaba de todo hacerlo por — Se vigila sobre mí como sobre
vous; voilà pourquoi *je* ne vais *pas* moi-même vous supplier de
— he aquí porqué no voy yo mismo á — suplicarle que
prendre cette résolution, qui seule peut vous sauver. La chose
tomé esta resolucion, que sola puede — salvar. — cosa
restera entre nous; mais comme vous m'avez insulté, et
quedará entre nosotros; pero como — me ha insultado, y
gravement insulté, *en* vous servant de mon nom pour
gravemente insultado, — sirviendo de mi nombre para
commettre une lâcheté, vous me rendrez raison et tout sera
cometer una infamia, — me dará cuenta y todo estará
dit. Madame, laissez-moi ma misère et ma douleur, mais ne
dicho. Señora, déjeme mi miseria y mi dolor, pero no
cherchez *pas à* m'enlever le peu d'estime que *je* puis encore
procure quitarme la poca estimacion que puedo aun
avoir de moi-même. J'aime à faire *des* surprises, vous le savez:
tener de mí mismo. Gusto de hacer sorpresas, — lo sabe:
celle-ci n'est peut-être *pas* de votre goût, mais *elle* est du mien,
esta no es tal vez de — gusto, pero es — mio,
et cela suffit. Vous ne pouvez mieux faire que *de* vivre ici
y esto basta. — no puede mejor hacer que vivir aquí
tranquille et heureux, avec la femme qui vous aime, et la petite
sosegado y feliz, con — muger que — ama, y — corta
fortune que le sort vous a laissée. Que jamais l'objet de votre
fortuna que la suerte — ha dejado. Que nunca — objeto de —
amour, si l'on vient à le connaître, *ne* puisse vous faire rougir.
amor, si se llega á conocerle, pueda — hacer sonrojar.
Un ami m'assurait tout à l'heure que vous étiez devenue
Un amigo me aseguraba hace un instante que — se habia vuelto
bonne, et que vous n'étiez plus bavarde: *qu*'on dise donc
buena, y que — no era mas parladora: ¡digan pues

à présent qu'on ne fait plus *de* miracles ! Cette fortune que
ahora que no se hacen ya milagros ! Esa fortuna que
vous ambitionniez pour votre fille, allait passer dans *des* mains
— ambicionaba para — hija, iba á pasar á manos
étrangères ; tout était perdu, et vous vous désespériez. Vous
extrangeras ; todo estaba perdido, y — — desesperaba. —
avez *de* belles pierres, *du* fer, *du* cuivre, *de* beaux bois
tienen hermosas piedras, hierro, cobre, bellas maderas
de charpente : *il* ne vous manque donc que la volonté. Voici
de construccion : no — falta pues sino — voluntad. He aquí
une lettre qu'un de vos amis, qui est aussi *le* mien,
una carta que un de — amigo, que lo es tambien mio,
m'adresse pour vous recommander à moi : ainsi si *je* puis vous
me dirige para — recomendar á mí : y así si puedo —
être bon à quelque chose, *je* vous prie de disposer de moi. *Je*
ser bueno para algo, — ruego que disponga de mí. —
viens me jeter à vos pieds, madame, pour implorer votre
Vengo á echarme á — piés, señora, para implorar —
protection auprès de monsieur *le* président : vous avez tant de
proteccion con el señor presidente : — tiene tanto
pouvoir sur lui ! Obligez-moi, madame, et ma reconnaissance
poder sobre él ! Oblíguemе, señora, y mi reconocimiento
vous est acquise à jamais. Vous vous trompez, messieurs,
— está adquirido para siempre. — — engañan, señores,
si vous vous croyez plus instruits que moi de cette affaire. *En*
si — — creen mas instruidos que yo en este asunto.
vous dégageant de vos préjugés, *j*'espère que vous revien-
— desnudando de — preocupaciones, espero que — adopta-
drez tous *à des* sentiments plus raisonnables.
rán todos sentimientos mas razonables.

THÈME XXII.

Sur les Pronoms possessifs.

Singulier, première personne : *el mio*, le mien ; *la mia*, la mienne ; *los mios*, les miens ; *las mias*, les miennes ; *lo mio*, le mien ou ce qui est à moi.

Deuxième personne : *el tuyo*, le tien ; *la tuya*, la tienne ; *los tuyos*, les tiens ; *las tuyas*, les tiennes ; *lo tuyo*, le tien ou ce qui est à toi.

Troisième personne : *el suyo*, le sien ; *la suya*, la sienne ; *los suyos*, les siens ; *las suyas*, les siennes ; *lo suyo*, le sien, ou ce qui est à lui ou à elle.

Pluriel, première personne : *el nuestro*, le nôtre ; *la nuestra*, la nôtre ; *los nuestros*, les nôtres ; *las nuestras*, les nôtres ; *lo nuestro*, le nôtre ou ce qui est à nous.

Deuxième personne : *el vuestro*, le vôtre ; *la vuestra*, la vôtre ; *los vuestros*, les vôtres ; *las vuestras*, les vôtres ; *lo vuestro*, le vôtre ou ce qui est à vous.

Troisième personne : *el suyo*, le leur ; *la suya*, la leur ; *los suyos*, les leurs ; *las suyas*, les leurs ; *lo suyo*, le leur, ou ce qui est à eux ou à elles.

Ces pronoms se correspondent parfaitement dans les deux langues espagnole et française : mais il faut remarquer que les neutres *lo mio*, *lo tuyo*, *lo suyo*, *lo nuestro* et *lo vuestro*, ne s'appliquent pas à des objets individuels, mais à la totalité et à l'ensemble des objets dont on est le maître ou le possesseur, et qu'ils signifient tout ce qui est à moi, à toi, à lui, à elle, à nous, à vous, à eux et à elles, sans rien spécifier ni rien détailler.

Nous nous sommes juré *de* nous aider en périls comme en
Nos hemos jurado ayudarnos en peligros como en

amour, *de* nous venger *l'un l'autre* quand besoin sera, et *de*
amor, vengarnos un á otro cuando necesario sea, y
*n'*avoir pour ennemis, moi *que* les tiens, toi *que* les miens. Les
tener por enemigos, yo los — tu los — —
injustices des pervers servent souvent d'excuse aux nôtres.
injusticias — perversos sirven á menudo de disculpa — —
Ils ont ensuite parlé de votre établissement et du mien;
Ellos han en seguida hablado de su establecimiento de Vm. y — —
mais mon père m'a fait un signe, et *je* me suis retiré, et
pero mi padre me ha hecho una seña, y me he retirado, y
au lieu d'aller dans ma chambre, *je* suis allé dans la vôtre,
en lugar de ir á mi cuarto, he ido al —
où *j'*ai trouvé ce fatal billet. Est-ce une raison pour oublier
donde he hallado este fatal billete. ¿Es esa una razon para olvidar
ce que vous devez à ses parents et aux vôtres? Songez que mon
lo que Vm. debe á sus padres y — — Piensa Vm. que mi
honneur et le vôtre doivent être ici les appuis de son innocence
honor y el — deben ser aquí los apoyos de su inocencia
et de sa réputation. De la part des autres, ces propos que
y de su reputacion. De la parte — otros, esas expresiones que
vous redoutez ne sont que *des* galanteries d'usage et sans con-
Vm. teme no son sino galanterías de estilo y sin con-
séquence; mais de la mienne, c'est différent. Si *je* laisse périr
secuencia; pero — — eso es diferente. Si dejo perecer
mon ami, pouvant le sauver, mon ingratitude... son malheur...
á mi amigo, pudiendo salvarle; mi ingratitud... su desgracia...
mes reproches... sa douleur... la mienne... Je sens tout cela:
mis remordimientos... su dolor... el — Yo siento todo eso,
mon cœur se déchire. Ne m'a-*t-il pas* promis *d'*étendre ses
y mi corazon se despedaza. ¿No me ha prometido extender sus
soins jusqu'à mon fils, lorsqu'*il* sera en âge d'en profiter?
cuidados hasta mi hijo, cuando esté en edad de aprovecharse de ellos?
Il faut bien que j'établisse le sien. Allons, allons, débarrassez-
preciso es pues que yo establezca — — Vamos, vamos, despéjese
vous la tête. — Et vous, n'embarrassez *pas* la vôtre, mon officieux
Vm. la cabeza. ¡Y Vm., no embarace — — mio oficioso

ami. Ah! mademoiselle, je donnerais ma vie pour vous obliger:
amigo. ¡Ah! señorita, yo daria mi vida por obligarla á Vm.:
mais mon devoir a *des* droits sacrés que vous ne pouvez
pero mi deber tiene derechos sagrados que Vm. no puede
méconnaître, vous qui remplissez si bien tous les vôtres. Mon
desconocer, Vm. que cumple tan bien todos — — Mio
ami, tu commences ta carrière quand je finis la mienne, et
amigo, tu empiezas tu carrera cuando yo acabo — — y
l'on voit différemment les choses. Ah! mon père, si c'est
cada uno ve de diferente modo — cosas. ¡Ah! mio padre, si esa es
là l'espoir qui soutient votre courage, le mien m'abandonne
la esperanza que sostiene su valor de Vm., el — me abandona
entièrement. Ta faiblesse diminue la honte que j'avais de la
enteramente. Tu flaqueza disminuye — vergüenza que yo tenia —
mienne. Mon cœur est plein, le tien l'est aussi: retire-toi;
— Mi corazon está lleno, — — lo está tambien: retírate;
il faut que *je* me remette un moment du trouble où cette
es menester que me reponga un momento — turbacion en que esta
conversation m'a jeté. Pourquoi tout ce désordre? parce qu'un
conversacion me ha puesto. ¿Porqué todo ese desórden? porque un
misérable homme, qu'*il* ne faudrait jamais regarder, si l'on
miserable hombre, que no se debiera jamas mirar, si uno
faisait son devoir, oublie le sien. Vous avez prononcé votre
hiciera su deber, olvida — — Vm. ha pronunciado su
arrêt et le mien: cette infortunée, que vous insultez avec
sentencia y — — esa desdichada, á quien Vm. insulta con
tant *d'*inhumanité, est devant vos yeux. De quel droit le
tanta inhumanidad, está delante de sus ojos. ¿Con qué derecho le
sommerai-je de tenir sa parole, si je manquais à la mienne?
intimaria yo que él cumpliese su palabra, si yo faltase — —
Ah! j'avais *des* forces contre ma douleur, *je* n'*en* ai plus contre
¡Ah! yo tenia fuerzas contra mi dolor, no tengo mas contra
la vôtre. Ah! quel homme! que *j'*en suis glorieuse! mon âme
el — ¡Ah! ¡qué hombre! ¡qué de él estoy ufana! mi alma
a deviné la sienne. Comme dit monsieur, les précautions
ha adivinado la — Como dice este caballero, — precauciones

sont toujours utiles en affaires; chacun prend les siennes.
son siempre útiles en los negocios; cada uno toma — —
J'irai à la cour, *je* tomberai aux pieds du roi, et *je* lui dirai :
Yo iré — corte, me arrojaré — piés — rey, y le diré :
Sire, vous êtes humain, bienfaisant : quand un des vôtres
Señor, vos sois humano, y benéfico : cuando uno — —
fut en danger, nous pleurions tous de vos larmes;
estuvo en peligro, nosotros llorábamos todos con vuestras lágrimas;
vous ne serez *pas* insensible aux miennes. La justice naturelle
vos no sereis insensible — — — justicia natural
reprend ses droits partout où la justice civile ne peut
recobra sus derechos donde quiera que — justicia civil no puede
étendre les siens. Nos parents, aussi fiers que les siens,
extender — — ¿Nuestros parientes, tan arrogantes como — —
laisseront-*ils* cette mort impunie? *Il* y a peu *de* personnes
dejarán acaso esa muerte impune? Hay pocas personas
qui ménagent les intérêts des autres avec le même zèle dont
que manejen — intereses agenos con — mismo celo con que
ils ménagent les leurs.
gobiernan — —

THÈME XXIII.

Sur les Pronoms demonstratifs.

Il y a trois pronoms démonstratifs en espagnol, comme il y a trois adjectifs démonstratifs :

1er. *Este*, celui-ci ; *esta*, celle-ci ; *estos*, ceux-ci ; *estas*, celles-ci ; *esto*, ce ou ceci, pour des objets très-rapprochés, ou appartenants à la personne qui parle.

2e. *Ese*, celui-là ; *esa*, celle-là ; *esos*, ceux-là ; *esas*, celles-là ; *eso*, ce ou cela, pour des objets un peu éloignés ou appartenants à la personne ou aux personnes à qui l'on parle.

3°. *Aquel*, celui-là; *aquella*, celle-là; *aquellos*, ceux-là; *aquellas*, celles-là; *aquello*, ce ou cela, pour des objets absents, indéfiniment éloignés, et sans rapport à celui qui parle ni à celui à qui l'on parle.

Ello, il ou cela, neutre, a tantôt le caractère de pronom personnel, tantôt de pronom démonstratif : *Ello es cierto que todo muere en el mundo*, il est certain que tout meurt dans le monde; ici *ello* a le caractère de pronom personnel. *No será ello con consentimiento mio* (Quijote), ce ne sera pas de mon consentement. *Así anda ello*, ainsi cela va mal; dans ces deux exemples *ello* est un pronom démonstratif.

En poésie on fait usage de *aqueste*, *aquesta*, *aquestos*, *aquestas* et *aquesto*, ce, cette, ces, celui-ci, celle-ci, ceux-ci, celles-ci, ceci, comme adjectifs et comme pronoms. *Estotro*, *estotra*, *estotros*, *estotras*; *esotro*, *esotra*, *esotros*, *esotras*, sont aussi quelquefois usités : ils signifient cet autre, cette autre, etc.

Celui qui ou que, celle qui ou que, ceux qui ou que, celles qui ou que, et ce qui ou que, se rendent par *el que*, *la que*, *los que*, *las que* et *lo que*; c'est-à-dire que ce qui est pronom démonstratif en français devient article en espagnol.

Même remarque pour celui de, celle de, ceux de, et celles de, qui se traduisent par *el de*, *la de*, *los de*, et *las de*.

Lorsqu'il est question de deux objets différents, et qu'il faut en faire mention encore avec les pronoms démonstratifs, celui-ci se rend par *este*, celle-ci par *esta*, ceux-ci par *estos*, celles-ci par *estas*; et celui-là par *aquel*, celle-là par *aquella*, ceux-là par *aquellos*, celles-là par *aquellas*. La santé est préférable aux richesses : on jouit de celles-ci avec inquiétude, au lieu qu'on jouit de celle-là avec plaisir et tranquillité : *la salud es preferible á las riquezas : estas las gozamos con inquietud, en lugar que disfrutamos de aquella con gusto y tranquilidad.*

Celui qui veut gagner doit nécessairement faire *des* avances.
— — quiere ganar debe necesariamente hacer adelantos.

Dans les cas difficiles à juger, une bourse d'or me paraît
En — casos difíciles de juzgar, un bolsillo de oro me parece
toujours un argument sans réplique : et puis, comme dit le
siempre un argumento sin réplica : y luego, como dice —
proverbe, ce qui est bon à prendre, est bon à garder. Les
refran, — —. es bueno de tomar, es bueno de guardar. Los
grands noms abaissent ceux qui ne savent *pas* les porter.
grandes nombres abajan á — — no saben llevarlos.
Nous ne savons *pas* ce que c'est *que* bonheur ou malheur
Nosotros no sabemos — — es felicidad ó infelicidad
absolu. Les hommes ne jugent des vices et des vertus que par
absoluta. — hombres no juzgan — vicios y — virtudes sino por
ce qui les choque ou les accommode. L'amour de la poésie m'ôta
— — les choca ó les acomoda. — amor — poesía me quitó
celui des richesses. Tout est éternellement asservi à un ordre
—, — riquezas. Todo está eternamente sujeto á un órden
constant, qui unit par *des* liens invincibles et indissolubles : tout
constante, que une con lazos invencibles é indisolubles : todo
ce qui naît, tout ce qui agit, tout ce qui souffre, tout ce qui
— — nace, todo — — obra, todo — — sufre, y todo — —
meurt sur notre globe. Quand tu fais mouvoir un de tes
muere sobre nuestro globo. Cuando tu haces mover uno de tus
membres, est-ce ta propre force qui le remue ? non, sans
miembros, ¿ es acaso tu propia fuerza la que le mueve ? no, sin
doute, car ce membre a souvent *des* mouvements invo-
duda, pues — miembro hace muchas veces movimientos invo-
lontaires : c'est donc celui qui a créé ton corps qui meut ce
luntarios : es pues — — ha criado tu cuerpo quien mueve —
corps de terre. Tout ce qui n'est *pas* dans la nature lui
cuerpo de tierra. Todo — — no está en — naturaleza le
paraissait absurde, excepté ce qui concerne la foi. Les injures
parecia absurdo, excepto — — concierne — fé. — injurias
que vous prodiguez à ceux qui ne pensent *pas* comme vous,
que Vm. prodiga á — — no piensan como Vm.,
prouvent que vous n'avez *pas de* meilleures raisons à produire.
prueban que Vm. no tiene mejores razones que alegar.

L'Énéide peut sans doute être comparée à l'Iliade; mais *il* ne
— Eneida puede sin duda ser comparada con — Iliada; pero no
faut *pas* oublier que celle-ci est le modèle, et celle-là l'imita-
se debe olvidar que — — es — modelo, y — — — imita-
tion; et qu'ainsi celle-ci aura toujours la préférence sur celle-
cion; y que así — — tendrá siempre — preferencia sobre —
là. L'honneur est préférable à la vie; car on perd celle-ci
— — honor es preferible á la vida; pues se pierde — —
sans qu'*il* y ait rien à se reprocher, mais à la perte de
sin que haya nada de que acusarse, pero á — pérdida de
celui-là suit toujours le blâme et l'exécration. Ceux qui
— — se sigue siempre — infamia y — execracion. — —
dans leurs tourments me baignent de leurs larmes, qui
en sus tormentos me bañan con sus lágrimas, que
cherchent un Dieu consolateur, et *qui* ne le trouvent *pas*, ceux-
buscan un Dios consolador, y no le hallan —
là m'attendrissent : *je* gémis avec eux, et *j*'oublie *de* les
— me enternecen : gimo con ellos, y olvido el
condamner. L'amitié est plus durable que l'amour ; car celui-
condenarlos. — amistad es mas durable que — amor; pues —
ci est souvent furieux et emporté, et celle-là est toujours
— es muchas veces furioso y arrebatado, y — — es siempre
calme et modérée. *Il* faut distinguer les livres inspirés
reposada y moderada. Es necesario distinguir — libros inspirados
de ceux qui ne le sont *pas*; ceux-là sont appuyés sur l'auto-
de — — no lo son — — están zanjados sobre — autorité de Dieu qui parle, et ceux-ci persuadent par *de* bonnes
ridad de Dios que habla, y — — persuaden con buenas
raisons. *Ce* sont deux frères, qui étaient malades de la même
razones. — Son dos hermanos, que estaban enfermos con — misma
maladie, mais qui se gouvernaient différemment : l'un avait
enfermedad, pero que se gobernaban diferentemente : — uno tenia
une confiance aveugle en son médecin, l'autre a voulu laisser
una confianza ciega en su médico, — otro ha querido dejar
agir la nature : ils sont morts tous deux ; celui-là pour avoir
obrar — naturaleza : ellos han muerto ambos; — — por haber

pris tous les remèdes de son docteur, celui-ci pour n'avoir
tomado todos — remedios de su doctor, — — por no haber
rien voulu prendre. Le bien tournera au profit de celui qui
nada querido tomar. — bien redundará en provecho de — —
l'aura fait, et le mal à son desavantage. Ce qui est vrai-
le hubiere hecho, y — mal en su daño. — — es vero-
semblable n'est *pas* toujours vrai, comme ce qui est vrai
símil no es siempre verdad, como — — es verdad
n'est *pas* toujours vraisemblable. *Nous* admirons souvent
no es siempre verosímil. Admiramos muchas veces
dans un homme ses moindres qualités, tandis que *nous* ne
en un hombre sus menores prendas, mientras que no
faisons *pas* attention à celles qui sont vraiment dignes de
damos atencion á — — son verdaderamente dignas de
notre estime. La plus grande des inégalités dans le com-
nuestro aprecio. — mayor — desigualdades en — co-
merce intime, *c*'est celle des esprits. Ah! monseigneur, faire
mercio íntimo, es — — espíritus. ¡Ah! monseñor, hacer
à Londres, en même temps, les affaires de votre maître et
en Londres, al mismo tiempo, — asuntos de vuestro amo y
celles de votre valet, *c*'est trop de moitié, *c*'est
— — vuestro criado, es demasiado de la mitad; es
trop. Cher docteur de mon cœur, est-ce ma noce qui
demasiado. Querido doctor de mi alma, ¿es acaso mi boda la que
vous attire au château? cela serait bien généreux. Il est
le atrae á Vm. — castillo? — seria muy generoso. Él es
jaloux et libertin, libertin par ennui, jaloux par vanité; cela
celoso y libertino, libertino por tedio, celoso por vanidad; —
| va sans dire. | Il tourne autour de vous sans cesse, et ce
| dicho se está. | Él gira al rededor de Vm. sin cesar, y esta
matin encore rôdait ici pour *y* entrer, quand je vous ai quittée:
mañana misma rodaba aquí por entrar, cuando yo la he dejado á Vm.:
dites que cela n'est *pas* vrai! *Je* vous dis ceci, pour vous éviter
¡diga Vm. que — no es verdad! Le digo á Vm. —, por evitarle
les désagréments que pourrait vous attirer une démarche im-
— disgustos que pudiera acarrearle un paso im-

prudente. Quelles que soient votre patience, votre douceur,
prudente. Cualesquiera que sean su paciencia, su mansedumbre,
votre modération, *elles* n'égaleront jamais celles de Jésus-
su moderacion de Vm., no igualarán jamás á — de Jesu
Christ. *C'est* en ceci *qu'*on connaitra que *vous* êtes mes disciples,
Cristo. En — se conocerá que sois mis discípulos,
si *vous* vous aimez *les* uns *les* autres. Les Romains d'autrefois
si os amais unos á otros. — Romanos antiguos
avaient *des* mœurs, *des* lois, *des* usages bien différents de ceux
tenian costumbres, leyes, usos muy diferentes de —
d'aujourd'hui.
de hoy dia.

THÈME XXIV.

Sur les Pronoms relatifs.

Les pronoms relatifs sont : *quien*, *quienes*, qui, lequel, laquelle, lesquels, lesquelles; pour des personnes ou des êtres doués de raison.

Cual, *cuales*, tel que, telle que, tels que, telles que ; pour toutes sortes d'objets.

El cual; *la cual*, *los cuales*, *las cuales*, *lo cual*, lequel, laquelle, lesquels, lesquelles, ce qui ou ce que ; pour des objets privés de raison.

Que, indéclinable, qui, que, quoi ; pour toutes sortes d'objets.

Quoiqu'il soit dit que *quien* et *quienes* s'appliquent seulement aux personnes ou à des objets doués de raison, on les applique aussi quelquefois à des êtres irraisonnables, personnifiés, d'après l'usage de Cervantes et d'autres auteurs classiques espagnols : *¡ O desobediencia fatal! tu eres quien ha traido la muerte al género humano* : O désobéissance fatale ! c'est toi qui as apporté la mort au genre humain. *Es un bálsamo de quién tengo la receta en la memoria :* C'est un baume dont j'ai dans la mémoire la recette. *(Quijote.)*

La pierre philosophale n'est qu'une belle chimère, que le
— piedra filosofal no es mas que una bella quimera, — —
diable a forgée pour se jouer de l'esprit humain, qui veut
diablo ha forjado para burlarse — espíritu humano, — quiere
passer les bornes qui lui ont été prescrites. La femme qui a été
pasar — límites — le han sido prescritos. — muger — ha sido
richement dotée, ne s'occupe souvent qu'à tourmenter et
ricamente dotada, no se ocupa á menudo sino en atormentar y
*qu'*à ruiner son mari. Je pense que l'homme est un animal
en arruinar á su marido. Yo pienso que — hombre es un animal
à deux pieds, qui a la faculté de raisonner, de parler et de
con dos piés, — tiene — facultad de discurrir, de hablar y de
rire, et qui se sert de ses mains beaucoup plus adroitement que
reir, y — se sirve de sus manos mucho mas diestramente que
le singe. Quoi! mécréant, tu oses nier que c'est la Providence
— mono. ¡Qué! incrédulo, ¡tu osas negar que es — Providencia
qui envoie la famine et la peste sur la terre! et de qui donc
— envia — hambre y — peste sobre — tierra! ¿y de — pues
viennent les fléaux qui nous éprouvent, et les châtiments qui
vienen — azotes — nos prueban, y — castigos —
nous punissent? Dis-moi qui est le maitre de la vie et de la
nos humillan? ¿Dime — es — dueño — vida y —
mort? Dis-moi qui donna le choix à David de la peste, de la
muerte? ¿Dime — dió — eleccion á David — peste, —
guerre ou de la famine? Le vrai savant est celui qui n'a
guerra ó — hambre? —verdadero sabio es — — no ha
nourri son esprit que de bons livres, et qui a su mé-
alimentado su espíritu sino con buenos libros, y — ha sabido des-
priser les mauvais; qui sait distinguer la vérité du mensonge,
preciar — malos; — sabe distinguir — verdad — mentira,

et le vraisemblable du chimérique; qui juge d'une nation par
y — verosímil — quimérico; — juzga de una nacion por
ses mœurs plus que par ses lois, parce que les lois peuvent
sus costumbres mas que por sus leyes, porque — leyes pueden
être bonnes, et les mœurs mauvaises. Dis-moi qui *tu* hantes,
ser buenas, y — costumbres malas. Dime á — frecuentas,
et *je* te dirai qui *tu* es. Si de grands hommes tels que Boyle
y te diré — eres. Si unos grandes hombres tales como Boyle
et Newton se sont trompés, quel est l'homme qui pourra
y Neuton se han engañado, ¿— es — hombre — podrá
se flatter d'être à l'abri de l'erreur? On a longtemps imaginé
lisonjearse de estar á cubierto — error? Se ha largó tiempo imaginado
qu'*il* y avait une terre première, une terre vierge, qui n'est
que habia una tierra primitiva, una tierra vírgen, — no es
rien de ce que *nous* voyons, et qui est capable de recevoir tout
nada de — — vemos, y — es capaz de recibir todo
ce que notre globe renferme. La marquise, tout effrayée des
— — nuestro globo encierra. — marquesa, toda espantada —
affreuses suites que pouvait avoir *une* pareille révélation, ne
horribles resultas que podia tener semejante revelacion, no
savait à quoi se décider. Si la puissance formatrice éternelle,
sabia á — resolverse. Si — potencia formatriz eterna,
qui préside à tous les globes, est l'auteur de tout mouvement,
— preside á todos — globos, es la autora de todo movimiento,
elle a voulu du moins que ce mouvement ne pérît jamais. *Nous*
ha querido al menos que este movimiento no pereciese jamás.
avons nommé hasard l'effet que *nous* voyons d'une cause que
Hemos llamado acaso al efecto — vemos de una causa —
nous ne voyons *pas*. *Je* vous envoie ce petit volume; mais ne
no vemos Le envio á Vm. este pequeño volúmen; mas no
le montrez qu'à *des* hommes qui vous ressemblent, à *des*
le muestre sino á hombres — se le asemejen, á
hommes sans impiété et sans superstition, dégagés des
hombres sin impiedad y sin superticion, desprendidos —
préjugés de l'école et de ceux du monde, qui aiment la
preocupaciones — escuela y de las — mundo, — aman —

vérité et non la dispute, qui ne sont certains que de ce qui
verdad y no — disputa; — no están ciertos sino de lo —
est démontré, et qui se défient encore de ce qui est *le* plus
está demostrado, y — se recelan aun de lo — es mas
vraisemblable. Je n'ai *point* attaqué ni les savants que *je* res-
verosímil. Yo no he atacado ni — doctos — res-
pecte, ni les sciences qui ont fait la consolation de ma vie.
peto, ni — ciencias — han hecho la consolacion de mi vida.
Heureux l'homme à qui la Providence a donné l'honnête né-
¡ Dichoso — hombre á — — Providencia ha dado lo honesto ne-
cessaire ! La coterie des moralistes est semblable à ces vieil-
cesario ! — pandilla — moralistas es semejante á aquellos vie-
lards, qui, retirés au coin de leur feu, disent encore leur
jos, — retirados — rincon de su lumbre, dicen todavía su
mot contre le siècle présent, qui ne les connaît plus. *Il* y a
sentencia contra el siglo presente, — no los conoce mas. Hay
dans cette affaire un mystère d'infamie, que je vais appro-
en ese negocio un misterio de infamia, — yo voy á descu-
fondir, *je* vous jure, et dont *l'*auteur se repentira. Monsieur,
brir, se lo juro á Vm., y cuyo autor se arrepentirá. Señor mio,
il y a quelque chose *de* plus lâche qu'un homme qui refuse
hay alguna cosa mas cobarde que un hombre — rehusa
de se battre, *c'*est un homme qui s'attaque à une femme, qui ne
reñir, es un hombre — acomete á una muger, — no
peut *pas* lui répondre. Dans le cœur où vous régnez,
puede responderle. En — corazon en que Vm. reina,
madame, peut-*il* y avoir une pensée qui ne soit *pas* à
señora, ¿ puede acaso haber un pensamiento — no sea para
vous? cette Esther dont vous me parlez, *elle* est morte; mais
Vm.? esa Esther — Vm. me habla, ha muerto; mas
vous êtes vivante et près de moi. Qu'avez-vous fait de cet
Vm. está viva y cerca de mí. ¿ Qué ha hecho Vm. de aquel
amour, le premier, le plus chaste, le plus pur de ma vie, un
amor, — primero, — mas casto, — mas puro de mi vida, un
amour auquel je rêve quand *je* prie Dieu? Le comte porta ses
amor en — yo pienso cuando oro á Dios? — conde llevó sus

deux mains à son front, comme un homme qu'une pensée
dos manos á su frente, como un hombre á — un pensamiento
terrible foudroie. *Il* était alors dans *l'*un de ces moments
terrible atierra. Estaba entónces en uno de aquellos momentos
où la raison est près de s'échapper sous le choc d'un évène-
— la razon está cerca de escaparse al choque de un aconteci-
ment inouï. Une volupté inexprimable, terrible, sans nom,
miento inaudito. Un deleite inexplicable, terrible, sin nombre,
faisait battre ses artères où le sang se précipitait. *C'*est un
hacia batir sus arterias — — sangre se precipitaba. Es un
jeu où *j'*ai failli perdre la raison; ce que *j'*ai souffert nul *ne*
juego al — he faltado perder — razon; lo — he padecido nadie
le saura jamais. Entre Homère et Virgile *il* n'est *pas* difficile *de*
lo sabrá jamás. Entre Homero y Virgilio no es difícil
décider lequel a *le* plus *de* droit à nos éloges. L'évé-
decidir — tiene mas derecho á nuestros elogios. El su-
nement dont vous parlez a été défiguré et exagéré par *des*
ceso — Vm. habla ha sido desfigurado y exagerado por
historiens intéressés à déguiser la vérité. Parmi tant
historiadores interesados en disfrazar — verdad. Entre tantas
*d'*actions éclatantes dont *il* honora sa vie, on ne sait *pas* à
acciones brillantes con — honró su vida, no se sabe á
laquelle *il* faut donner la préférence. Ne me demandez *pas*
— se debe dar — preferencia. No me pregunte Vm.
lesquels des livres sacrés ont plus *d'*autorité: je les révère
— — libros sagrados tienen mas autoridad: yo los venero
tous également comme venant de la même source.
todos igualmente como venidos — misma fuente.

THÈME XXV.

Sur les Pronoms interrogatifs.

Ces pronoms sont : *¿ quien? ¿ quienes?* qui? lequel? laquelle? lesquels? lesquelles? quel? quelle? quels? quelles? en parlant des personnes ou des êtres raisonnables.

¿ Cual? ¿cuales? lequel? laquelle? lesquels? lesquelles? s'il s'agit des choses ou des êtres destitués de raison.

¿ Qué? que? quoi? quelle chose? quelle affaire?

———

A qui peut s'adresser un malheureux avec plus *de* confiance,
¿ A — puede dirigirse un infeliz con mas confianza,
si *ce* n'est à Dieu, qui veille sur la destinée de ses enfants? Quels
si no es á Dios, que vela sobre — destino de sus hijos? ¿ —
étaient ces héros, ces fameux conquérants, qui, pour
eran aquellos héroes, aquellos famosos conquistadores, que, por
satisfaire leur ambition, firent couler tant *de* sang et tant *de*
satisfacer su ambicion, hicieron correr tanta sangre y tantas
larmes? *des* hommes comme nous, remplis de passions et de
lágrimas? hombres como nosotros, llenos de pasiones y de
misères, et sujets aux maladies et à la mort, comme nous.
miserias, y sujetos — enfermedades y — muerte, como nosotros.
Quel serait le mérite de l'obéissance, si *elle* n'était *pas* accom-
¿ — seria — mérito de — obediencia, si no fuera acom-
pagnée d'une entière abnégation de soi-même? Quelles ont été
pañada de una entera abnegacion de sí mismo? ¿ — han sido
les suites de cette première désobéissance de l'homme
consecuencias de aquella primera desobediencia — hombre
envers son Créateur? la mort et toutes les calamités qui la
para con su Criador? — muerte y todas — calamidades que la
précèdent. Quels châtiments mériterait un père, qui, par sa
preceden. ¿ — castigos mereceria un padre, que, por su
négligence, verrait ses enfants courir à leur perte par une vie
negligencia, veria á sus hijos correr á su pérdida por una vida
déréglée et criminelle? Maître, que faut-*il* que je fasse pour
desarreglada y criminal? ¿ Maestro, — es necesario que yo haga para
obtenir la vie éternelle? — Garde les commandements. Qu'êtes-
alcanzar — vida eterna? — Guarda — mandamientos. ¿ — habeis
vous allés voir au désert? disait Jésus-Christ aux juifs; un roseau
ido á ver — desierto? decia Jesu Cristo — judíos; una caña
agité par le vent? A quoi pensiez-vous, lorsque *vous* avez
agitada por — viento? ¿ En — pensaba Vm., cuando ha

déposé dans les mains de cet homme votre fortune et celle
depositado en — manos de ese hombre su fortuna y la
de vos enfants? Qu'est-*ce que* l'homme, chétif et misérable,
de sus hijos? ¿ — es el hombre, pequeño y miserable,
quand il ose s'opposer au Tout-Puissant? On me dépouilla de
cuando se atreve á oponerse al Todopoderoso? Me despojaron de
tous mes biens, et l'on me jeta dans la rue comme le dernier des
todos mis bienes, y me arrojaron á — calle como al último —
misérables: Que faire alors? que devenir? Monsieur, me dit-*il*,
miserables: ¿ — hacer entónces? ¿—venir á ser? Señor, me dijo,
Pierre... — Eh bien! quoi? Pierre... — Mon pauvre frère est
Pedro... ¡Y bien! ¿—? Pedro... Mi pobre hermano ha
mort. Cette nouvelle fut pour moi un coup de foudre. Dans
muerto. Esta nueva fué para mí un rayo. ¿En
quel état te revois-*je?* que t'est-*il* arrivé? parle, *je t'en* con-
— estado te vuelvo á ver? ¿ — te ha sucedido? habla, te con-
jure. Ah! monsieur, qu'avez-vous fait? votre lettre a porté la
juro. ¡Ah! señor, ¿— ha hecho Vm.? su carta ha llevado —
désolation dans ma famille. Que vais-*je* maintenant devenir,
desolacion á mi familia. ¿En— voy ahora á parar,
disait le pauvre aveugle, sans mon cher chien? qui me recon-
decia — pobre ciego, sin mi amado perro? ¿— me condu-
duira ce soir dans ma cabane? qui me plaindra?
cirá esta tarde á mi cabaña? ¿— se compadecerá de mí?
personne.
nadie.

THÊME XXVI.

Sur les Pronoms indéfinis.

Alguien, quelqu'un; *alguno, a, os, as*, quelqu'un, quelqu'une, quelques-uns, quelques-unes; *nadie*, personne, nul, qui que ce soit; *cualquiera*, on, le premier venu; *cualesquiera*, on, les premiers venus; *quienquiera*, *quienesquiera*, quiconque, une personne quelconque; *ninguno, a, os, as*, aucun, aucune, aucuns, aucunes, personne; *cada uno, cada una, cada cual*, chacun, chacune; *lo demás*, le reste; *los demás, las demás*, les autres; *nada*, rien, quoi que ce soit; *cuanto*, tout ce qui, ou que; *que*, qui, que, quoi, lequel, laquelle, lesquels, lesquelles; *tal*, *tales*, tel, telle, tels, telles; *cual, cuales*, tel que, telle que, tels que, telles que; *tal cual, tales cuales*, tel qu'il, telle qu'elle, tels qu'ils, telles qu'elles; *el mismo, la misma, los mismos, las mismas*, le même, la même, les mêmes; *lo mismo*, la même chose, cela même; *todo, a, os, as*, tout, toute, tous, toutes; *tanto, a, os, as*, tant; *mucho, a, os, as*, beaucoup, plusieurs; *poco, a, os, as*, peu; *bastante, es, harto, a, os, as*, assez; *demasiado, a, os, as*, trop; *fulano, na, zutano, na*, un tel, une telle.

Quiconque s'attache à un luxe qui outrepasse ses moyens,
— que se aficiona á un lujo que excede sus facultades,
s'expose assurément à *de* grands malheurs. *Il* faut que
se expone ciertamente á grandes desdichas. Es preciso que
chacun se conduise selon son âge. L'intérêt est le mobile
— se gobierne segun su edad. — interés es — móvil
apparent ou secret de la plupart des actions des hommes.
aparente ó secreto — — — acciones — hombres.
Quiconque flatte ses maîtres, les trahit. Les animaux sont
— que adula á sus amos, los vende. — animales son
encore plus misérables que nous: assujettis aux mêmes
aun mas miserables que nosotros: sujetos — mismas
maladies, *ils* sont sans aucun secours: nés tous sensibles, *ils*
dolencias, están sin ningun socorro: nacidos todos sensibles,
sont dévorés *les* uns par *les* autres: point *d'*espèce qui n'ait
son devorados unos por otros: no hay especie que no tenga
son bourreau. Personne *n'*a jamais connu, ni *ne* connaîtra
su verdugo. — ha jamás conocido, ni conocerá
jamais les desseins secrets de la Providence. Quiconque joue,
nunca — designios secretos — Providencia. — que juega,

jouera, et quiconque aime, aimera. Quel que soit le prix que
jugará, y — que ama, amará. — que sea — precio que
l'on m'ait offert, que l'on m'offre, ou que l'on m'offrira, *il*
se me haya ofrecido, que se me ofrezca, ó que se me ofrecerá,
restera toujours fort au-dessous de celui auquel je m'estime.
se quedará siempre muy inferior á aquel en que yo me estimo.
A ce que *je* vois, vous êtes venus ici profiter du beau temps.
A — — veo, Vm. ha venido acá á aprovecharse del buen tiempo.
Alors *ils* ont pris la filature d'assaut: tous les métiers
Entónces han tomado — hilandería por asalto: todos — telares
ont été brisés: on n'a rien volé, mais on a tout dévasté dans
han sido destrozados: no han nada robado, pero lo han todo destruido en
l'établissement, et ces enragés-là ont fini par y mettre *le*
el establecimiento, y aquellos rabiosos han acabádo por pegarle
feu. Ce qu'on fait avec goût, on *le* fait bien. Tel a souvent
fuego. — — se hace con gusto, se hace bien. — ha con frecuencia
fait une bonne action, sans s'en douter, qui ne l'aurait *point*
hecho una buena accion, sin pensarlo, que no la hubiera
faite, s'*il* y eût songé. Quel homme peut concevoir comment
hecho, si hubiese pensado. ¿Qué hombre puede concebir como
un morceau de cire s'enflamme, et comment *il* n'en reste rien
un pedazo de cera se inflama, y como no queda nada de ella
à nos yeux, quoique rien *ne* se soit perdu? L'Énéide de
á nuestros ojos, aunque — se haya perdido? — Eneida de
Virgile et l'Art poétique d'Horace sont *des* ouvrages parfaits,
Virgilio y — Arte poético de Horacio son obras perfectas,
chacun dans son genre. Personne *n'*a jamais été comparé à
— en su género. — ha jamás sido comparado á
La Fontaine pour la naïveté, ni à Racine pour l'élégance.
La Fontaine por — candidez, ni á Racine por — elegancia.
Newton et Galilée ont infiniment contribué *l'*un et *l'*autre aux
Neuton y Galileo han infinitamente contribuido — — —
progrès que les sciences physiques ont faits. Loin de se regarder
progresos — — ciencias físicas han hecho. Lejos — — mirar
comme ne faisant qu'une seule et même famille, les hommes
— — haciendo mas — — sola y misma familia, — —

ne se lient que pour se tromper *les* uns *les* autres. Les passions,
— — ligan sino para — engañar — á — — pasiones,
ennemies *l'*une de *l'*autre, sont dans un état perpétuel de guerre.
enemigas — — — están — — estado perpetuo — guerra.
Les corps célestes s'attirent *les* uns *les* autres, en raison de
— cuerpos celestes — atraen — á — — razon —
leur masse et de leur distance. | On se sert | de plusieurs
su masa — — — distancia. | Nos servimos | — varios
noms pour exprimer la même chose; cependant si l'on examine
nombres para expresar — — —; sin embargo sí se examinan
tous ces noms, *l'*un après *l'*autre, on trouvera que
— estos nombres, — despues de —, se hallará —
chacun a sa signification particulière. Oui, j'aime mieux
cada uno tiene su significacion particular. Sí, quiero mas
avoir affaire à lui qu'à quelqu'une de ces âmes avilies et
tener que hacer con él — con — — — esas almas envilecidas —
corrompues par l'air des villes ou par le luxe des châteaux.
corrompidas por — aire — ciudades ó — — lujo — palacios.
Je préfère tout à cet état d'incertitude, dans lequel on ne sait
prefiero — — aquel estado — incertidumbre, — el cual no se sabe
ni ce qu'*il* faut craindre, ni ce qu'*il* faut espérer. Vous venez
ni — que se ha de temer, — — — se ha de esperar. Vm. acaba
de faire une cure merveilleuse: j'avais le transport, le délire,
— hacer una cura maravillosa: yo tenia — transporte, — delirio,
quelque chose comme une fièvre cérébrale; vous m'avez appliqué
— — — — fiebre cerebral; Vm. — ha aplicado
de la glace sur la tête et sur le cœur, et *je* suis guéri.
hielo á — cabeza — al corazon, — estoy curado.
| J'avais beau prêter | une oreille attentive; *je* n'entendais aucun
| En vano aplicaba yo | un oido atento; — oia ningun
bruit, ni *ne* voyais paraître personne. Il promit *de* faire
rumor, ni veia parecer á — Él prometió hacer
beaucoup; mais les hommes ne font jamais ni tout ce qu'*ils*
— mas — — — hacen nunca ni — — —
veulent, ni tout ce qu'*ils* peuvent. Tout est en mouvement, tout
quieren, — — — — pueden. — está — movimiento, —

agit et tout réagit dans la nature. Les gens qui ne veulent
opera — — reopera en — naturaleza. — personas — — quieren
rien faire de rien n'avancent rien, et ne sont bons à rien :
— hacer — — — adelantan — — — son buenos para —
voilà mon mot. *Il* y a quelqu'un dans ce cabinet, madame.
he aquí mi dicho. Hay — en ese gabinete, señora.
— Hé! *à* qui voulez-vous qu'*il* y ait, monsieur? Madame, *il*
¡He! ¿quién quiere Vm. — haya, señor? Señora,
est charmant, votre projet : *je* viens d'y réfléchir : il
es hermoso, su proyecto de Vm : acabo de reflexionarlo : él
rapproche tout, termine tout, embrasse tout, et, quelque
lo aproxima —, lo termina —, lo abraza — — —
chose qui arrive, mon mariage est maintenant certain. Sois
— — suceda, mi casamiento es ahora cierto. Está
sûre, mon enfant, que tu nous es trop chère, à mon mari
segura, hija mia, — tu nos eres demasiado querida, á mi marido
et à moi, pour que ton sort change en quoi que ce soit. Ne
y á mí, para — tu suerte cambie en — —
faisons *pas* à autrui ce que *nous* ne voulons *pas* qu'*il* nous soit
hagamos — — — — — queremos — nos sea
fait. Autrefois je vous disais tout, et maintenant *je* ne vous
hecho. Otras veces yo le decia á Vm. —, — ahora — le
cache rien. S'*il* est dans la société *des* êtres rapaces, égoïstes,
oculto — Si hay en — sociedad seres rapaces, egoistas,
sans foi et sans honneur, *il en* est aussi *de* justes et vertueux,
sin fé — — honor, hay tambien justos — virtuosos,
pour qui le bien d'autrui est une chose sacrée. Le reste des
para quienes — bien ageno es — — sagrada. Lo restante —
troupes et tous les ecclésiastiques sont sur la brèche, où *ils*
tropas — — — eclesiásticos están sobre — brecha, donde
tombent *les* uns après *les* autres, *en* criant : Gloire au Sei-
caen — despues de — clamando : ¡Gloria — Se-
gneur! A lui? oh! oui, *je* lui dis tout, hors ce qu'*il* faut
ñor! ¿A él? ¡oh! sí, se lo digo —, excepto — — es necesario
lui taire. Dans cet océan de durée où *j'ai* par hasard attrapé
callarle. En este oceano — duracion en que he por acaso cogido

quelques chétifs trente ans qui ne reviendront plus, j'irais me
unos pobres treinta años — — volverán —, yo iria á —
tourmenter pour savoir à qui *je* les dois! *tant* pis pour qui
atormentar por saber á quien — debo! peor para quien
s'en inquiète. *Des* vérités, on en a de mille espèces; celles
se inquieta por eso. Verdades, las hay de mil especies; —
qu'on sait, sans oser les divulguer, car toute vérité n'est *pas*
— se saben, sin osar — divulgar, pues — verdad — —
bonne à dire; et celles qu'on vante, sans y ajouter foi, car
buena de decir; — — — se celebran, sin darles fé, pues
toute vérité n'est *pas* bonne à croire. Cette étrangère rougit:
— — — — — de creer. Esa estrangera se avergüenza:
ne trouves-*tu pas* qu'*elle* ressemble à quelqu'un? Souffre la
¿no encuentras que se asemeja á — —? Aguanta —
vérité, coquin, puisque *tu* n'as *pas* de quoi gratifier un
verdad, pícaro, ya que no tienes con — gratificar á —
menteur. L'injure ne profite à qui que ce soit, | et même
mentiroso. —injuria — aprovecha á — | ni tampoco
elle n'est *pas* | de bon goût. Depuis qu'*il* a perdu son fils aîné,
es | — buen gusto. Desde que perdió su hijo mayor,
tu sais comme tout a changé pour nous. Ne peux-tu être
tu sabes — — se ha mudado para nosotros. ¿— puedes tu ser
aussi perfide que lui? l'amadouer, le bercer d'espoir? quoi
tan pérfido como él? ¿halagarle, darle esperanzas? ¿—
qu'*il* demande, ne *pas* le refuser? Celui qui le trahissait, leur
— pida, — rehusarla? — — — vendia, les
avait donné ce signal: Celui que je baiserai, c'est lui, sai-
habia dado esta señal: — — yo besare, es él, co-
sissez-le. O vous, qui que *vous* soyez, qui passez par le
gedle. O vosotros, — — que seais, — pasais por —
chemin, venez et voyez s'*il* y a *une* douleur telle que la mienne.
camino, venid y ved si hay dolor *m.* — como — mio.
Heureux ceux qui craignent l'Éternel, et qui marchent dans ses
¡Felices — — temen al Eterno, — — andan por sus
voies! Quoi que *nous* fassions pour arrêter la rapidité du temps,
caminos! — que hagamos para detener — rapidez — tiempo,

il nous entraîne tous avec lui vers l'abîme de l'éternité. Parmi
nos arrastra á — consigo acia—abismo — eternidad. Entre
les femmes anciennes *il* y *en* avait quelques-unes d'une vertu
— mugeres antiguas habia — — — virtud
héroïque, capables de servir de modèle aux hommes même de
heroica, capaces — servir — modelo — — aun —
tous les âges. Parmi toutes les vertus, la charité est celle qui
todas las edades. Entre — — — — caridad es — —
nous rapproche *le* plus de la divinité; car Dieu est charité.
nos acerca mas — divinidad; pues — — caridad.
Qui que ce soit *n'a* le pouvoir d'empêcher l'accomplissement des
— tiene el poder — impedir — cumplimiento —
desseins de la Providence. Quels que fussent mes motifs pour
designios — Providencia. — — fuesen mis motivos para
déshériter mon fils, personne *n'avait le* droit de s'*y* opposer.
desheredar á mi hijo, — tenia derecho — oponerse.
L'un lui annonçait un malheur, *l'autre* lui rapportait une cala-
— le anunciaba — desgracia, — le referia — cala-
mité; un tel venait lui dire que des brigands lui avaient enlevé
midad; — — venia á decirle — unos ladrones le habian quitado
tout son bétail, tel autre que le feu du ciel avait consumé
— sus rebaños, — — — — fuego — cielo habia consumido
ses troupeaux avec les bergers; celui-ci que tous ses serviteurs
sus ganados con — pastores; este — — — servidores
avaient été massacrés par une troupe d'assassins, celui-là qu'un
habian sido matados por — tropa — asesinos, aquel — —
ouragan avait fait tomber la maison où tous ses enfants étaient
huracan habia hecho caer — casa en que — — hijos estaban
réunis, et *qu'ils en* avaient été tous écrasés.
reunidos, — — habian sido — aplastados.

THÈME XXVII.

Sur le Pronom indefini *on.*

Ce pronom peut se rendre en espagnol de plusieurs manières :
1° par la première personne du pluriel des verbes, sans aucun

pronom : On a toujours le temps de payer ses dettes, *siempre tenemos tiempo para pagar las deudas*, ou *nuestras deudas* ;

2° Par la troisième personne du pluriel des verbes, aussi sans pronom : On dit, on raconte que les princes vont à Madrid, *dicen, cuentan que los príncipes van á Madrid* ;

3° Par *el hombre* ou *un hombre* : On est vertueux quand on est riche, *un hombre es virtuoso cuando está rico* ;

4° Par le pronom réfléchi *se* : On a fait bien des affaires à la dernière foire, *se han hecho muchos negocios en la última feria* ;

5° Par le pronom indéfini *cada uno* ou *cada cual* : On cherche à excuser ses propres défauts, *cada uno procura disculpar sus propios defectos* ;

6° Par le pronom indéfini *todos*, tout le monde : Avant tout on tâche de vivre, *ante todas cosas todos procuran vivir* ;

7° Quand il y a une négation, par le pronom indéfini *nadie* : On n'est pas plus sot, pour avoir été attrapé, *nadie es mas tonto por haber sido engañado* ;

8° Par le pronom indéfini *uno* : On ne sait quoi penser de cet homme, *no sabe uno qué pensar de ese hombre*. Que sait-on ? *¿ qué sabe uno ?*

9° Par le pronom indéfini *alguien* ou *alguno* : Est-on venu me demander ? *¿ ha venido alguien á preguntar por mí ?*

10° Par le pronom indéfini *cualquiera* : On dirait, à vous entendre, que tout est perdu sans ressource, *cualquiera que le oyese á Vm. diria que todo está perdido sin remedio*.

On pourrait encore donner d'autres tournures au pronom *on* : tout dépend des circonstances, et d'une connaissance assez approfondie de la langue espagnole. Mais il ne faut pas croire qu'on puisse s'en servir indistinctement et sans discernement.

Quand on supporte le malheur avec courage, on *n'en* goûte
Cuando — soporta — desgracia con valor, — gusta

que mieux le retour de la fortune. Quand on réfléchit sur le
mejor la vuelta de — fortuna. Cuando — reflexiona sobre —

sort des hommes, on trouve qu'*ils* sont bien peu *de* chose.
suerte — — — halla — son muy poca cosa.
Une ruse manque son effet, si on ne *la* conduit *pas* avec finesse.
Una astucia yerra su efecto, si — no conduce con finura.
Le bien qu'on fait à *d'*honnêtes gens *n'*est jamais perdu. Quand
— bien — — hace á personas honradas— es nunca perdido. Cuando
la dépense surpasse le gain, on ne peut *pas* aller loin. Ja-
— gasto sobrepuja — ganancia, — no puede ir lejos. Jamais on *n'*est grand qu'autant que *l'on* est juste. Quand on est
mas — es grande sino en tanto que es justo. ¿Cuando somos
injuste envers les autres hommes, ne doit-*on pas* craindre qu'ils
injustos con — demas — no debemos temer —ellos
ne le deviennent envers nous? Pendant la guerre, je suppose
lo sean con nosotros? Durante — guerra, yo supongo
qu'on paie cinquante millions *de* plus par an : de ces cinquante
— — pagan cincuenta millones mas al año : de estos —
millions *il en* passe vingt dans le pays étranger, et trente sont
— pasan veinte al pais extrangero, — treinta son
employés à faire massacrer *des* hommes. *Je* suppose que pendant
empleados en hacer matar hombres. Supongo — durante
la paix, au lieu de ces cinquante millions on n'*en* paie que
— paz, en lugar — estos cincuenta millones — no pagan mas que
vingt-cinq; rien *ne* passe alors chez l'étranger : on fait travailler
veinticinco; nada pasa entónces al extrangero : —hacen trabajar
pour le bien public autant *de* citoyens qu'on *en* égorgeait :
por — bien público otros tantos ciudadanos como — degollaban :
on augmente les travaux en tout genre, on cultive les campagnes,
— aumentan — trabajos en todo género, — cultivan — campos,
on embellit les villes : donc on est réellement riche *en* payant
— hermosean — ciudades : luego somos realmente ricos pagando
l'Etat. On dit qu'on a découvert une ancre de vaisseau sur une
al Estado.— dice — — ha descubierto una áncora — navío sobre —
montagne de la Suisse; mais on ne fait *pas* réflexion qu'on y a
montaña — — Suiza; pero — no hace reflexion — — han
souvent transporté à bras *de* grands fardeaux, et
muchas veces transportado á fuerza de brazos grandes fardos. y

surtout *du* canon. Plus on fait bien une chose, plus on
sobre todo cañones. — — hace bien una cosa, — —
acquiert facilement l'habitude de bien faire. On avilit le désir
adquiere facilmente — hábito — — hacer. — envilece — deseo
de bien faire par le désir de paraître avoir bien fait. Mon avis
— — hacer por — — — parecer haber — hecho. Mi parecer
est qu'épouser une femme dont on n'est *point* aimé, *c'est*
es — casarse con — muger de quien — no es amado, es
s'exposer à un sort malheureux. On ne devrait jamais s'affliger
exponerse á una suerte desgraciada. — — debiera jamás afligirse
par avance, car l'événement confond souvent notre pré-
anticipadamente, pues — suceso confunde á menudo nuestra pre-
voyance. Ces épreuves d'un pain d'orge qu'on mange sans
vision. Aquellas pruebas — — pan — cebada — — come sin
étouffer, de l'eau bouillante dans laquelle on enfonce la main
ahogarse, — — agua hirviendo en la cual hunde — mano
sans s'échauder, le plongement dans la rivière sans se noyer,
sin escaldarse, — hundirse en — rio sin anegarse,
une barre de fer rouge qu'on touche, ou sur laquelle on
— barra — hierro candente — — toca, ó sobre la cual —
marche sans se brûler, toutes ces manières de trouver la vérité,
anda sin quemarse, — estas maneras — hallar — verdad,
tous ces jugements de Dieu, si usités autrefois dans l'Europe,
— estos juicios de Dios, tan usados antiguamente en — Europa,
ont été et sont encore communs dans l'Inde. Les gens qui
han sido y son aun comunes en — India. — personas —
sont continuellement dans le tourbillon du monde, sont sujets à
están continuamente en — torbellino — mundo, están sujetas á
d'étranges distractions, et quoiqu'on *s'y* soit connu long-
extrañas distracciones, y aunque se hayan conocido mucho
temps, | on est presque étonné, | après une courte absence, de
tiempo, | se admiran casi, | despues de — corta ausencia, —
se reconnaître. On estime la vie | par-dessus tout, | et on *la*
reconocerse. — estima — vida | mas que todo, | — —
prodigue comme si *elle* devait toujours durer. On a peu *d'*amis
prodiga como si debiera siempre durar. — tiene pocos amigos

lorsqu'*on* est malheureux, mais le petit nombre qu'on *en* a
cuando es desgraciado, pero — corto número que— tiene
n'en est *que* plus précieux. On se réjouissait à ta naissance, et tu
es mas precioso. — — alegraban á tu nacimiento, — —
pleurais; vis de manière qu'au moment de ta mort tu puisses
llorabas; vive — manera — — momento — tu muerte — puedas
te réjouir, et voir pleurer les autres. On ne peut *pas* se défaire
alegrarte, — ver llorar á — otros. No podemos deshacernos
de la honte que la nature a gravée en nous; si on veut
— — vergüenza — —naturaleza ha gravado — nosotros; si queremos
la chasser du cœur, *elle* se sauve au visage. On[2] ne[1] doit jamais
echarla — corazon, se escapa — rostro. — no debe jamás
regretter ni le temps ni la peine qu'a coûtée une bonne action.
sentir ni — tiempo ni — pena — ha costado — buena accion.

THÊME XXVIII.

Sur les Pronoms *y* et *en*.

Les particules *en* et *y* sont de pronoms relatifs : *en* signifie de lui, d'elle, d'eux, d'elles, de cela; et *y* signifie à lui, en lui, à elle, en elle, à eux, en eux, à elles, en elles, à cela, en cela. Laissons cette affaire-là, nous en parlerons une autre fois: *dejemos ahora este asunto, otra vez hablaremos de él;* le beau cheval! j'en suis amoureux, *¡qué hermoso caballo! estoy enamorado de él.* Je vous recommande mon affaire, tâchez d'y penser; *le encargo á Vm. mi asunto, procure pensar en él :* le discours est bien tel qu'il est, n'y changez rien; *el discurso está bien tal como es, no mude nada en él.*

Ces deux pronoms peuvent devenir des adverbes de lieu : *en* signifie d'ici, de là; et *y* signifie ici, là. Allez-vous en Espagne? au contraire, j'en viens; *¿va Vm. á España? al contrario, vengo* *de allá* : Je voulais aller chez vous, mais j'y enverrai mon domestique ; *yo queria ir á su casa de Vm., pero enviaré á ella mi criado.*

Les verbes *en* vouloir, *en* compter, *en* imposer, s'*en* rapporter, n'*en* pouvoir plus, etc., ainsi que *y* avoir, sont joints, comme on le voit, à ces deux pronoms, parce que l'addition de ces particules donne à ces verbes de significations différentes, et non parce qu'elles signifient quelque chose par elles-mêmes.

Pour savoir bien parler de la vertu, on n'en est *pas* plus
Por saber bien hablar — — virtud, nadie es mas
vertueux. Une femme sans dot dépend entièrement de son mari ;
virtuoso. Una muger sin dote depende enteramente — — marido ;
il en fait ce qu'*il* veut. Une âme ferme espère, dans l'adver-
— hace lo que quiere. Una alma firme espera, en — adver-
sité, le retour de la fortune ; dans la prospérité, *elle* en craint
sidad, — vuelta — — fortuna ; — — prosperidad, — teme
les revers. *Il* n'*en* coûte *pas* plus pour planter un jardin bien
reveses. No cuesta mas por plantar — jardin —
entendu, que pour tailler ridiculement *des* ifs, et *d'*en faire *des*
entendido, — por podar de un modo ridículo tejos, — — hacer
représentations grossières d'animaux. Une femme de la cour,
representaciones groseras de animales. — — — — corte,
ayant permis qu'on lui dédiât un ouvrage, en voulut voir *la*
habiendo permitido — — le dedicase una obra, — quiso ver
dédicace avant qu'*on* l'imprimât ; et ne s'y trouvant *pas* assez
dedicatoria antes — la imprimiesen ; y — — hallándose bastante
bien louée à son gré, *elle* prit la peine d'*en* composer une
alabada á su gusto, se tomó el trabajo de componer una
de sa façon, et de l'envoyer à l'auteur, pour la mettre à la
á su modo, y de enviarla — autor, para ponerla al
tête de son ouvrage. Quant aux réformes à
principio — — obra. En cuanto — reformas que hay que
entreprendre dans les mœurs, si la politique et la religion
emprender — — costumbres, — — política — — religion

| *y* échouent, | la morale | y échouera encore mieux. | Un
| tienen mal éxito | la moral | le tendrá todavía peor. | Un
garçon fait comme je suis trouvera *des* conditions de reste,
mozo hecho como yo lo soy hallará acomodos de sobra,
quand *il* lui plaira d'en chercher. Ah! il veut *de la* publicité?
— le dé la gana — — buscar. ¡Ah! ¿él quiere publicidad?
nous lui en donnerons; son nom n'est *pas* encore assez
nosotros le — daremos; — nombre — — aun bastante
honorablement connu, *il* le sera comme *il* mérite *de* l'être. Ainsi
honrosamente conocido, lo será — merece serlo. Así
donc ce soir, à neuf heures, pour plus *de* sûreté, je viendrai
pues esta tarde, á las nueve, por mayor seguridad, yo vendré á
vous prendre: *nous* porterons votre enfant chez cette bonne
buscarla á Vm.: — llevaremos su hijo á casa de aquella buena
paysanne, qui en aura le plus grand soin, soyez-en certaine.
aldeana, quien — tendrá — mayor cuidado, esté Vm. — segura.
Après sa conduite à mon égard, il me ferait mille pro-
Despues de su conducta para conmigo, aunque él me hiciera mil pro-
testations d'amitié et de dévouement, *que* je n'y croirais *pas*. Le
testas de amistad — — afecto, yo — — creeria —
plaisir n'est plaisir qu'autant qu'on en jouit rarement. L'or est
placer — — placer sino en cuanto se — goza rara vez. — oro es
aujourd'hui le tarif de la probité; plus on en possède, plus
hoy la tarifa — — probidad; cuanto mas se — posee, —
on paraît digne de foi. Quand *il* s'agit de prononcer sur la vie
se parece digno — fé. Cuando se trata — pronunciar sobre — vida
d'un homme, on ne saurait trop y réfléchir. Quand on
— — hombre, se no puede demasiado — reflexionar. Cuando —
est dans le malheur, *il* n'est plus temps de songer à s'en garantir.
está — — desgracia, — — ya tiempo — pensar en — libertarse.
Quand la colère a fait courir aux armes, *il* est difficile *d'en*
— — ira ha hecho correr — armas, es difícil —
arrêter, ou même *d'en* modérer *les* effets. Le repentir d'une
detener, ó aun — moderar efectos. — arrepentimiento — —
faute nous en rend presque innocents. Quelque liberté que *l'on*
falta nos — hace casi inocentes. Por mas libertad — se

ait, *il* ne faut jamais en abuser. On ne cache un crime qu'*en*
tenga, no debemos nunca — abusar. — — encubre — crímen sino
en commettant *un* autre. L'auteur du crime est celui qui en a
cometiendo otro. — autor — crímen es el que — se ha
profité. Quand on a nourri l'amour *en* s'y complaisant,
aprovechado Cuando se ha alimentado el amor — complaciendose,
il n'est plus temps d'en secouer *le* joug. Celui qui a pu endurer
— — ya tiempo — — sacudir yugo. El que ha podido aguantar
un affront et dissimuler son ressentiment, a *bien* pu aussi
— afrenta — disimular — resentimiento, ha podido tambien
en tirer vengeance. La colère, pour être comprimée, n'*en* est
— tomar venganza. — cólera, por ser comprimida, — es
que plus terrible. Celui qui secourt les méchants, n'est *pas*
sino mas terrible. — — socorre á — malos, — tarda
longtemps à s'en repentir. Si la témérité a réussi à
mucho tiempo en — arrepentirse. — — temeridad ha salido bien á
quelques-uns, *elle en* a conduit nombre d'autres à leur
algunos, ha conducido á un gran número — — — su
perte. Je ne voudrais *pas d'*un royaume, s'*il* devait m'en coûter
pérdida. Yo no quisiera un reino, si me hubiese de costar
la liberté. Quand une plaie est incurable, *il* faut y appliquer
— libertad. Cuando una llaga es incurable, es preciso — aplicar
le fer, pour garantir les parties qui ne sont *pas* encore cor-
— hierro, para preservar — partes — — están aun corrompues. Pour sauver votre corps *vous* souffririez qu'*on* y appli-
rompidas. Por salvar vuestro cuerpo sufririais — os apli-
quât le fer et le feu; et *vous* ne voulez rien endurer pour
casen — hierro y — fuego; y — quereis nada sufrir por
guérir votre âme. Un vase conserve longtemps l'odeur de la
curar vuestra alma. Un vaso conserva largo tiempo — olor —
première liqueur qu'on y a versée. Regardez chaque jour
primer licor — — — ha echado. Mirad cada dia
comme le dernier de votre vie; ce que les dieux y ajouteront,
como — último — vuestra vida; — — — dioses — añadieren,
ne vous *en* sera *que* plus agréable. Jouissons honnêtement de la
os será mas agradable. Gozemos honestamente — —

vie, pendant *que nous* y[2] sommes[1] : *elle* est si courte ! Vous
vida, mientras — estamos : ¡ es tan corta ! Vosotros
louez sans cesse la simplicité et les mœurs du vieux[2] temps[1],
alabais sin cesar — simplicidad — — costumbres — antiguo tiempo,
et si Dieu voulait vous[2] y[3] reporter[1], *vous* le prieriez de n'en
— — — quisiera os — volver, — rogariais que no lo
rien faire. Si l'on[2] ne peut[1] aller loin dans la pratique du bien,
hiciese. Si — — puede ir lejos — — práctica — —
on peut du moins y[2] faire[1] quelques pas. Quand le péril com-
— puede al menos — hacer algunos pasos. — — peligro co-
mun est extrême, chacun | doit y mettre du sien. | *Il* n'est *pas*
mun — extremo, cada uno | debe poner algo de sí. | No —
aussi difficile *de* s'opposer à la naissance de l'amour, que *de*
tan — difícil oponerse — nacimiento — amor, como
l'arracher de son cœur quand *on* l'y[4] a[1] laissé[2] prendre[3] *de* for-
arrancarle del corazon — le — han dejado echar fuer-
tes racines. La belle Maure, comme son amie l'en avait priée,
tes raices. — bella Mora, — — amiga se lo habia rogado,
interrogea l'inconnu sur son pays, sur sa naissance, et sur
preguntó al desconocido — — pais, — — nacimiento, — —
l'état présent de sa fortune.
— estado presente — — fortuna.

THÈME XXIX.

Sur le Verbe auxiliaire *haber*, avoir, être.

Au lieu qu'en français il y a deux verbes auxiliaires, pour la formation des temps composés des autres verbes, en espagnol il n'y en a qu'un seul, *haber*, soit pour les verbes actifs, soit pour les neutres et les pronominaux.

J'ai dit, pour la formation des temps composés, car il faut remarquer qu'on ne prend pas le verbe *être* comme réellement auxiliaire, lorsqu'il forme un verbe passif dans ses temps simples : loin, dans ce cas, d'être auxiliaire, le verbe *être*, suivi du participe passé d'un verbe actif, constitue essentiellement, en français et en espagnol, les verbes passifs. Ainsi, je suis aimé, haï, puni, récompensé, sont des verbes passifs : je suis venu, il est parti, nous nous sommes embarqués, ils se sont embrassés, sont des temps composés des verbes neutres venir, partir, du réfléchi s'embarquer, et du réciproque s'embrasser.

Quand vous saurez toutes les aventures qui me sont arrivées
Cuando — sepa — — aventuras — — — sucedido
dans ce pays-là, vous m'excuserez. On a trouvé sur une
— aquel pais, — — disculpara. — — hallado — —
montagne une pierre qui paraissait porter l'empreinte d'un
montaña — piedra — parecia llevar — marca — —
turbot, et sur les Alpes un brochet pétrifié : on[1] en[4] a[2] conclu[3]
rombo, — — — Alpes *m.* — sollo petrificado: — — — concluido
que la mer et les rivières ont coulé tour à tour sur les
— — mar — — rios — corrido vez á vez — —
montagnes. Comme ce riche millionnaire n'est *pas* sans inquié-
montañas. — ese rico millonario — está — inquie-
tude sur les moyens dont *il* s'est servi pour amasser ses
tud — — medios de que — — valido para adquirir —
richesses, et *qu'il* se voit | sur le point d' | aller rendre ses
riquezas, — — vé | cerca de | ir á dar —
comptes dans l'autre monde, *il* est devenu scrupuleux : *il* a
cuentas — — otro mundo, se — hecho escrupuloso: —
eu la pensée de faire bâtir un monastère, *en* se flat-
tenido — pensamiento — mandar edificar — monasterio, — lison-
tant qu' après une si bonne œuvre *il* aura la conscience
jeando — despues de — tan buena obra tendrá — conciencia
en repos. Ah ! vous êtes donc venue, au risque de tout ce qui
sosegada. ¡ Ah ! Vm. — pues venido, á riesgo — — — —
pouvait vous arriver : oh ! si vous saviez comme je vous
podia acontecerle : ¡ oh ! — — supiera — — la

attendais ! Veuillez me pardonner *de* ne m'être *pas* rendu
aguardaba ! Quiera Vm. — perdonar el — — — ido
chez vous ; mais un motif que je ne puis vous expliquer en
á su casa ; — — motivo — — — puedo — explicar —
ce moment m'a fait vous désigner pour notre entrevue cet
este momento — — hecho — señalar para — conferencia este
endroit écarté. Une femme de soixante ans a épousé
lugar secreto. — — — sesenta años se— casado con
un cavalier de dix-sept : tous les rieurs du quartier se
— hombre — diez y siete : — — zumbones — barrio —
sont ameutés pour célébrer ses noces par un concert bruyant
— atropado para celebrar — bodas con — concierto estrepitoso
de bassins, *de* poêles et *de* chaudrons. Il existe, *je* vais le revoir!
— bacines, — sartenes — calderos. El existe, voy á — rever !
lui, mon enfant, que *j'*ai tant pleuré, pour qui *j'*ai tant
á él, á — hijo, á quien — tanto llorado, por quien — tanto
souffert ! Oh ! mes larmes et mes souffrances me le rendront
padecido ! ¡Oh ! — lágrimas — — sufrimientos — — harán
plus cher encore. Mon tuteur avait consulté les médecins *les*
— caro aun. — tutor — consultado — médicos
plus habiles, et tous avaient dit que le mal était sans re-
— hábiles, — — — dicho — — — era — re-
mède ; que j'étais attaquée de cette maladie de nos climats,
medio ; — yo estaba atacada — aquella enfermedad — — climas,
contre laquelle toute science échoue. Vous voyez que, con-
contra la cual — ciencia se frustra. Vm. vé — con-
trairement aux habitudes, *je* ne vous ai *point* écrit, *je* ne vous
tra el uso, — — — escrito, — —
ai envoyé personne, et je suis venu à vous, seul et confiant,
— enviado á nadie, — — — venido — — solo — confiado,
comme un homme d'honneur, qui vient jouer sa vie contre un
— — — — honor, — viene á jugar — — — —
homme d'honneur. J'ai perdu vingt mille francs au jeu : *c'*est
— — honor. — perdido veinte mil francos — juego : es
le tiers de la fortune que mon vertueux père avait lente-
la tercera parte — — fortuna — — virtuoso padre — lenta-

ment acquise par un honorable travail; mais *je* ne le regrette
mente adquirido con — honroso trabajo; pero — — siento,
point, puisqu'à ce prix *j'*ai fait l'apprentissage des hommes
ya que — — precio — hecho — aprendizage — —
qu'*il* faut fuir, et des lieux qu'*il* faut détester. Jésus-
— me importa huir, — — sitios — conviene detestar. Jesu-
Christ, ayant expressément déclaré qu'*il* avait été envoyé
Cristo, — expresamente declarado — — sido enviado
prêcher l'Évangile aux pauvres, ses disciples, à son exemple,
á predicar — Evangelio — pobres, — discípulos, — — ejemplo,
n'affectèrent jamais le langage étudié d'une sagesse humaine.
— afectaron jamás — lenguage estudiado — — sabiduría humana.
Je lui ai dit que quand *bien* même mon père n'aurait *pas*
Yo — — dicho — cuando aun — padre — —
engagé sa parole, *il* ne consentirait jamais à me voir devenir
empeñado — palabra, — consentiria nunca en — ver ser
la femme d'un républicain. *Je* suis donc revenu au château,
— — — — republicano. — pues vuelto — palacio,
*j'*ai quitté mon habit de chasse, *j'*ai déposé mon fusil sur
— dejado — vestido — caza, — puesto — escopeta —
la cheminée, et *je* suis accouru pour | vous dire adieu. |
— chimenea, — — corrido aquí para | despedirme de Vm. |
Comment concevoir que l'Être éminemment sage ait créé
¿Como concebir — — Ser eminentemente sabio — criado
nos passions, sans avoir auparavant statué sur leur em-
nuestras pasiones, — — antes decidido — — em-
ploi? *Il* n'est *pas* vraisemblable que les hommes aient été
pleo? — — verosímil — — — — sido
créés sur la terre expressément pour s'exterminer *les* uns *les*
criados — — tierra expresamente para — exterminar — á
autres. Mon Dieu! ma bonne amie, est-ce que *je* vous ai
— ¡Dios mio! ¿mia buena amiga, acaso la —
fâchée? Ai-*je* fait quelque chose *de* mal? Par cet
disgustado á Vm.? ¿— hecho algun mal? Con aquella
acte infâme je m'étais déshonoré à mes propres yeux, et *j'*ai
accion infame yo — — deshonrado — — propios ojos, — —

eu peur. Toute une vie sans reproche, et pourtant le
tenido miedo. — — — — tacha, — no obstante —
déshonneur! Qu'ai-*je* donc fait, mon Dieu, pour être ainsi
deshonor! ¿— — pues hecho, Dios mio, para ser así
traitée? Si *j*'avais méconnu la plus sainte de tes lois, si *j*'avais
tratada? — —. desconocido — — santa — — leyes, — —
étouffé dans mon cœur la tendre voix de la nature, renié
ahogado — — corazon — tierna voz — — naturaleza, renegado
l'enfant que *j*'ai porté dans mon sein; si *j*'avais commis ce
— hijo — — llevado — — seno; — — cometido ese
crime, à présent je serais honorée, on m'appellerait une femme
crimen, ahora yo seria honrada, — — llamaria — —
vertueuse; tous les respects, tous les honneurs seraient pour
virtuosa; — — respetos, — — honores serian para
moi: mais j'avais un cœur de mère; *je* n'ai pu, *je* n'ai *pas*
mí: pero yo tenia — corazon — madre; — — — — —
voulu être criminelle : *j*'ai adoré mon enfant, parce qu'*il*
querido ser criminal : — adorado á — hijo, porque
était mon enfant : ai *je* donc fait autre chose que mon devoir?
era mio hijo: ¿— pues hecho otra cosa — — deber?

THÈME XXX.

Sur les Verbes unipersonnels *y avoir* et *être*.

Le verbe *avoir*, précédé du pronom *y*, est unipersonnel, qui se rend tout simplement en espagnol par *haber* à la troisième personne du singulier de chaque temps, en remarquant que la troisième personne du singulier de l'indicatif présent fait *hay*.

Lorsque *y avoir* marque le temps, on emploie le verbe *hacer* plutôt que *haber*: celui-ci n'est guère employé qu'après l'époque dont il s'agit, et alors le présent d'indicatif *il y a* se rend par *ha* et non par *hay*.

Le verbe *être*, unipersonnel, se traduit aussi en espagnol par *haber*, comme *y avoir*, mais seulement lorsqu'il est suivi d'un substantif : il est un âge, où les soucis sont inconnus; *hay una edad, en que las zozobras son desconocidas* : il était un roi dans le fond de l'Asie ; *habia un rey en el centro del Asia* : il est des hommes sans foi et sans humanité ; *hay hombres sin fé ni humanidad.*

Mais lorsque le verbe *être*, unipersonnel, est suivi d'un adjectif, il doit être rendu par *ser* : il est important, *es importante;* il est difficile, *es difícil;* il est certain, *es cierto;* il est impossible, *es imposible*, etc.

Il y a toujours *du* profit à rendre service à *d'*honnêtes gens.
— — provecho en hacer favor á hombres de bien.
Il n'est rien *de* plus agréable que *de* bien conduire une affaire
No — nada — agradable — — conducir — negocio *m.*
qui tend à l' utilité publique. *Il* y a dans la nature un pou-
— tiende — — utilidad pública. — — — naturaleza — po-
voir actif, qui imprime à tous les corps une tendance des
der activo, — imprime — — — cuerpos — tendencia de
uns vers *les* autres. *Il* y a *des* erreurs qui ne sont que pour
— acia — — errores — — — mas que para
le peuple ; et *il* y *en* a qui ne sont que pour les philosophes.
— pueblo ; — — — — — — sino — — filósofos.
Point *d'*effet sans cause ; point *d'*existence sans raison d'exister.
No — efecto — causa ; no — existencia — razon — existir.
Il n'est point *de* mortel qui n'ait son ridicule ; le plus sage
— — ningun mortal — — tenga — ridiculez ; — — cuerdo
est celui qui le cache *le* mieux. *Il* n'est *point de* vice ni *de* vertu
— — — — encubre mejor. — — vicio ni virtud
qui ne change de nom, suivant notre caprice. *Il* est *des*
— — cambie — nombre, segun nuestro capricho. —
moments d'ennui et d'abattement, où l'homme *le* plus
momentos — tedio — — abatimiento, en que — hombre —
courageux est à charge à lui-même. *Il* y a économie négative
animoso — molesto — sí — — economía negativa
toutes les fois qu'une cause de dépense se trouve radicalement
— — veces — — causa — gasto — halla radicalmente

supprimée. Je veux être là, monsieur, pour dire à ces hom-
suprimida. Yo quiero estar allí, caballero, para decir — esos hommes, qu'*il* n'y a *pas d'*or, qu'*il* n'y a *pas de* place, qu'*il* n'y a
bres, — — — oro, — — — empleo, — — —
pas de titres qui puissent acheter la plume d'un honnête homme.
títulos — puedan comprar — pluma — — hombre honrado.
Il n'y a dans tout cela qu' un caprice d'enfant, un désir
— — — — eso mas que — capricho — muchacha, — deseo
de jeune fille, une fantaisie d'un instant, qui passera avec
— doncella, — fantasía — — instante, — pasará —
l'impossibilité de la satisfaire. *Il* y a *des* circonstances dans la
— imposibilidad — — satisfacer. — circunstancias — —
vie, où *il* devient presque impossible *de* commander *à* son
vida, en que es casi imposible dominar —
accent et *de* mesurer ses paroles. Dans tous les pays du monde
acento — medir — palabras. — — — paises — mundo
il y a honte à calomnier et à diffamer; et *il* y a double
— vergüenza en calumniar — en difamar; — — doble
honte, si l'objet de la calomnie et de la diffamation est une
vergüenza, — — objeto — — calumnia — — — difamacion — —
femme qui ne peut ni se défendre ni se venger. *Il* est de ces
— — — puede ni — defender — — vengar. — ciertos
événements qui vous frappent sans vous tuer, mais qui
acontecimientos — os hieren — — matar, — —
laissent après eux une douleur, contre laquelle toutes les
dejan despues de sí — dolor *m.*, contra — cual — —
consolations se brisent : la vie est alors un supplice, et la
consolaciones — estrellan : — — — entónces — suplicio, — —
mort serait un bienfait de Dieu. Je me confirme dans cette
muerte seria — merced *f.* — Dios. — — confirmo — esta
idée, qu'*il* ne peut y avoir qu'un seul principe, un seul moteur,
idea, — — puede — sino — solo principio, — — motor,
dès que *je* fais attention aux lois constantes et uniformes
luego — pongo atencion en las leyes constantes — uniformes
de la nature entière. S'*il* y avait deux principes opposés dans
— — — entera. Si — dos principios opuestos —

la nature, *il* y aurait aussi une guerre perpétuelle entre eux,
— — — — tambien — guerra perpetua entre ellos,
et tendraient | à s'entre-détruire. | *Il* n'est personne qui ne
— aspirarian | — destruirse uno á otro. | — — — ninguno — —
soit exposé à avoir *des* ennemis. *Il* y avait dans ses paroles
esté expuesto — tener — enemigos. — — — — —
un air de franchise et de candeur, qui éloignait tout soupçon
— aire — franqueza — — candor, — alejaba — — sospecha *f.*
de mensonge et de fourberie. *Il* n'est rien que les hommes
— mentira — — enredo. — — — — — —
aiment mieux à conserver, et qu'*ils* ménagent moins que leur
gusten mejor de conservar, — — — cuiden — menos — —
propre vie. *Il* y eut un temps, où les honneurs et les
propia vida. — — tiempo, en que — honores — —
dignités ne s'accordaient *pas*, comme aujourd'hui, à la ri-
dignidades — concedian — — hoy dia, — — richesse ni à l'intrigue, mais seulement au vrai mérite. Oh!
queza — — intriga, sino solamente — verdadero mérito. ¡Oh!
si cela se fût arrêté là, *il* y avait encore moyen d'éluder une
si eso hubiese parado ahí, — — aun — medio — eludir —
explication. *Il* y avait *une* demi heure que j'étais là, sur la
explicacion. — — — media hora — — estaba allí, en —
route, perché sur mon cheval, la bouche béante, le
camino *m.*, posado sobre — caballo, con la boca abierta y —
nez en l'air. Quand *je* pense que, *il* y a cinq ans, je faisais
nariz *f.* al aire. — — pienso que, — — cinco años, — hacia
répéter *des* cantiques et *des* psaumes à de jeunes pension-
repetir — cánticos — — salmos á unas jóvenes pensio-
naires. Vous pourriez ajouter qu'*il* y a deux mois *de* passés
nistas! — Vm. pudiera — añadir — — — dos meses — pasados
depuis notre arrivée ici, et que le moment fatal approche.
desde nuestra llegada aquí, — — — momento fatal se acerca.
Il y aura demain vingt ans que ma pauvre mère me mit au
— — mañana veinte años — — pobre madre — echó —
monde, et depuis ce temps-là *elle* n'a joui d'un seul moment
mundo, — desde aquel tiempo — — gozado — solo momento

de bonheur. Vous dites qu'*il* y a un bon cœur sous cet habit
— dicha. ¿Vm. dice — — — buen corazon bajo aquel trage
grossier? *Il* faut bien qu'*il* y ait quelque chose. A présent
grosero? Preciso es — — alguna cosa. Ahora
je vous dis qu'*il* n'y a *pas d'*honneur à acheter ce qu'*il* y a
yo le digo á Vm. — — — honor en comprar lo — —
déshonneur à vendre.
deshonor en vender.

THÈME XXXI.

Sur le Verbe *avoir* comme Verbe actif.

Toutes les fois que le verbe *avoir* n'est ni auxiliaire ni unipersonnel, c'est-à-dire lorsqu'il n'est pas suivi d'un participe passé, est actif ou possessif, et se rend par *tener :* J'ai froid, *tengo frio;* il avait peur, *él tenia miedo;* j'ai eu des douleurs, *he tenido dolores;* nous avions eu un beau temps, *habíamos tenido buen tiempo.*

Avoir à, suivi d'un verbe à l'infinitif présent, se rend par *tener que*, ou par *haber de* : J'ai à faire quelques visites, *tengo que hacer*, ou *he de hacer algunas visitas;* vous n'avez rien à dire, *Vm. no tiene nada que decir.*

Quelquefois le verbe *tener* a l'apparence d'auxiliaire, mais il ne l'est pas : J'ai déjà écrit quatre lettres sur l'affaire, *tengo ya escritas cuatro cartas sobre el asunto.*

Un homme fier n'a jamais l'esprit sain. La foule n'a
— — orgulloso — — — espíritu sano. — turba — —
d'autres lois que les exemples de ceux qui commandent. La
— leyes — — ejemplos — los — mandan. —
vie a un terme fixé pour chaque genre d'animal, et un régime
— — — término fijo para cada género — animal, — — régimen

qui lui est propre. La loi divine a pour caractère *l'unité*, qui
— — — propio. — ley divina — por carácter — unidad, —
implique l'ordre, l'harmonie, et l'économie des ressorts. *Il*
implica — órden, — armonía, — — economía — resortes.
est bien étrange que dans un royaume qui a *des* terres incultes
— — extraño — — — reino — — tierras yermas
et *des* colonies, on souffre *des* habitants qui ne peuplent *ni ne*
— colonias, se sufran habitantes — — pueblan —
travaillent *pas*. L'intérêt que j'ai à croire une chose, n'est *pas*
trabajan. — interés — — — en creer — cosa, — —
une preuve de l'existence de cette chose. De quel front
— prueba de — existencia — aquella — ¿Con qué cara
osez-vous me montrer un bonheur infini, auquel d'un
se atreve Vm. á — mostrar — felicidad *f.* infinita, á la cual — —
million d'hommes un seul à peine a droit d'aspirer? Je ne
millon — — uno solo apenas — derecho — aspirar? Yo —
prononce le nom de Dieu que comme un perroquet ou comme
pronuncio — nombre — Dios sino — — papagayo ó —
un imbécile, si *je* n'ai *pas* l'idée d'une cause nécessaire,
— mentecato, — — — — idea — — causa necesaria,
immense, agissante, présente à tous ses effets, en tout lieu,
inmensa, activa, presente — — — efectos, — — lugar,
en tout temps. Tu crois que j'ai *de l'*intelligence, parce que *tu*
— — tiempo. Tu crees — — — inteligencia, porque
vois[1] *de*[5] *l'*ordre[2] dans[3] mes[4] actions, *des* rapports et une fin : *il y en* a
ves órden — — acciones, relaciones — — fin *m.*: hay
mille fois plus dans l'arrangement de ce monde : juge donc
mil veces — — — arreglo — este mundo : juzga pues
que ce monde est arrangé par une intelligence suprême. Un
— — — está arreglado por — inteligencia suprema. —
mortel affermi sur sa propre conscience a pour juge la vertu,
mortal fortalecido — — propia conciencia — por juez — virtud,
et le ciel pour ami. Le vieil hermite avait la tête enfoncée
— — cielo — amigo. — viejo ermitaño — — cabeza metida
dans un bonnet de laine brune à longues oreilles ; et sa barbe,
— — gorro — lana parda con largas orejeras ; — — barba.

plus blanche que la neige, lui descendait jusqu'*à* la ceinture.
— blanca — — nieve, le bajaba hasta — cintura.
Les habitants de l'Amérique méridionale possédaient
— habitantes — — América meridional poseian
autrefois plus *d'*argent que nous *n'en* aurons jamais; mais
en otro tiempo — plata — nosotros — jamás; —
étant sans industrie, *ils* n'avaient rien de ce que l'argent peut
estando — industria, — — — — lo — — plata puede
procurer : *ils* étaient réellement dans la misère. Ayez bon
procurar : estaban realmente — — miseria. — buen
courage, ma fille, Dieu étend du haut de son trône les ailes de
ánimo, mia hija, — extiende — alto — — trono — alas —
sa protection, sur tous ceux qui souffrent ici-bas pour la jus-
— proteccion, — — — — sufren aquí bajo por — justice et la vertu. Les brachmanes croyaient qu'on avait une âme
ticia — — virtud. — bracmanes creian — — — — alma
dans l'Inde, aussi bien que | partout ailleurs, | sans rien
— — India, — bien como | en cualquiera otra parte, | — —
savoir sur la nature de l'âme. Les brames indiens sont persuadés
saber — — naturaleza — — — bramas indios están persuadidos
que Dieu a voulu que les différentes nations eussent *des* cultes
— — ha querido — — diferentes naciones — cultos
différents. | Quoi qu'il en soit, | le baron et sa femme furent
diferentes. | Como quiera que sea, | — baron — — — fueron
touchés de mon abandon; et comme *ils* n'avaient | point
movidos — — abandono; — — — — | ningun
d'enfants, | *ils* m'élevèrent sous le nom de leur fils. *C'*est moi
hijo, | — criaron bajo — nombre — suyo hijo. Soy yo
qui avais eu *le* courage de donner à cette dame le conseil de
quien habia — valor para dar — aquella señora — consejo —
se retirer de la cour. | Que faut-il faire? | — *Il* faut avoir
— retirar — — corte. | ¿Qué se ha de hacer? | — Es menester —
un courage que vous puiserez dans votre cœur de mère. Je
— valor — — hallará — su corazon — madre. Yo
regarde comme les autres, puisque *je* suis mon maître à
miro — — demás, puesto que soy dueño de mi

présent, et *que je* n'ai rien à faire. Soupçonné lui-même,
ahora, — — nada que hacer. Sospechado él mismo,
l'unique moyen qu'*il* ait de se justifier est *de* devenir
— único medio — — justificar — hacerse
votre accusateur. Sans doute j'ai eu mes motifs pour garder
su acusador de Vm. Sin duda yo he — — motivos para guardar
le silence, et pour cacher l'origine de ma fortune. Oui, madame,
silencio, — — encubrir — orígen — — fortuna. Sí, señora,
je me suis trouvé entraîné malgré moi, et *j'ai* eu tort. Si vous
yo — he hallado arrastrado á pesar mio, — he hecho mal. — —
avez besoin de moi, *vous* n'aurez qu'*à* frapper trois coups
— necesidad — —, — — — mas que — dar tres golpes
sur cette table; je viendrai tout de suite. Vous auriez pitié
— esta mesa; yo vendré inmediatamente. — — compasion
de moi, si *vous* saviez ce que je souffre. Près du précipice les
— —, si — supiera — — yo padezco. Cerca — precipicio —
chevaux se cabrèrent, les hommes eurent peur, la voiture fut
caballos — empinaron, — — — miedo, — coche *m.* fué
renversée, et allait rouler dans l'abîme. O vous, qui n'avez
volcado, é iba á rodar al abismo. ¡ O vos, — — habeis
jamais eu *d*'autre amour que l'amour saint et sacré qui remplit
— — otro amor — — santo — sagrado — llena
à présent mon cœur, vierge Marie! protégez mon enfant. Dès
ahora — corazon, Virgen Maria! preteged á — hijo. Desde
ma plus tendre enfance, entourée de luxe et d'esclaves, je
— tierna infancia, rodeada — lujo — — esclavos, yo
n'avais qu'*à* former un souhait, pour qu'*il* s'accomplît aussitôt.
— — mas que formar — deseo, para — — cumpliese al instante.
Si tu me donnais la preuve dont *tu* me parles, *il* faudrait
— — dieses — prueba de que — hablas, seria necesario
sévir, et je n'*en* aurais *pas la* force. Cette preuve que
usar de rigor, y yo no — fuerza para ello. Esa prueba —
vous lui avez promise, comment l'aurez-vous? Depuis le jour
— le ha prometido, ¿como — — Desde — dia
où *je* vous rencontrai dans nos montagnes, *je* n'ai *pas*
en que — encontré á Vm. — nuestras montañas, — — he

eu *de* repos que *je ne* fusse venu à Paris, car je savais
— descanso hasta que hubiese venido á Paris, pues yo sabia
que vous y étiez, et *j*'espérais | vous *y* revoir. | Si *je* me suis
— —aquí estaba, — esperaba | volver á verle. | Si — he
placé en face de vous, *c*'est que *je* n'ai rien à craindre de
puesto enfrente — —, es porque —— — que temer —
votre haine.
— odio.

THÈME XXXII.

Sur le Verbe substantif *être*, *ser*.

Le verbe substantif *être* se traduit par *ser* devant tout nom substantif, exprimé ou sous-entendu, devant les pronoms, avec tous les verbes passifs, et devant ces adjectifs marquant des qualités qui tiennent essentiellement à la nature des choses.

Voyez dans ma Grammaire l'usage de ce verbe.

Le monde n'est *point* incorruptible ; les cieux mêmes ne le sont
— mundo — — incorruptible ; — cielos mismos — lo —
pas. Les astronomes sont *des* témoins oculaires de leurs chan-
— astrónomos — testigos oculares — — mu-
gements, qui sont *des* effets bien naturels du mouvement uni-
danzas, — — efectos bien naturales — movimiento universel de la matière. Tout excès est dangereux en quoi
versal — — materia. — exceso — peligroso — cualquiera cosa
que *ce* soit. L'infini est l'abîme du raisonnement. Son labora-
que — Lo infinito — — abismo — raciocinio. — labora-
toire était pour lui toute la nature en abrégé. Le plus grand
torio — para él — — — — compendio. — mayor
fou est celui qui ne croit *pas* l'être. Qu'est *ce qu*'être sage? *c*'est
loco — — — — cree lo — ¿ Qué — — sabio? —

bien penser et bien agir. Le fanatisme est à la religion, ce que
bien pensar — — obrar. — fanatismo — para — religion, — —
l'hypocrisie est à la vertu. Tel se croit maître des autres, qui
— hipocresía — para — virtud. Tal — cree amo — otros, —
ne laisse *pas* d'être plus esclave qu'eux. L'ordre social est un
— deja — — — esclavo que ellos. — órden social — —
droit sacré, qui sert de base à tous les autres. O philosophes!
derecho sagrado, — sirve — base — — — demás. ¡O filósofos!
tant *que* la pauvreté subsiste, vos profondes sciences ne
mientras la pobreza subsista, vuestras profundas ciencias —
sont pour vous que *des* brevets de démence et d'inutilité : *vous*
— para vosotros sino títulos — demencia — — inutilidad:
n'êtes que *des* légions de fous avec votre sagesse. Si l'arbre
— — sino legiones — locos — vuestra sabiduría. Si — árbol
est vénéneux, la tige doit l'être comme les branches. Le senti-
— venenoso, — tronco debe — — — — ramas. — sentiment de la vertu a été mis par la nature dans le cœur de
miento — — — ha — puesto por — — — — corazon —
l'homme, comme un antidote contre tous les poisons dont *il*
—, — — antídoto contra — — venenos con que
devait être dévoré. Si l'homme était parfait, *il* serait Dieu : et
habia de — devorado. Si — — — perfecto, — — : —
ces prétendues contrariétés, que vous appelez contradictions,
esas supuestas contrariedades, — — llama contradicciones,
sont les ingrédients nécessaires, qui entren dans le composé de
— — ingredientes necesarios, — entran — — compuesto —
l'homme, qui est, comme le reste de la nature, ce qu'*il* doit
—, — —, — — resto — — —, — — — debe
être. Un roi qui n'est *point* contredit, ne peut guère être méchant.
— — rey — — — contradicho, — puede casi — malo.
Il est moralement impossible qu'un méchant homme ne soit *pas*
— moralmente imposible — — mal — — —
reconnu ; et dès qu'*il* est seulement soupçonné, *il* doit s'aper-
reconocido; — desde — — solamente sospechado, debe no-
cevoir qu'*il* est un objet de mépris et *d*'horreur. Tout homme
tar — — — objeto — desprecio — horror. — —

raisonnable verra que la mort était nécessaire à tout ce qui est
racional verá — — muerte — necesaria — — cuanto ha
né; que la mort ne peut être ni une erreur de Dieu, ni un
nacido; — — — — puede — ni — error *m.* — — — —
mal, ni une injustice, ni un châtiment de l'homme. Vous
mal, — — injusticia, — — castigo — — Vm.
avez raison, j'étais un insensé, j'étais un fou, j'étais un lâche
tiene razon, — — — insensato, — — — loco, — — — cobarde
de songer à pardonner une pareille injure à un pareil
de pensar en perdonar — semejante injuria — — semejante
homme; vous avez raison. Ayant connu par le mouvement
— — — — Habiendo conocido por — movimiento
qu'*il* y a un moteur, m'étant prouvé par l'action qu'*il* y a un
— — — motor, — — probado — — — — — —
principe d'action, je cherche ce que *c*'est *que* ce principe uni-
principio — — yo inquiero — — — este — uni-
versel : et la première chose que *j*'entrevois avec une secrète
versal : — — primera cosa — descubro — — secreto
douleur, *c*'est que, étant une | petite parcelle | du grand tout,
dolor *m.*, — — — — | particulilla | — — todo,
il me sera impossible *de* comprendre ce grand tout et son
— — imposible comprehender este — — — —
maître. Mon neveu! tenez, je ne voudrais *pas* être riche; si
dueño. ¡ Mi sobrino! mire Vm., — — quisiera — rico; —
je l'étais, il me ruinerait; mais *je* ne le suis *pas*, et | c'est
lo — él — arruinaria; pero — — — — | esta es
très heureux. | Écoute donc; sans être coquette, on veut être
la fortuna. | Escucha pues; — — coqueta, una muger quiere —
présentable, quand *on* va à l'opéra. Voyons, mon amie,
presentable, cuando va — la ópera. Veamos, mia amiga,
sois raisonnable; *que* mon exemple te serve à quelque chose.
— razonable; mi ejemplo te sirva para algo.

Je ne tardai guère à faire connaître au jeune *homme* que j'étais
— — tardé mucho en hacer conocer — jóven — — —
effectivement le domestique qu'il lui fallait; et voici quel fut le
efectivamente — criado — — necesitaba — he aquí cual — —

premier service que *je* lui rendis. Les grands seraient inutiles
primer servicio — le hice. — grandes — inútiles
sur la terre, s'*il* ne s' y trouvait *des* pauvres et *des* mal-
sobre — tierra, — — — en ella hallasen pobres — des-
heureux. La joie de faire *du* bien est tout autrement
graciados. — gozo *m.* — hacer bien — muy de otro modo
douce, que *ne* l'est celle de le recevoir. Chaque homme n'est
dulce, — lo — el — — recibir. Cada — —
pas plus différent des autres hommes qu'*il ne* l'est souvent
— diferente — — — — lo — á menudo
de lui-même. | C'est égal, | tout cela ne vaut *pas* un bon
— sí — | No importa, | — eso — vale tanto como — buen
mari; car enfin ici je ne suis qu'une servante, au lieu
marido; pues en fin aquí — — — mas que — criada, en vez
que si j'étais mariée, *je* pense bien que *je* serais *la* maîtresse.
— — — estuviera casada, pienso bien — — dueña.
Vous êtes grenadier, ma mère était cantinière, et *il* peut
Vm. — granadero, — madre — cantinera, — puede
se faire que je sois un peu parente de la grande armée. *C'était*
ser — — — — poco parienta — grande ejército. —
le temps de la disette, et le pain était encore plus rare que les
en tiempo — — escasez, — — pan — todavía — raro — —
pièces de vingt-quatre sous. Si je t'ai cherché partout,
piezas — veinticuatro sus. — — — he buscado por todas partes,
si *je* suis venu pour te trouver jusque dans ce lieu obscur,
— — venido para — encontrar hasta — este lugar obscuro,
penses-*tu* que je fusse guidé par *un* autre motif que le souvenir
¿piensas — — — guiado — — motivo — — memoria *f.*
d'une ancienne amitié pour un camarade? Monsieur, l'on vous
— — antigua amistad por — camarada? Caballero, — — á Vm.
doit, *il* est juste que *vous* soyez payé, et vous le serez.
debe, — justo — — pagado, — — lo —

THÊME XXXIII.

Sur le Verbe *être*, *estar*.

Lorsque le verbe *être* précède des adjectifs qui marquent des qualités essentiellement changeantes, ou qui ne constituent pas l'essence ou la nature de la chose, il se rend en espagnol par *estar*. Ce verbe répond aux questions : de lieu et de manière, ou aux questions : où ? et comment ? où est-il ? comment est-il ? *donde está? como está?* il est à Paris, il est bien portant ; *está en Paris, está bueno.*

On se sert aussi du verbe *estar* devant les propositions avec, *con*, et sans, *sin* : il est avec son frère, *está con su hermano;* il est sans le sou, *está sin un ochavo.*

Estar de, signifie être en : *estar de boda*, *estar de fiesta*, *de luto*, *de viage*, *de uniforme*, être en noce, être en fête, en deuil, en voyage, en uniforme.

Estar para, signifie être prêt à, être sur le point de : *estoy para marcharme*, *está para morir*, je suis prêt à partir, il est sur le point de mourir.

Estar est d'un usage très-fréquent, suivi du gérondif d'un verbe qui signifie quelque action d'une certaine durée : je travaille, *estoy trabajando;* il dîne, *está comiendo;* tous dormaient, *todos estaban durmiendo.*

Si l'action se fait lentement, progressivement et par degrés, on emploie le verbe *ir* à la place du verbe *estar* : il dissipe au jeu son patrimoine, *va disipando su patrimonio en el juego;* sa santé se dégrade de jour en jour, *su salud se va deteriorando de dia en dia.*

La terre est soumise, comme les autres planètes, aux lois
— tierra — sometida, — — — planetas, *m*. — leyes

du mouvement : la mer et les continents semblent être dans
— movimiento : — mar — — continentes parecen — —
une guerre perpétuelle, et chaque instant produit *de* nouvelles
— guerra perpetua, — cada instante produce nuevas
combinaisons. Les hommes qui sont dans la misère sont
combinaciones. — — — — — — miseria son
d'ordinaire malveillants, et portent envie aux riches. La
por lo ordinario malévolos, — tienen envidia de los ricos. —
vertu n'est jamais plus en sûreté que lorsqu'*elle* craint *de*
virtud — — — — — seguridad — cuando teme
paraître sur le théâtre du monde. *Nous* courons tous au même
parecer sobre — teatro — mundo. corremos — — —
terme; l'heure où chacun de nous doit y arriver est
término; — hora en que cada uno — nosotros ha de á él llegar —
dans l'urne fatale; elle sonnera | tôt ou tard. | Tous les
— — urna fatal; ella sonará | tarde ó temprano. | — —
êtres créés sont en rapport avec la double nature de l'homme,
seres criados — — relacion — — doble — — —
et la loi de ces rapports s'appelle *l'*Analogie. La vraie ri-
— — ley — estas — — llama Analogía. — verdadera richesse d'un royaume n'est *pas* dans l'or et l'argent; *elle* est
queza — — reino — — — — oro — — plata *f.*; —
dans l'abondance de toutes les denrées; *elle* est dans l'indus-
— — abundancia — — — géneros *m.*; — — — — indus-
trie et dans le travail. *Il* est arrivé mille fois à *des* voyageurs
tria — — — trabajo. ha sucedido mil veces — viageros
*d'*être au-dessus de l'arc-en-ciel, des éclairs et du tonnerre.
— encima — arco iris, — relámpagos — — trueno.
En effet, vous êtes changé, vous êtes tout pale : ce voyage
— efecto, — — mudado, — — — pálido : ese viage
vous a donc bien fatigué ? Je ne doute *pas*, me dit-*il*, que
— — pues — fatigado ? — — dudo, — dijo —
vous ne soyez parfaitement bien dans *la* maison de ce noble
— — — perfectamente — — casa — ese noble
chevalier. Si au lieu de vous laisser mener par elle comme un
caballero. — en vez — — dejar llevar — ella — —

bambin, vous lui aviez fait de temps en temps *de la* bonne
muchacho, — — hubiese hecho de cuando en cuando buenas
morale, elle ne serait *pas* où *elle en* est. Je voudrais être
moralidades, — — — donde — — quisiera —
dans quelque bonne maison, bien payé et bien nourri, en un
— — buena casa, — pagado — — comido, — —
mot, où *je* fusse bien. Tous les maux sont depuis long-
palabra, donde — — — — males — hace mucho
temps hors de la boîte de Pandore, mais l'espérance est encore
tiempo fuera — — caja — Pandora, pero — esperanza — aun
dedans. *Il* y a deux heures que *je* la regarde, (la Vénus
dentro. hace dos horas — — estoy mirando, la Venus
de Médicis) et *je* ne puis me lasser de la regarder. *Je* suis
de Médicis, — — puedo — cansar — — mirar. Me —
assis devant elle, la plume à la main. | J'hésitais à le
sentado delante de ella, con la pluma en la mano. | Yo dudaba si le
réveiller, | pour l'avertir du péril qui le menaçait, car *il*
despertaria, | para advertirle — peligro — — amenazaba, pues
dormait d'un sommeil profond. Seriez-vous fâché des paroles
durmiendo con — sueño profundo. — — sentido — palabras
que *je* vous ai adressées, dans la bonne intention de vous rendre
— — he dicho, con — buena intencion — — hacer
service? Jésus dit à ses disciples : Mon âme est triste jusqu'*à*
favor? Jesús dijo — — discípulos : — alma — triste hasta
la mort; attendez ici, et veillez avec moi. *Je* suis enchanté de
— muerte; aguardad aquí, — velad conmigo. — encantado —
tout ce que *je* vois ici : tout *y* est bien ordonné, tout *y* est à sa
— — — veo aquí: — — — ordenado, — — en —
place. Les passions, une fois déréglées, excitent toujours
lugar. — pasiones, — vez desarregladas, excitando siempre
les hommes à faire ce qui est contraire à leurs vrais
á — — — hacer — — es contrario — sus verdaderos
intérêts. La soif de l'or le dévore; *il* ne mange ni *ne* dort,
intereses. — sed — oro — devora; ni come — duerme,
le malheureux; *il* entasse *des* richesses dont *il* ne jouira
— infeliz; amontonando riquezas de que — gozará

jamais. Tu parais *tout* étonné de me trouver ici, immobile
jamás. — pareces atónito — — hallar aquí, inmóvil
devant ces tableaux : oui, *je* les regarde, et *je les* admire
ante estos cuadros: sí, — mirando, — admirando
depuis une heure. Mon ami, *j'*attends de jour en jour l'ordre
hace — hora. Amigo mio, esperando — dia — — — órden
de mon père, et l'argent qu'*il* doit m'envoyer, pour entre-
— — padre, — — dinero — ha de — enviar, para em-
prendre ce voyage. *C'*est bien, mon fils; *je* suis content de toi;
prender ese viage. está — mio hijo; — contento contigo;
et *je* le serai encore davantage, si *tu* as *de la* persévérance. Ne
— — — aun mas, — tienes perseverancia. —
te désoles *pas*, ma chère sœur, *nous* ne serons *pas* ici aussi
— aflijas, mia querida hermana, — — aquí tan
mal que *nous* le craignions. Hélas! où serions-*nous*
— como — temíamos. ¡Ay de mi! ¿donde —
maintenant, si ces braves gens n'avaient *pas* eu pitié
ahora — estas buenas gentes — hubieran tenido compasion
de nous? On ne le voit presque jamais; *il* est seul, triste,
— nosotros? — — — ve casi nunca: — solo, triste,
abattu au fond de son palais... ses yeux creux sont pleins
abatido en el fondo — — palacio: — ojos hundidos — llenos
d'un feu âpre et farouche; *ils* sont sans cesse errants de tous
— — fuego áspero — feroz; — sin cesar errantes por —
côtés; *il* prête l'oreille au moindre bruit, et se sent tout
lados; aplica — oido — menor ruido, — — siente —
ému; *il* est pâle, défait, et les noirs soucis sont
agitado; — pálido, desmadejado, — — negros cuidados —
peints sur son visage toujours ridé. Pourquoi suis-*je* en
pintados en — rostro siempre arrugado. ¿Porqué — —
prison? parce que *j'*ai fait une bonne œuvre en faveur d'un
la cárcel? porque he hecho — buena obra — favor — —
malheureux, que mon cœur approuve, mais que la loi ré-
infeliz, — — corazon aprueba, pero — — ley re-
prouve. Dans un pays où les mœurs sont si mauvaises,
prueba. — — pais donde — costumbres son tan malas

on[3] est[2] toujours[1] en danger de se voir ravir le fruit de ses
uno — siempre — riesgo — — ver arrebatar — fruto — —

sueurs et de son travail ; voilà pourquoi *je* l'ai quitté. Elle
sudores — — — trabajo ; he aqui porqué —he dejado. Ella

était à genoux devant l'autel de la Madone, faisant retentir
— de rodillas ante —altar — — Virgen, haciendo resonar

les voûtes du temple de ses soupirs et de ses sanglots.
— bóvedas — templo con — suspiros — con — sollozos.

A présent, *j'ai* la certitude que vous êtes d'accord tous deux,
Ahora tengo — certidumbre — Vms. — de acuerdo los dos,

pour me perdre ; *je* ne puis plus en douter. Tous les meubles
para — perder ; — puedo ya lo dudar. — — muebles

que vous voyez ici, ont été envoyés de Londres, comme
— — — viendo aquí, han sido enviados — Londres, — que

étant faits à la dernière mode. *Vous* prierez[2] ainsi[1] : notre[2] père[1],
están hechos — — última moda. Orareis así : nuestro padre,

qui es aux cieux, *que* ton[3] nom[4] soit[2] sanctifié[1]. *Il* est souvent
— — en los cielos, tu nombre sea santificado. — muchas veces

la tête baissée, les yeux fermés, les mains sur ses genoux,
con la cabeza baja, — ojos cerrados, — manos sobre — rodillas,

assis, sans mouvement, rêvant à *je* ne sais quoi : est-*il*
sentado, sin movimiento, pensando en no sé qué : ¿—

fou ? Depuis la mort de ses parents, *elle* a[1] toujours[3] été[2] sous
loco ? Desde — muerte — — padres, ha siempre — bajo

la tutelle de cet oncle, qui après avoir malversé une bonne
— tutela — ese tio, quien despues de haber malbaratado — gran

partie des biens de sa pupille, s'oppose maintenant si
parte — bienes — — pupila, — opone ahora tan

fort à son établissement.
fuertemente — — establecimiento.

THÊME XXXIV.

Sur les deux Verbes ensemble *sér* et *estar*.

C'est une difficulté pour les Français que de bien faire l'application de ces deux verbes : c'est pourquoi je recommande d'en étudier soigneusement les règles, et de ne pas se laisser guider par l'oreille, ou par la ressemblance qu'il peut y avoir entre *être* et *ser* ou *estar*.

Les hommes *les* plus fermes dans leurs résolutions sont sujets
— — — firmes — — resoluciones — sujetos
à changer; et vous voulez qu'une femme soit inébranlable
— cambiar; ¿— — quiere — — — — inmutable
dans les siennes? *Je* ne suis *pas* éloigné de croire que l'atmos-
— — —? — — lejos — creer — —atmós-
phère peut être améliorée ainsi que le sol. Mon père est
fera puede — mejorada así como — suelo. — padre —
bon, comme vous dites, mais *il* combat contre ceux de votre
bueno, — — dice, pero pelea — — — —
parti, et vous n'êtes *pas* plus disposé à abandonner vos
partido, — — — — — dispuesto — abandonar —
frères, qu'il *n*'est prêt à abandonner les siens. *Je* n'eus
hermanos, — — — presto — — — — — tuve
pas besoin d'être long-temps chez ce bourgeois, pour
necesidad — — mucho tiempo en casa de aquel vecino, para
m'apercevoir qu'*il* était tel qu'*on* me l'avait dépeint. Si vous
conocer — — cual — — habian pintado. — —
étiez réduit à la nécessité de mendier, cela serait fâcheux
— reducido — — necesidad — pordiosear, eso — sensible
pour vous, qui n'êtes *pas* fait à nos manières; mais pour
para — — — — habituado — — usos; — por

peu que vous y fussiez accoutumé, *vous* préféreriez notre
poco — — se hubiese acostumbrado, — preferiria —
état à la servitude, qui sans contredit est inférieure à la
estado — — servidumbre, — — contradiccion — inferior — —
gueuserie. J'ai un fils qui fait toute ma peine : *il* est
mendicidad. Tengo — hijo — causa — pena : —
plongé dans toute sorte de désordres; et cela m'étonne;
sumergido — — suerte — desórdenes; — eso — admira;
car son éducation n'a *point* été négligée. Cet écrit était despues — educacion — ha — descuidada. Este escrito — destiné à rester intact entre mes mains; car *il* est adressé à une
tinado — quedar intacto — — manos; pues — dirigido —
personne que je pleure depuis cinq ans, et dont *je* n'ose
persona — — lloro hace cinco años, — cuya — me atrevo
plus espérer *le* retour. La vertu n'est jamais sans récompense,
ya á esperar vuelta. — — — — recompensa,
puisqu'une bonne action est bien récompensée par le plaisir
pues que — — accion — — recompensada — — placer
qu'*il* y a de l'avoir faite. Ce méchant roi est toujours exposé
— hay en haberla hecho. Ese mal rey — — expuesto
à une mort funeste, même dans son palais inaccessible, au
— — muerte funesta, hasta — palacio inaccesible; en
milieu de ses gardes : au contraire le bon roi Sésostris était
medio — — guardias : — contrario — buen Sesostris —
en sûreté au milieu de la foule des peuples, comme un bon
seguro en medio — — tropel — pueblos, — —
père dans sa maison, environné de sa famille. Quand on entre
— — casa, rodeado — — familia. — — se entra
dans cette ville, on croit d'abord que ce n'est *point* une
— aquella ciudad, — cree desde luego — — — —
ville qui appartienne à un peuple particulier, mais qu'*elle* est
— — pertenezca — — pueblo particular, sino — —
la ville commune de tous les peuples, et le centre de leur
— — comun — — — — — centro — —
commerce. Les Tyriens sont industrieux, patients, laborieux,
comercio. — Tirios — industriosos, pacientes, laboriosos,

propres, sobres, et ménagers; *ils* ont une exacte police; *ils*
aseados, sobrios, — caseros; tienen — exacta policía;

sont parfaitement d'accord entre eux: jamais peuple *n'a* été
— perfectamente — acuerdo entre sí: jamás — ha —

plus constant, plus sincère, plus fidèle, plus sûr, plus com-
— constante, — sincero, — fiel, — seguro, — có-

mode à tous les étrangers. Les autres admirent votre sa-
modo para — — extrangeros. — otros admiran vuestra pru-

gesse dans un âge où *il* est pardonnable *d'*en manquer:
dencia — — edad *f.* en que — perdonable carecer de ella;

pour moi, je ne puis vous pardonner rien; je suis le
en cuanto á mí, — — puedo os perdonar — — — —

seul qui vous connaisse, et qui vous aime assez pour vous
único — — conozca, — — — ame bastante para — —

avertir de toutes vos fautes. Combien êtes[1]-*vous*[3] encore[4] éloigné[2]
advertir — — vuestras faltas. Cuan — aun lejos

de la sagesse de votre père! Puisqu'*il* est tranquille, lui
— — prudencia — vuestro padre! Puesto que — sosegado, él

qui sait tout, *c'*est qu' *il* n'y a rien à craindre. L'homme
— lo sabe — — porque — hay — que temer — —

qui est *le* plus digne de remplir une place, n'est *pas* toujours
— — — digno — desempeñar — empleo, — — —

celui qui l'obtient. *Il* y a peu *d'*hommes dont *l'*esprit soit
— — — consigue. Hay pocos — — espíritu —

accompagné d'un goût sûr, et d'une critique judicieuse. Quel
acompañado — — gusto seguro, — — — crítica juiciosa. ¿Cual

est l'homme qui soit sûr de vivre jusqu'au soir? Le Tartare
— — — — — — vivir hasta la tarde? — Tártaro

était la partie *la* plus profonde des enfers; là étaient les
— — parte — — profunda — infiernos; allí — —

impies et les scélérats, dont *les* crimes ne pouvaient s'expier.
impíos — — facinerosos, cuyos crímenes — podian — expiar.

Vous ne savez *pas* combien[1] toutes[4] les expériences[5] sont[3] inutiles[2]
Vm. — sabe cuan — — experiencias — inútiles

aux princes amollis et inappliqués qui vivent sans réflexion:
— príncipes flojos y desaplicados — viven — reflexion:

ils sont mécontents de tout, et *ils* n'ont *pas le* courage de
— descontentos — — — tienen valor para
rien redresser. Tant *d'*années d'habitude étaient des chaînes
— reparar. Tantos años — costumbre — — cadenas
de fer qui me liaient à ces deux hommes, et ils m'obsé-
— hierro — — ligaban — aquellos dos — — — — sitia-
daient à toute heure. Depuis que *je* suis ici, ils m'ont jeté
ban — todas horas. Desde — — aquí, — han metido
dans toutes les dépenses excessives, que vous avez vues, et *ils*
— — — gastos *m.* excesivos; — — ha visto —
ont épuisé cet état naissant.
han agotado este estado naciente.

THÊME XXXV.

Sur les Verbes actifs.

Les verbes actifs sont tous ceux qui marquent une action accomplie par un sujet sur un régime direct. Ce régime direct d'un verbe actif n'est ni ne peut être jamais précédé d'aucune préposition : cependant, quoique la même règle existe dans l'espagnol, lorsque l'action du verbe actif se termine à quelque être raisonnable ou à quelque objet personnifié, on fait précéder le régime direct de la préposition *á* : Nous devons aimer Dieu, nos parents, nos amis, et même nos ennemis; *Debemos amar á Dios, á nuestros padres, á nuestros amigos, y aun á nuestros enemigos.*

S'il peut en résulter un sens confus, on supprime la préposition *á* : Il envoya sa fille à la supérieure du couvent; *Envió su hija á la superiora del convento.*

Je ne reverrai peut-être jamais mon empereur; mais toi,
— volveré á ver quizá nunca — emperador; pero tu

je te le jure, jamais *tu ne* reverras ton enfant. Monsieur, *je*
— — — juro, nunca volverás á ver — hijo. Señor,
n'oublierai jamais votre digne frère, car il a secouru ma mal-
olvidaré jamás — digno hermano, pues — — socorrido — des-
heureuse sœur, *il* l'a protégée sans la connaître. Un peintre
graciada hermana, — — protegido — — conocer. — pintor
est physionomiste, et je vous ai jugée sur-le-champ à votre
— fisonomista, — — — — juzgado inmediatamente por —
figure si candide et *si* pure. Tout-à-l'heure je vous ai offensée
cara tan cándida — pura. Hace un instante — — — ofendido
par *des* suppositions injustes; mais, que voulez-vous? quand on
con suposiciones injustas; pero, ¿ — quiere Vm.? — —
a traversé tant *de* revolutions, *on* devient défiant. Peut-être,
— pasado tantas revoluciones, se hace desconfiado. Quizá,
si j'avais voulu faire comme tant *d'*autres, flatter les gens
— — — querido hacer — — —, alhagar — personas
en place, et encenser les sots, aurais-*je* été remarqué, ac-
empleadas, é incensar — necios, — — distinguido, pa-
cueilli, et serais-*je* riche au lieu de végéter. Ah! si jamais *je*
trocinado, — — rico en vez — vegetar. ¡Ah! — algun dia
viens à aimer une femme, *ce* sera pour la vie. Pourquoi,
llego — amar — —, — para toda — vida. ¿Porqué,
homme généreux, avez-vous protégé la pauvre orpheline, puis-
— generoso, — — protegido — pobre huérfana, ya
que ce coup de pistolet devait être votre récompense? La
que ese pistoletazo habia de — — recompensa? —
beauté, la douceur, et la noble assurance de ce jeune in-
belleza, — dulzura, — — noble confianza — aquel jóven des-
connu, qui traversait sans précaution tant *de* troupes ennemies,
conocido, — atravesaba — precaucion — tropas enemigas,
étonnèrent tous les alliés. Vous jugez bien que je ne voudrais
asombraron — — aliados. Vos juzgais — — — — quisiera
pas que la perte du fils suivît celle du père, et que la malheu-
— — pérdida — hijo siguiese — — padre, — — — desgra-
reuse Pénélope pût reprocher à Mentor qu'*il* a sacrifié son
ciada Penélope pudiese acusar — Mentor de que — sacrificado —

fils à l'ambition du nouveau roi de Salente. Idoménée désire la
— — — ambicion — nuevo rey — Salento. Idomeneo desea —
paix, comme *vous* dites vous-mêmes que *vous* l'avez désirée,
paz, — decis vosotros mismos — — — deseado,
par sagesse et par modération, mais non par l'amour d'une
— prudencia — — moderacion, — — — — amor — —
vie molle, ou par faiblesse à la vue des dangers dont la
vida muelle, ó — flaqueza — — vista — peligros con que —
guerre menace les hommes. Vous qui savez toutes les peines
guerra amenaza — — — — sabe — — penas
qui doivent troubler le repos de ma vie, pourquoi me la voulez-
— han de turbar — reposo — — —, ¿ porqué — — quiere
vous conserver? Je ne veux *pas* vous imputer mon malheur, et
conservar? — — quiero — imputar — desgracia, —
je n'en accuse *que* moi-même; je ne devais *pas* écouter vos
solo me acuso — —; — — debia escuchar —
conseils, et recevoir la foi d'un homme, sans la participation
consejos, ni recibir — fé — — —, — — participacion
de mon père. Est-*il* possible que le comte, qui m'a paru plein
— — padre. ¿ — posible — — conde, — — — parecido lleno
de droiture et de probité, soit assez scélérat pour nous avoir
— rectitud — — probidad, — bastante malvado para — haber
trompées *toutes* deux? J'ai un rendez-vous qui n'est *pas* sans
engañado las dos? Tengo — cita *f*. — — — —
péril; *j*'allais chercher un ami pour m'y accompagner : *je* con-
peligro; iba á buscar — amigo para — — acompañar : co-
nais votre valeur; puis-*je* vous proposer de venir avec moi?
nozco — valor; ¿ puedo — proponer que venga conmigo?
Ce doute m'outrage, et *je* ne saurais faire *un* meilleur usage de
Esa duda — ultraja, — — puedo hacer mejor uso —
la vie que vous m'avez conservée, que *de* l'exposer pour vous.
— vida — — — — conservado, — exponiéndola por —
Les vieillards, étonnés de voir ce qu'*ils* n'auraient osé espérer
— ancianos, admirados — ver — — — hubieran osado esperar
dans la suite d'un[1] si[3] long[4] âge[2], pleuraient par *un* excès de joie
— — carrera — — — larga edad, lloraban por exceso — gozo

mêlée de tendresse : *ils* levaient leurs mains tremblantes vers
mezclado — ternura : levantaban — manos trémulas acia
le ciel. Benissez, disaient-*ils*, ô grand Jupiter, le roi qui vous
— cielo. Bendecid, decian, ó gran Júpiter, — rey — se —
ressemble, et qui est le plus grand don que vous nous ayez fait.
asemeja, — — — — mayor don — — — hayais hecho.

THÊME XXXVI.

Sur les Verbes passifs.

Tous les verbes passifs se forment en espagnol avec le verbe *ser* et le participe passé d'un verbe actif, qui s'accorde en genre et en nombre avec le sujet, en remarquant qu'un verbe passif peut se changer en actif, et *vice versâ*.

Le sujet du verbe actif devient régime indirect du verbe passif, et le régime direct du verbe actif devient sujet du verbe passif : ce dernier n'a jamais de régime direct.

| Je lui devins plus cher de jour en jour ; | et *j*'appris enfin
| Yó me hice amar mas de él cada dia ; | — supe en fin
que j'en étais aimé de manière que *je* pouvais compter ma
— — — — amado — modo — podia contar —
fortune faite. Cela me fut confirmé peu *de* temps après par
fortuna hecha. Esto — fué confirmado poco tiempo despues —
mon maître même, à l'occasion d'un service que *je* voulus
— amo mismo, con ocasion — — servicio — quise
rendre à quelqu'un. Un jour certain ecclésiastique, jeune encore
hacer — alguien. — dia cierto eclesiástico, jóven aun
et de très-bonne mine, me fut présenté par notre maître d'hôtel,
— — muy buen parecer, — — presentado — — maestresala,
qui me dit : Seigneur, vous voyez un de mes meilleurs amis
— — dijo : Señor, — ve — — — mejores amigos

dans cet honnête ecclésiastique. Je me souviens encore des
— este honrado eclesiástico. — — acuerdo aun —
mémoires qui m'ont été donnés contre lui. *Il* y a dans Scipion
memoriales — — — — dados — — Hay — Escipion
l'Africain quelque chose qui est encore plus estimée que ses
— Africano — cosa — — — — estimada — —
victoires, *c*'est sa vertu. Je suis tout ce qui a été, est et sera;
victorias, — — — — — — — — — sido, es, — será;
jamais le voile qui me couvre *n*'a été levé par aucun mortel.
— — velo — — cubre — — alzado — — mortal.
Des secours sont payés bien cher, lorsqu'*il* faut qu'on *les*
Los socorros — pagados muy caros, — es menester — —
mendie. Tout fut saisi et porté au roi. Timocrate fut
mendiguen. — — embargado — llevado — rey. Timócrates —
arrêté dans le même temps, et sa surprise fut extrême; car
arrestado al — tiempo, — — sorpresa — suma; —
il croyait qu'étant brouillé avec Protésilas, *il* ne pouvait être
creia — estando reñido — Protesilao, — podia —
enveloppé dans sa ruine. Par quel hasard, par quelle tem-
envuelto — — ruina. ¿— qué casualidad, — — tempête avez-vous été jeté sur ce rivage? Pourquoi, ô mon cher et
pestad — — — echado — esta playa? ¿Porqué, ó — caro —
ancien ami, avez-vous abandonné l'île de Crète? est-ce par
antiguo — — — abandonado — isla — Creta? — acaso —
une disgrâce semblable à la mienne que vous avez été
— desgracia semejante — — — por la que — — —
arraché à notre patrie? Voyez-vous cette grotte plus propre
arrancado de — patria? ¿Ve — — gruta — propia
à cacher *des* bêtes fauves qu'à être habitée par *des*
para abrigar bestias montaraces — para — habitada —
hommes? *j*'y ai goûté depuis tant *d*'années plus *de* douceur
— — — gozado hace tantos años de — dulzura
et *de* repos que dans les palais dorés de l'île de Crète.
— descanso — — — palacios dorados — — — — —
Puisque les yeux du roi, si longtemps fermés à la vérité,
Ya que — ojos — — tanto tiempo cerrados — — verdad,

ont été enfin ouverts par cet homme sage que vous nommez
— — — abiertos — ese hombre virtuoso — — llamais
Mentor, qu'*il* le retienne auprès de lui. Philoclès se cachait mo-
Mentor, — — retenga al lado — sí. Filoclés — escondia mo-
destement de peur *d*'être vu par ce misérable : *il* craignait
destamente por no — visto — aquel miserable : temia
d'augmenter sa misère, *en* lui montrant la prospérité d'un
aumentar — miseria, — mostrando — prosperidad — —
ennemi qu'*on* allait élever sur ses ruines. *Je* suis toujours dans
enemigo — iban á ensalzar — — ruinas. Estoy — —
l'inquiétude ; *je* crains *d*'être découvert, et qu'une prison per-
— inquietud; temo — descubierto, — — — cárcel perpétuelle *ne* devienne le salaire de tous mes travaux. Quoi donc !
petua sea — salario — — — trabajos. ¡ Cómo pues !
disait-*il* à Mentor les larmes aux yeux, vous ne comptez pour
decia — Mentor con—lágrimas en los ojos, ¿ — — contais por
rien l'immortalité qui m'est offerte par la déesse ? Le cruel
— — inmortalidad — — — ofrecida — — diosa ? — cruel
Amour, pour tourmenter les mortels, fait qu'on n'aime guère
Amor, para atormentar — mortales, hace — — — ame casi
la personne dont on est aimé. *C'est* pour renvoyer Mentor
— persona de quien — — amado. Para despedir Mentor
que j'ai fait faire ce vaisseau : vous ne serez plus embarrassé
—mandado hacer ese navío : — — — — embarazado
par cet ami sévère qui s'oppose à votre bonheur et qui serait
— ese amigo severo — — opone — — dicha — — —
jaloux si vous deveniez immortel. *Vous* osez dire que
envidioso — — vinierais á ser inmortal. ¡ Os atreveis á decir —
vous n'êtes *pas* vaincu par l'amour, et *vous* ne pouvez *pas* vous
— — vencido — — amor, — — podeis —
arracher à la nymphe que *vous* aimez ! O mon père, que les
desprender de — ninfa — amais ! ¡ O mio padre, cuanto—
dieux m'ont aimé *en* me donnant votre secours ! Je méritais *d*'en
dioses — — — — dando — auxilio ! — merecia —
être privé, et *d*'être abandonné à moi-même. *Je* vous ai écouté
— privado, — — abandonado — — — — — escuchado

jusqu'au bout, monsieur, n'exigez rien *de* plus : d'ailleurs,
hasta el fin, caballero, — exija — —: por otra parte,
si j'aime votre fille, moi aussi *je* suis aimé d'elle.
— — — — hija, — tambien — — — ella.

THÈME XXXVII.

Sur les Verbes neutres.

Les verbes neutres n'ont pas de régime direct, mais seulement un régime indirect, et quelques uns n'ont aucun régime, comme dormir, rire, pleurer, etc. Ces verbes neutres marquent, non une action, mais un état, et il y en a un certain nombre qui, dans leurs temps composés, se conjuguent en français avec le verbe *être*, et en espagnol avec le verbe *haber*, unique verbe auxiliaire.

Parlez-moi confidemment, mon[2] ami[1] ; n'[1]avez[2]-vous[4] rien[5] trouvé[3],
Hable — en confianza, — —; ¿— — — — hallado,
en écrivant, qui vous ait choqué? quelque négligence dans le
al escribir, — — — chocado? ¿— negligencia — —
style, ou quelque terme impropre? J'achevais de gagner ses
estilo, ó — término impropio? Acabé — grangearme —
bonnes graces par cette flatterie. Par là *je* passai dans son esprit
— — con — lisonja. Así pasé — — espíritu
pour un homme qui avait une connaissance délicate des vraies
por — — — — — conocimiento exquisito — verdaderas
beautés d'un ouvrage. Quand *tu* t'apercevras que ma plume
bellezas — — obra. — observares — — pluma
sentira la vieillesse, lorsque *tu* me verras baisser, ne manque
olerá á vejez, — — vieres aflojar, — dejes
pas de m'en avertir. Ne crains *pas d'*être franc et sincère ; je re-
— — — advertir. — temas — franco — sincero; — re-

cevrai cet avertissement comme une marque d'affection pour
cibiré aquel — aviso — — — — señal — afecto acia
moi. D'ailleurs | il y va de ton intérêt. | J'éprouvai par là
— Ademas | tu interés te obliga. | Experimenté por aquel medio
que si le prélat ne prévenait *pas*, du moins *il* refusait rare-
que si el prelado no se anticipaba, al menos rehusaba rara
ment ce qu'on lui demandait. Le licencié me montra une page
vez — — — — pedia. — licenciado — mostró — página
de son écriture, que j'admirai; et *en* considérant une si belle
— — escritura, — — admiré: — al considerar — — hermosa
écriture, *il* me vint une idée. J'avais véritablement envie qu'*il*
letra, — vino — idea. Yo tenia realmente gana —
fût remis dans ses fonctions; et dès le jour même *j'y* tra-
— rehabilitado — — empleo; — desde aquel dia — — tra-
vaillai de la manière que *je* vais le dire. *Je* suis satisfait de ton
bajé — — modo — — voy á decir. Estoy satisfecho — —
écriture, me répondit le prélat, mais *je* t'avoue que *je* ne
escritura, — respondió — prelado, — — confieso — —
serais *pas* fâché *d'*avoir de cette main-là une copie de mes
me disgustaria — — esa mano — copia — —
ouvrages. Le prélat ne manqua *pas* de demander comment se
obras. — — — — dejó — — preguntar — — —
nommait ce licencié. Nous sommes nés dans un royaume
llamaba — licenciado. — — — nacido — — — reino
florissant; mais *nous* n'avons *pas* cru que ses bornes fussent
floreciente; — — — — — creido — — límites *m.* —
celles de nos connaissances, et que la lumière orientale dût
— — — conocimientos, — — — luz oriental debiese
seule nous éclairer. Mande-moi ce que *l'*on dit de notre voyage;
sola — alumbrar. Manda — — — — dice — — viage;
ne me flatte *point*; *je* ne compte *pas* sur un grand nombre
— — adules — — cuento — con — gran número
d'approbateurs. *Il* faut user de tout avec modération, de peur
— aprobadores. Es preciso usar — — — moderacion, para
que *la* privation n'en soit trop sensible. Le flatteur qui ne
— — privacion — — — muy sensible. — adulador — solo

cherche qu'*à* nous plaire, n'est *pas* moins dangereux que
procura — complacer, — — — peligroso —
l'ennemi qui veut nous perdre. Les préjugés naissent,
— — — quiere — perder. — preocupaciones nacen,
croissent et s'établissent insensiblement, sans qu'on ait aperçu
crecen — — establecen insensiblemente, — — — — notado
leurs progrès. *Il* faut rire avant d'être heureux, de peur de
— progresos. Es necesario reir antes — — feliz, por no
mourir avant d'avoir ri. Les enfants n'ont ni passé ni avenir,
morir — — — reido. — niños — — — pasado — venidero,
et, ce qui ne nous arrive guère, *ils* jouissent du présent. Les
— — — — — sucede mucho, gozan — presente. —
naturalistes ne doutent *pas* que les poissons entendent, quoiqu'*ils*
naturalistas — dudan — — pèces oyen, aunque
n'aient remarqué chez ces animaux aucuns organes propres à
— — notado en estos animales — órganos propios para
recevoir le son. *Il* est aussi impossible à l'homme *de* compren-
recibir — sonido. Es tan imposible — — enten-
dre comment deux corps agissent *l'*un sur *l'*autre, que *de* con-
der — — cuerpos obran — — —, como con-
cevoir comment le corps agit sur l'âme et l'âme sur le corps. Le
cebir — — — — — alma — — — — — —
génie et la vertu marchent au travers des obstacles. La véritable
ingenio — — — andan por medio — obstáculos. — verdadera
élévation de l'esprit et du cœur consiste à maîtriser ses passions,
elevacion — espíritu — — corazon consiste en dominar — pasiones;
à n'être *pas* esclave de celles des autres, et à se mettre au-
en — — esclavo — — — —, — en — hacer su-
dessus des disgrâces. Sans expérience et sans réflexion, l'homme
perior á las desgracias. — experiencia — — reflexion, — —
reste dans une enfance perpétuelle. Un homme bienfaisant
vive — — infancia perpetua. — — benéfico
ressemble au soleil, qui ne trafique *point* de sa lumière; il
es semejante — sol, — — trafica con — luz; —
n'a jamais rien exigé des astres ni de la terre, depuis qu'il
— — — — exigido — astros — — — tierra, desde — —
la leur donne.
— — da.

THÈME XXXVIII.

Sur les Verbes pronominaux.

Les verbes pronominaux se divisent en réfléchis et réciproques ; les premiers se conjuguent dans tous leurs temps et personnes, mais les derniers se conjuguent seulement au pluriel de chaque temps.

Un verbe essentiellement actif peut devenir pronominal, comme aussi un verbe essentiellement pronominal peut devenir actif : *alabar*, louer, verbe actif ; *alabarse*, se louer, verbe pronominal : *sentarse*, s'asseoir, verbe pronominal ; *sentar*, asseoir, verbe actif.

Les verbes pronominaux ont deux pronoms de la même personne, l'un sujet, l'autre régime, qui se placent, comme en français, devant chaque temps et personne, excepté à l'infinitif, au gérondif, et à toutes les personnes de l'impératif, auxquels temps on met le pronom régime après le verbe, et lié avec le verbe.

Souvent il y a plus d'élégance à mettre le pronom-régime après le verbe, dans les temps de l'indicatif, surtout en commencement de phrase.

Avec les verbes pronominaux on supprime ordinairement le pronom sujet, si la clarté du discours n'exige pas qu'il soit exprimé.

Les ouvriers, privés de travail, se sont dispersés ; *ils* ont
— jornaleros, privados — trabajo, — —, dispersado; —
quitté le pays, *ils* ont mendié, *ils* ont volé, *ils* se sont laissés
dejado — pais, — mendigado, — robado, — — dejado
mourir de faim, suivant les caractères ; mais dans le nombre
morir — hambre, segun — genios; — — — número

il y en a beaucoup qui ne sont *pas* endurants. Oh! que le mé-
hay muchos — — — sufridos. ¡Oh! — — des-
pris et la haine me frappent, j'aurai force et courage pour
precio — — odio *m.* — hieran, — — fuerza — valor —
les supporter; mais me séparer de mon enfant, monsieur, *c'est*
— soportar; mas — separar — — hijo, señor, —
impossible. La Providence fait tout; Providence tantôt terrible
imposible. — Providencia hace —; — ya terrible
et tantôt favorable, devant laquelle *il* faut également se
— ya favorable, ante la cual es menester igualmente —
prosterner, dans la gloire, ou dans l'opprobre, dans la jouissance
postrar, — — gloria, ó — — oprobio, — — goce *m.*
délicieuse de la vie, ou sur le bord du tombeau. *C'est* ainsi que
delicioso — — —, — — — borde — tumba *f.* — — como
la terre a été inondée de fables: mais au lieu de | se quereller, |
— — — — inundada — fábulas: — en lugar — | reñir, |
et même de s'égorger pour ces fables, *il* vaudrait mieux s'en tenir
— aun — — degollar por — —, valdria mas — atener
à celles d'Esope, qui enseignent une morale, sur laquelle *il* n'y
— — — Esopo. — enseñan — moral, — — — —
eut jamais *des* disputes. L'équipage se rendit, le commandant
— — disputas. — tripulacion *f.* — rindió, — comandante
fut fait prisonnier, et à son retour *il* fut condamné, et exilé
— hecho prisionero, — — — vuelta — condenado, — desterrado
comme coupable de lâcheté et de trahison, lui, si loyal et si
— culpable — cobardía — — traicion, ¡ —, tan leal — —
brave! Ne vous informez *pas* de ce que les médisants disent
valiente! — — informeis — — — — murmuradores dicen
de vous: l'ignorer, *c'est* les *en* punir. La première faute de
— —: — ignorar, — — castigar. — primera culpa —
l'homme fut *de* se révolter contre son Créateur, et *d'*employer
— — — — rebelar — — Criador, — emplear
tous les avantages qu'*il* en avait reçus, pour l'offenser. *Que*
— — ventajas *f.* — de él — recibido, — — ofender.
tous les cœurs s'ouvrent à l'espérance: le règne de l'injustice
— — corazones — abran — — esperanza: — reino — — injusticia

est passé. Monarques de la terre, montrez-vous dignes du
— pasado. Monarcas — — —, mostrad — dignos —
trône, *en* rendant vos sujets heureux. Le prélat sourit de ma
trono, haciendo — vasallos felices. — prelado se sonrió — —
réponse : *il* ne répliqua point, mais *il* me laissa voir, au travers
respuesta: — replicó nada, — — dejó ver, á vueltas
de toute sa piété, qu'*il* n'était *pas* auteur impunément. Sois,
— — — piedad, — — — autor impunemente. —,
mon ami, sois sans inquiétude sur ton sort; je me charge de
— —, — — inquietud — — suerte *f.*; — — encargo —
t'*en* faire un des plus agréables. J'embrassai de bon cœur ses
— hacer — — — agradables. — abracé de buena gana —
jambes cagueuses, et *je* me regardai comme un homme qui était
piernas zambas, — — consideré — — — — —
en train de s'enrichir. Je voudrais bien éviter le défaut des
— camino — — enriquecer. — quisiera — evitar — defecto —
bons auteurs qui écrivent trop *long*-temps, et me sauver avec
— autores — escriben demasiado tiempo, — — salvar —
toute ma réputation. Je ne me fie *point* à moi-même là-dessus;
— — reputacion. — — — fio de — — sobre eso;
mon amour-propre pourrait me séduire. Un esprit de la trempe
— — — podria — seducir. — — — temple
de celui de votre grandeur se conservera beaucoup mieux
— — V. S. Ilma — conservará — mejor
qu'un autre, ou, pour parler plus juste, vous serez toujours
— cualquier otro, ó, por hablar — justo, — sereis —
le même. *Je* vous regarde comme un autre cardinal Ximenez,
— — — miro — — — cardenal Ximénez,
dont *le* génie supérieur, au lieu de s'affaiblir par les années,
cuyo ingenio superior, en vez — — debilitar con — años,
semblait en recevoir *de* nouvelles forces.
parecia — recibir nuevas fuerzas.

THÈME XXXIX.

Sur les Verbes unipersonnels.

Les verbes unipersonnels n'ont pas de sujet réel, car le pronom *il* qui les précède, n'est qu'un sujet apparent, et ce sujet apparent n'est pas remplacé en espagnol. Ces verbes n'ont que les troisièmes personnes du singulier, à cause du pronom *il*, mais en espagnol on emploie quelquefois les troisièmes personnes du pluriel : Il est huit heures; *Son las ocho :* il plut des grenouilles en abondance; *llovieron ranas en abundancia :* il faudra quelques hommes courageux; *serán menester algunos hombres valientes.*

Il semble que le temps soit un ennemi commun, contre lequel
Parece — — — — — — —, — —
tous les hommes se soient conjurés. *Il* suffit qu'un habile homme
— — — — — conjurado. Basta — — hábil —
n'ait rien négligé pour faire réussir une entreprise : le mauvais
— — — descuidado — — salir bien — empresa : — —
succès ne doit *pas* diminuer son mérite. *Il* en est de l'honneur
suceso — debe disminuir — mérito. Sucede con — honor
comme de la neige, qui ne peut jamais reprendre son éclat ni
— con — nieve, — — puede — recobrar — brillo —
sa pureté dès qu'*elle* les a perdus. *Il* est assez ordinaire aux
— pureza desde — — — perdido. — bastante ordinario —
personnes à qui le ciel a donné *de l'*esprit et *de la* vivacité,
personas — quienes — — — — talento — vivacidad,
*d'*abuser des grâces qu'*elles* en ont reçues. *Il* n'est rien que
el abusar — gracias — — — recibido. — hay — —
l'homme donne aussi libéralement que les conseils. *Il* faut
— — dé — liberalmente como — consejos. Es menester

souvent moins *de* courage pour se corriger de ses défauts, qu'*il*
— — valor — — corregir — — defectos, —
*n'*en faut pour les avouer. *Il* faut gouverner la fortune
se necesita — — confesar. — gobernar — —
comme la santé; en jouir, quand *elle* est bonne, prendre
— — salud; — gozar, — — —, tener
patience, quand *elle* est mauvaise, et ne *pas* prendre *de* grands
paciencia, — — —, — — tomar —
remèdes sans un extrême besoin. *Il* vaudrait mieux qu'un
remedios — — suma necesidad *f.* Valdria mas — —
homme de bien perdît la vie, que *de* ternir son honneur par
— — — perdiese — —, — empañar — honor con
quelque action basse et honteuse. *Il* n'appartient *de* donner *des*
— accion baja — vergonzosa. — pertenece dar
lois à la mer, qu'à celui qui l'a créée. *Il* est difficile *de* décider
leyes — mar, sino — — — — criado. — difícil decidir
si la vanité produit plus *de* ridicules qu'*elle en* fait trouver
— — vanidad produce — ridiculeces — hace hallar
dans les autres. *Il* serait à désirer que les hommes fissent leur
— — demás. — de desear — — — hiciesen —
épitaphe | de leur vivant, | et qu'*ils* s'efforçassent de mériter
epitafio | mientras viven, | — — — esforzasen por merecer
tout le bien qu'*ils* diraient d'eux-mêmes. Soyez tranquille, *je*
— — — — dirian — sí — — sin cuidado.
ne serai *pas* long; *il* me suffira *d'*une heure pour faire tous mes
— — largo; — bastará — hora — — — —
préparatifs de voyage. A peine fait-*il* jour que mon ami court
preparativos — viage. Apenas es de dia cuando — — corre
à la préfecture, non pour y recevoir son argent, mais pour *y*
— — prefectura, — — — recibir — dinero, sino —
faire *des* réclamations. *Il* nous importe beaucoup que mon fidèle
— reclamaciones. — importa — — — fiel
serviteur reste ici, pour observer les démarches de nos ennemis,
servidor se quede aquí, — observar — pasos — — —,
et pour nous[2] en[4] rendre[1] compte[3]. *Il* faisait nuit; *elle* était des
— — — — dar cuenta. Era de noche; — —

plus sombres; *il* pleuvait par torrents, et je ne savais *pas* où
— lóbregas; llovia á mares, — — — sabia donde
me réfugier. *Il* plut tous les jours *de la* manne, pendant qua-
— refugiar. Llovió — — — maná, durante cua-
rante ans, pour qu'*elle* servît de nourriture au peuple d'Israël
renta —, — — sirviese — alimento — — — Israel
dans le désert. Quand *il* fait chaud, prends ton manteau; quand
— — desierto. — — calor, toma — capa; —
il fait froid, prends-le si *tu* veux. *Il* nous *en* coûte bien moins
— frio, — — — quieres. — cuesta mucho —
de remporter *des* victoires, que *de* nous vaincre nous-mêmes. *Il*
conseguir victorias, — — vencer á — —
ne faut *pas* juger les hommes comme un tableau, sur une
— hemos de juzgar — — — —. cuadro, — —
seule et première vue; *il* y a un intérieur qu'*il* faut approndir.
sola — primera vista; — — interior — — escudriñar.
Il est rare *d'*entendre raison dans un âge où *l'*on se fait un mérite
— raro entender la razon — — — — — — — — mérito
de ne *pas* la consulter. *Il* ne suffit *pas d'*avoir raison; *il* faut
— — — consultar. — basta — razon; —,
encore ne *pas* la déshonorer, *en* la soutenant d'une manière
tambien — — deshonrar, — sosteniendo — — manera
brusque et hautaine. *Il* y a dans l'Europe même *des* climats
áspera — altiva. — — — Europa misma climas
tellement chauds qu'*il* n'y gèle jamais, et qu'*il y* neige tout au
de tal modo cálidos — — — hiela —, — — nieva todo lo
plus une fois dans chaque siècle.
mas — vez — cada siglo.

THÈME XL.

Sur l'usage des Infinitifs.

Généralement parlant, on se sert de l'infinitif en espagnol dans les mêmes cas qu'en français : cependant en espagnol on s'en sert souvent en forme de substantif, précédés de l'article masculin singulier : *El comer*, le manger; *el hablar*, le parler, etc.

Je feignis *d'*avoir la colique; et pour mieux le leur persuader,
— fingí — — cólico *m.*; — — mejor — — persuadir,
je me mis à grincer les dents, à faire *des* grimaces et *des* contor-
— puse — rechinar — dientes, — — gestos — contor-
sions effroyables, et à m'agiter d'une étrange façon. Dépenser
siones espantosas, — — — agitar — — extraña manera. Gastar
ainsi, *c*'est enrichir la nation, *c*'est semer pour récolter *des*
—, — enriquecer — nacion, — sembrar — recoger
richesses incalculables. Loin de pouvoir modérer les passions,
riquezas incalculables. Lejos — poder moderar — pasiones,
la philosophie est réduite à flatter les vices dominants, sous
— filosofía — reducida — lisonjear — vicios dominantes, so
peine d'être dédaignée. J'étais ravi de voir un prince s'es-
pena — — desdeñada. — — echizado — ver — príncipe — en-
sayer à l'art de rendre les hommes heureux, *en* apprenant
sayar en el arte — hacer — — felices, aprendiendo
l'art de connaître l'homme. En toute espèce de biens, posséder
— — — conocer — — — — especie — —, poseer
est peu *de* chose; c'est jouir qui rend heureux. *Il* est plutôt
— poca cosa; — gozar lo que — — — mas propio
d'une âme forte *de* mépriser la mort que *de* haïr la vie. Dieu
— — — fuerte el despreciar — — — aborrecer — — —
peut, quand *il* lui plaît, renverser les grandeurs, élever ce qui
—, — quiere, derrivar — grandezas, levantar — —
rampait, éclipser ce qui brille, et produire au grand jour ce
rastreaba, eclipsar — — brilla, — producir á la luz del dia —
qui se cachait dans la nuit. Coloniser *c*'est porter au loin son
— — ocultaba — — noche. Colonizar — llevar á lo lejos —
pavillon; *c*'est enseigner aux peuples barbares sa politique, ses
pabellon; — enseñar — — bárbaros — política, —
lois, ses mœurs, son langage. La grande maxime des brames,
—, — costumbres, — lenguage. — — máxima — bramas,

d'après leurs anciens livres, *c*'est qu'*il* vaut mieux s'asseoir que
segun — antiguos libros, — — vale mas — sentar —
de marcher, se coucher que *de* s'asseoir, dormir que *de* veiller,
andar, — acostar — — sentar, dormir — velar,
et mourir que *de* vivre. Nous rougissons avec raison de voir
— morir — vivir. Nos avergonzamos — razon — ver
nos marchés publics établis dans *des* rues étroites, étaler
— mercados públicos establecidos — calles estrechas, hacer muestra
la malpropreté, répandre l'infection, et causer *des* désordres
de suciedad, esparcir — infeccion, — causar desórdenes
continuels. *Ça* me fait trop *de* mal *de* vous voir souffrir, et *de*
continuos. — da demasiada pena — — sufrir, —
ne pouvoir rien faire pour vous consoler. Oui, *il* faut nous hâter,
— — — — para — consolar. Sí, — — apresurar,
il faut aller *tout* de suite chez cette femme qui, plus heureuse
— ir — seguida á casa de esa — quien, — feliz
que moi, pourra donner à mon fils la vie et la santé. La Providence
— yo, podrá dar — — — — — — — salud. — —
se plait à nous soumettre parfois à des épreuves qu'*il* est de
— complace en — someter á veces — unas pruebas — — —
notre devoir de subir, quelque cruelles qu'*elles* puissent être.
— deber — aguantar, por crueles — puedan —
On vient de | mettre sur pied | *des* volontaires, pour veiller à la
Acaban — | establecer | voluntarios, — vigilar — —
sûreté du pays, pour faire la chasse aux corsaires anglais,
seguridad — pais, — dar — caza — corsarios ingleses,
qui croisent dans ces parages depuis la dernière affaire, et qui
— cruzan — — parages desde — última batalla, — —
à chaque instant portent *les* brigandages sur nos côtes. Puisqu'*il*
— — instante ejercen latrocinios — — costas. Puesto que
est plus aisé à tous les hommes *d*'imaginer que *de* raisonner,
— — fácil — — — — imaginar — raciocinar,
les brachmanes se figurèrent que l'âme d'un homme de bien
— bracmanes — figuraron — — — — — — — —
pouvait passer dans le corps d'un perroquet ou d'un docteur,
podia pasar al cuerpo — — papagayo — — — doctor.

d'un éléphant ou d'un prince, ou même retourner animer le
—— elefante ——— príncipe, — tambien volver á animar —
corps du défunt dans le ciel, sa première patrie. Le peuple est
— — difunto — — —, — primera patria. — — —
doux en France; *il* faut longtemps le harceler, l'asticoter, l'in-
dulce — Francia; — — — — hostigar, —atormentar,—insulter, pour mettre à bout sa patience : son premier besoin
sultar, — llevar al cabo — paciencia : — primera necesidad
est *de* rire. L'ingrat, *en* voyant que je n'étais plus en état de
— el reir. — ingrato, viendo —. ——— ya — estado —
lui être utile, s'épargna jusqu'à la peine de me cacher ses sen-
— — útil, — dispensó hasta del trabajo — — ocultar — sentiments. *Il* m'a dit *des* paroles outrageantes; mais en recon-
timientos. Me—dicho palabras injuriosas; — al reco-
naissant ses torts, et en s'avouant coupable, *il* s'est jeté dans
nocer — culpas, — al — confesar delincuente, — —— echado —
mes bras, et je lui ai pardonné. Élie, en montant au ciel sur
— brazos, — — — — perdonado. Elias, — subir — — en
un carrosse de feu, laissa tomber son manteau, comme un
— carroza — fuego, dejó caer — capa, — — —
précieux héritage qu'*il* destinait à son cher disciple Élisée. Un
preciosa herencia *f.* — destinaba — — amado discípulo Eliseo. —
soir enfin, en sortant de chez lui, pour aller | chez un de
tarde *f.* —, — salir — su casa, — — | á la de un
ses amis, | *il* fut attaqué par deux hommes masqués, qui
amigo suyo, | — acometido — dos — enmascarados, —
le blessèrent mortellement. Il a voulu se lever du lit contre
— hirieron mortalmente. ——querido— levantar — cama *f.* —
l'ordre du médecin; mais en se levant, *il* est tombé par terre
— órden — médico; — — — levantar, — caido — —
sans connaissance, et on a eu bien *de la* peine à le faire revenir.
— conocimiento, ———— mucho trabajo en — — volver ensí
Mon père, en partant pour l'Inde, me laissa cette boîte,
— —, — marchar — —India, — dejó — caja,
soigneusement cachetée, que je ne devais ouvrir qu'après
cuidadosamente sellada, — — — debia abrir sino despues de

sa mort, s'*il* ne revenait *pas*, ou la lui rendre intacte, s'*il*
— —, — — volvia, ó — — restituir intacta, —
revenait.
regresaba.

THÈME XLI.

Sur l'usage du Gérondif espagnol et du Participe présent.

Le participe présent des verbes français, lorsqu'il est précédé de la préposition *en*, se rend en espagnol par le gérondif sans préposition; mais lorsqu'il se trouve sans préposition en français, on l'exprime par un autre temps personnel de l'indicatif, selon que le sens de la phrase l'indique, précédé du pronom relatif *que*: Je rencontrai un enfant pleurant amèrement, *encontré á un muchacho que lloraba amargamente;* on voit à Rome des soldats faisant la garde avec des parasols, *en Roma se ven soldados que hacen la guardia con quitasoles.*

On se sert très-souvent du gérondif avec les verbes *estar* et *ir*, comme il a été dit plus haut, au thème XXXIII.

Je vous quitte, Monsieur, *en* vous remerciant, malgré les
Yo me despido de Vm. — — dar gracias, á pesar de —
opinions qui nous divisent, de la bonne, franche et loyale
opiniones — — dividen, — — — franca — leal
hospitalité que *j*'ai reçue chez vous. Croyez-vous vous rapprocher
hospitalidad — — recibido en su casa. ¿Cree — — aproximar
de la vérité et de la nature *en* divinisant le commerce, qui est
á — verdad — á — — divinizar — comercio, — —
un exercice continuel de mensonge et *d*'astuce? Une grotte
— ejercicio continuo — mentira — astucia? — gruta
rustique ou un rocher escarpé nous plaisent ou nous déplaisent,
rústica — — roca *f.* escarpada — gustan — — disgustan,

en nous présentant *des* idées de repos ou d'obscurité, de perspective ou de précipice. Se trouvant en effet sans argent et sans
— presentar ideas — reposo — — obscuridad, — pers-
pectiva — — precipicio. — hallar — — — dinero — —
ressource, *il* se résolut à les accompagner. *Je* compris bien que
recurso, — resolvió — — acompañar. Entendí — —
cette actrice *en* changeant d'état avait aussi changé de nom. Je
— actriz mudar —estado — — — —nombre.—
voulais me présenter devant elle dans un état qui ne lui donnât
— — presentar delante de — — — — — — — diese
pas lieu de rougir *en* me revoyant. Je *m'*attendais *à* un mauvais
lugar — sonrojarse — ver. — aguardaba — —
compliment, lorsque cette originale actrice, me voyant paraître,
cumplimiento, — — original — — ver parecer,
accourut à moi les bras ouverts, *en s'*écriant : Ah! mon frère,
corrió acia — con los brazos abiertos, exclamar : ¡Ah! — —
est-*ce* vous que je vois? A ces mots *elle* m'embrassa | à plusieurs reprises, | puis se tournant vers le Portugais : Seigneur,
¿eres tu el — estoy ver? — — palabras — abrazó | repetidas veces, | despues — volver acia — Portugués : Señor,
lui dit-*elle*, pardonnez si en votre présence *je* cède à la force
— — perdone Vm. — — — presencia cedo — —fuerza
du sang. Mon mari se sauva en Catalogne avec tout ce qui se
— sangre *f.* — marido — escapó á Cataluña — — — — —
trouva au logis de pierreries et d'argent comptant. Là, se
halló en casa en pedrerías — en dinero contante. Allí, —
livrant à toute sa gaîté naturelle, me demanda compte de
entregar — — —buen humor natural, — pidió cuenta —
tout ce qui m'était arrivé depuis notre séparation. *En* traversant
— — — — — sucedido desde — separacion. Atravesar
une petite cour, *je* rencontrai l'économe de *la* maison, personnage à qui tout était soumis. *Il* m'arrêta *en* me disant :
— pequeño patio, encontré al mayordomo — casa, personage — — — — sometido. Me detuvo — —
Consolez-vous, ma fille, *je* suis touché de vos malheurs. *Il* n'*en*
Consuelese Vm., — — — movido — — desgracias. —

dit *pas* davantage, et *il* continua son chemin, me laissant faire
dijo mas, — prosiguió — camino, — dejar —
les commentaires qu'*il* me plairait sur un texte si laconique.
— comentarios — — gustasen — — texto tan lacónico.
Il semblait m'aimer tendrement; néanmoins les marques
Parecia — — tiernamente; no obstante — señales
d'amitié qu'*il* me donnait n'étaient que *de* fausses apparences :
—amistad — — daba — mas que falsas apariencias:
le fourbe me trompait. Elle était logée avec toute la troupe
— hipócrita — estaba engañar. — — vivir — — —compañía
dans un grand hôtel garni. *Nous* avions à nous interroger sur
— — — casa amueblada. Teniamos que — preguntar —
tant *de* choses, que les demandes et *les* réponses se succédaient
— — — — preguntas — respuestas — sucedian
avec une volubilité surprenante. Ici *nous* vivons toujours dans
— — volubilidad prodigiosa. Aquí estamos vivir — —
la joie, et dépensons notre argent comme *nous* le gagnons.
— alegría, — gastar — — — — ganamos.
Nous dînions tranquillement, lorsque tout à coup on ouvrit
Estábamos comer tranquilamente, — de un golpe abrieron
la porte de la chambre. *Il* dormait d'un profond sommeil
— puerta — cuarto *m.* Estaba dormir con — profundo sueño,
il faisait peut-être *des* rêves heureux, quand la maison
estaba hacer quizá — sueños felices; —
s'écroulant, *il* se trouva enseveli dans les décombres. Sans les
— desplomar, — halló sepultado entre — escombros. — —
chameaux traversant les déserts avec la rapidité de l'éclair,
camellos que atravesar — desiertos — — rapidez — relámpago,
la plupart des caravanes seraient ensevelies sous ces sables
— mayor parte — caravanas — — sepultadas bajo — arenales
mouvants. Les Egyptiens ont été *des* hommes sages, cultivant
movedizos. — Egipcios — — — cuerdos, que cultivar
toutes les sciences, et entreprenant les plus grandes choses.
— — ciencias, — emprender — — — —
Les hommes existant en société sont, malgré la diversité de
— — que existir — sociedad —, no obstante — diversidad —

leur fortune et de leur rang, dépendants *les* uns *des* autres. Les
— fortuna — — — clase, dependientes — — —
grandes passions dominant toutes nos facultés, finissent *par*
— — que dominar — — facultades, acaban
les affaiblir. *J'aperçus* des jeunes bergères conduisant leurs
— debilitar. Divisé unas jóvenes pastoras que conducir —
troupeaux au travers de ces riantes prairies.
rebaños en — risueñas praderas.

THÈME XLII.

Sur le Présent d'indicatif.

On se sert du présent de l'indicatif, 1° pour exprimer que la chose se fait actuellement : J'écris, *escribo;* 2° pour marquer l'action dont on a l'habitude : Il se couche à minuit, *se acuesta á las doce de la noche;* 3° quelquefois au lieu du futur d'indicatif : Dans huit jours je pars pour l'Espagne, *dentro de ocho dias me marcho á España;* 4° dans certaines narrations, au lieu du passé défini : Il va trouver son frère, il lui raconte l'événement, et il l'engage à s'en venir avec lui, *va á buscar á su hermano, le cuenta el lance, y le persuade que se venga con él.*

Tous les hommes aiment naturellement la liberté. Tenez,
— — — amar naturalmente — libertad. Miré Vm.,
mon ami, nous vivons sous le règne du bon sens : notre époque
— amigo, — vivir en — reinado — — sentido; — época
est raisonnable, elle calcule. L'un m'apporte une bouteille
— razonable, — calcular. — — — traer — botella
d'eau-de-vie, et m'*en* fait avaler la moitié ; l'autre me donne,
— aguardiente, — — hacer beber — mitad; — — — dar,
malgré moi, un lavement d'huile d'amandes douces ; *un* autre
á pesar mio, — lavativa *f.* — aceite — almendras dulces; —

va chauffer une serviette, et vient me l'appliquer *toute* brûlante
ir calentar — servilleta, — venir — — aplicar abrasando
sur le ventre. La libéralité nous attache ordinairement un
— — vientre. — liberalidad — aficionar ordinariamente —
domestique. *C'est* un proverbe bien vrai, qu'un malheur
criado. — — refran — verdadero, — — desgracia *f.*
n'arrive jamais seul. Voici comme sont les riches de notre
— venir — — He aquí — — — — — —
temps; si vous les obligez, leur reconnaissance a la légèreté
—; — — — obligar, — reconocimiento — — ligereza
d'une plume; si *vous* les offensez, leur ressentiment pèse sur
— — pluma; — — ofender, — resentimiento pesar —
vous comme une masse de plomb. Semblable au flambeau, le
— — — maza — plomo. Semejante — hacha, —
savant éclaire ce qui l'environne, et reste lui-même dans l'obs-
sabio alumbrar — — — rodear, — se quedar — — — — obscurité. La vertu finit toujours où l'excès commence. La dé-
curidad. — — acabar — — — exceso empezar. — des-
fiance blesse l'amitié, et le mépris la tue. *Je* parcours des
confianza herir — amistad, — — desprecio — matar. Recorrer con los
yeux sa boutique, j'examine tout; et mon imagination, prompte
ojos — tienda, lo examinar —; — — imaginacion, pronta
à m'obéir, enfante une fourberie que *je* digère, et qui me pa-
— — obedecer, concebir — bribonada — digerir, — — — pare-
raît digne de moi. La morale même a reconnu, que la sagesse
cer digna — — — moral — — reconocido, — — cordura
s'allie fort bien avec cent mille écus de rente, ainsi qu'on *la*
— unir — — — cien mil escudos — renta, — como —
voit dans le poëme de l'homme des champs, qui exerce la
ver — — poema — — del campo, quien ejercer —
sagesse dans un beau château, avec meutes, équipages, bre-
cordura — — hermoso castillo, — faurías, equipages, jue-
lans et soupés, où *l'*on fait sauter les bouchons pour le bien de
gos — cenas, — — — saltar — tapones por — — —
la vertu. Vous avez raison : dans un état où le sommet écrase
— — — — razon : — — estado — — cima oprimir

la base, le moindre mouvement dans la base est toujours fatal
— —, — menor movimiento — — — — — fatal
au sommet. Quand vous m'aurez dit comment notre volonté
— — — — —hubiere dicho — — voluntad
opère sur-le-champ un mouvement dans nos corps, comment
ejecutar inmediatamente — — — — —,
votre bras obéit à votre volonté, comment nous recevons la
— brazo obedecer — — —, — — recibir —
vie, comment nos aliments se digèrent, comment le blé se
—, — — alimentos — digerir, — — — trigo —
transforme en sang, je vous dirai comment nous avons *des* idées.
transformar — sangre, — — diré — — — ideas.
La couleur rouge met les taureaux en fureur, et rappelle à la
— color rojo poner — toros — furor, — recordar — —
plupart des poissons et des oiseaux *des* idées de proie. L'ana-
mayor parte — peces — — aves *f.* — — presa. —analogie traduit le langage des fleurs, et convertit le plus aride
logía traducir — lenguage — flores, — convertir — — árida
des sciences en une science admirable et toute poétique. Par-
— ciencias — — — admirable — del todo poética. En
tout se cache le feu, et toute la nature le recèle; *il* produit
todo — ocultar — —, — — — — — encubrir: lo producir
tout, renouvelle tout, divise, réunit et nourrit tout. Une
—, lo renovar —, lo dividir, reunir — alimentar — —
paille que le vent emporte, tend par sa nature vers le centre
paja — — viento se lleva, tender — — — ácia — centro
de la terre, comme la terre gravite vers le soleil, et le soleil
— — —, — — — gravitar — — sol, — —
vers elle. Une uniformité constante dans les lois qui dirigent la
— — — uniformidad constante — — — — dirigir —
marche des corps célestes, dans les mouvements de notre globe,
marcha — — celestes, — — movimientos — — globo,
dans chaque espèce, dans chaque genre d'animal, de végétal,
— — especie, — — género — —, — vegetal,
de minéral, indique un seul moteur. La conscience nous aver-
— mineral, indicar — solo motor. — conciencia — adver-

tit en ami, avant de nous punir en juge. *Ce* n'est *pas*
tir como amiga, ántes — — castigar como juez. — —
l'argent qui enrichit un royaume, *c*'est l'esprit; *j*'entends
— dinero el que enriquecer — reino, — — —; entender
l'esprit qui dirige le travail. Hégésippe s'avance vers cette grotte,
— — — dirigir — trabajo. Hegesipo — acercar á — gruta,
il la trouve vide et ouverte; car la pauvreté et la simplicité des
— hallar vacía — abierta; — — pobreza — — simplicidad —
mœurs de Philoclès faisaient qu'*il* n'avait en sortant aucun
costumbres *f.* — Filoclés hacian — — tuviese al salir ninguna
besoin de fermer sa porte. Cependant les voiles s'enflent d'un
necesidad — cerrar — puerta. Entre tanto — velas — hinchar con —
vent favorable. Hégésippe impatient se hâte de faire par-
— favorable. — impaciente — apresurar á — par-
tir Philoclès; Protésilas les voit embarquer: ses yeux demeurent
tir á —; Protesilao — ver embarcar: — ojos estar
attachés et immobiles sur le rivage; *ils* suivent le vaisseau qui
fijos é inmobles — — ribera; seguir — nave *f.* —
fend les ondes, et que le vent éloigne toujours. Lors même
hender — olas, — — — — alejar — Cuando aun
qu'*il* ne peut plus le voir, *il* en repeint encore *l*'image dans son
— poder — — ver, — retratar — imágen — —
esprit. Enfin troublé, furieux, livré à son désespoir, *il* s'ar-
— — turbado, furioso, entregado — — desesperacion, — ar-
rache les cheveux, se roule sur le sable, reproche aux dieux
rancar — cabellos, — revolcar — — arena *f.*, acusar — dioses
leur rigueur, appelle en vain à son secours la cruelle mort, qui,
de rigor, llamar — vano — — auxilio — cruel muerte, —,
sourde à ses prières, ne daigne *point* le délivrer de tant *de*
sorda — — ruegos, — se dignar — librar — —
maux, et qu'*il* n'a *pas le* courage de se donner lui-même. Oh!
— — — — valor — — dar á — — ¡Oh!
demain, *ce* sera trop tard; car demain *je* pars, demain
mañana, será muy tarde; pues — me marchar, —
je quitte ces lieux pour ne les revoir jamais; demain *je*
dejar — sitios — — — volver á ver —; —

m'éloigne de vous, *je* porte mes pas vers un pays étranger, et
— alejar — —, llevar — pasos — — — extrangero, —
je dis adieu à ces riantes contrées où *j'*ai éprouvé tant *de*
decir à dios — — amenas regiones donde — tener —
joies et tant *de* chagrins.
gozos — — pesares.

THÈME XLIII.

Sur l'Imparfait d'indicatif.

L'usage de l'imparfait d'indicatif est le même en espagnol qu'en français, excepté pour les phrases conditionnelles. Voyez plus loin, le thème LII. Par licence, on se sert quelquefois de cet imparfait au lieu du conditionnel : Si j'obtenais cette place, je ne souhaiterais rien plus; *si yo consiguiera ese empleo, nada mas deseaba.*

Les environs étaient parsemés de mille sortes de fleurs qui
— alrededores — esmaltados con mil especies — flores —
parfumaient l'air, et *l'*on voyait auprès de la grotte une petite
perfumar — —, — — ver junto á — — — pequeña
ouverture dans la montagne, par où sortait avec bruit une
abertura — — monte, — — salir — ruido —
source d'eau, qui courait se répandre dans une prairie.
manantial *m.* — —, — correr á — derramar — — pradera.
Le bon hermite s'appuyait d'une main sur un bâton, et de
— — ermitaño — apoyar con — — — — baston, — en
l'autre *il* tenait un rosaire à gros grains. Cette filature em-
— — tener — rosario de gruesas cuentas. — hilandería em-
ployait tout le faubourg; hommes, femmes et enfants,
plear — — arrabal; —, — — niños,

| tout le monde | y trouvait à vivre. J'écrivais tous les
| todos | — hallar con que vivir. — escribir — —
matins sur mes tablettes les histoires que *je* voulais lui conter
mañanas *f.* — — registro — historias — querer — contar
dans la journée : *j'en* savais une grande quantité, et *j'en* avais,
durante — dia : — saber — — cantidad, — tener,
pour ainsi dire, un sac *tout* plein. | Malheureux que je suis! |
por decirlo así, — saco lleno. | ¡ Desdichado de mi! |
si j'avais le baume de fier-à-bras, que me manquerait-il? Dieu
— — tuviera — bálsamo — fierabras, ¿ — — faltar? —
parlait souvent au peuple hébreux par ses prophètes, disant
hablar muchas veces — — hebreo — — profetas, diciendo
que, *s'il* renonçait aux idoles, *s'il* observait sa loi, *s'il* avait foi
—, — renunciar — ídolos, — observar — —, — tener fé
en ses promesses, il le protégerait et *il* le garantirait des em-
— — promesas, — — protegeria — — libertaria — ase-
bûches de ses ennemis; mais que, *s'il* persévérait dans la per-
chanzas — — enemigos; mas —, — perseverar — — per-
versité des pensées de son cœur, et *s'il* oubliait l'ancien pacte
versidad — pensamientos — — —, — — olvidar — antiguo pacto
fait entre Dieu et ses pères, Dieu l'abandonnerait à ses ennemis,
hecho — — — — —, — — abandonaria — — —,
et le repousserait de son sein. L'âme était faite pour un corps,
— — rechazaria — — seno. — — — — — — —,
disaient les Indiens; donc elle ne pouvait exister sans un corps.
decir — Indios; luego — — — existir — — —
*C'*était un homme de soixante ans, d'une taille gigantesque,
— — — — sesenta —, — — estatura gigantea,
et d'une maigreur extraordinaire. *Il* portait une épaisse mous-
— — — flaqueza extraordinaria. Llevar — espesos bi-
tache qui s'élevait *en* serpentant des deux côtés jusqu'aux tem-
gotes — — levantar serpenteando á los dos lados hasta las sie-
pes. Outre qu'*il* lui manquait un bras et une jambe, *il* avait
nes. Ademas de que — faltar — brazo — — pierna, —
la place d'un œil couverte d'un large emplâtre de taffetas vert,
— sitio — — ojo cubierto con — ancho emplasto — tafetan verde

et son visage en plusieurs endroits paraissait balafré. A cela
— — rostro — varios lugares parecer acuchillado. Excepto
près, *il* était fait comme un autre. *Il* ne manquait *pas* d'es-
eso, — — — cualquier — — carecer — ta-
prit, et moins encore de gravité. *Il* poussait la morale jusqu'au
lento, — — — — gravedad. Llevar — moral hasta el
scrupule, et se piquait surtout d'être délicat sur le point
escrúpulo, — — gloriaba sobre todo — — delicado — — pun-
d'honneur. Pendant que Télémaque parlait, Calypso regardait
donor. Mientras — Telémaco hablar, Calipso mirar á
Mentor. Elle était étonnée : *elle* croyait sentir en lui quelque chose
Mentor. — — atónita : creer sentir — — algo
de divin; mais *elle* ne pouvait démêler ses pensées confuses :
divino; — — poder aclarar — — confusos :
ainsi *elle* demeurait pleine de crainte et de défiance à la vue
— estar llena — temor — — desconfianza — — vista
de cet inconnu.
— — desconocido.

THÈME XLIV.

Sur le Passé défini ou parfait.

Nous nous servons en espagnol du passé défini dans les mêmes cas qu'on s'en sert en français : il faut néanmoins remarquer que les Espagnols sont plus exacts que les Français à observer la règle qui dit, que lorsque l'époque de l'action dont il s'agit est entièrement écoulée, on doit faire usage du passé défini, et non de l'indéfini.

Tout ce que la douleur et le désespoir ensemble peuvent
— cuanto — dolor *m.* — — desesperacion juntos pueden

avoir de plus affreux, parut peint dans ses yeux, qu'elle
— — — horrible, parecer pintado — — —, — —
leva au ciel comme pour se plaindre à lui des indignités
levantar — — — — — quejar — — — indignidades
dont *elle* était menacée. Je jouai si bien mon rôle que les vo-
con que — amenazada. — hacer — — — papel — — la-
leurs, *tout* fins, qu'*ils* étaient, s'*y* laissèrent tromper, et
drones, astutos como eran, — dejar engañar, —
crûrent qu'en effet je sentais *des* tranchées violentes. Les Ty-
creer — — efecto — sentia retortijones violentos. — Ti-
riens furent les premiers qui domptèrent les flots; qui osèrent
rios — — primeros — domar — olas; — osar
se mettre dans un frêle vaisseau, à la merci des vagues et des
— poner — — frágil navío, — — — merced — olas — —
tempêtes; qui sondèrent les abîmes de la mer, qui observèrent
tempestades; — sondear — abismos — mar, — observar
les astres loin de la terre, enfin qui réunirent tant *de* peuples
— astros lejos — — —, — — reunir tantos —
que la mer avait séparés. Je me rendis avec confiance au lieu
— — — — separado. — acudir — confianza — lugar
qui m'avait été indiqué. *J'*allai servir dans les Pays-Bas; mais
— — — — indicado. Ir á servir — — Paises Bajos; —
la paix se fit peu *de* temps après, et l'Espagne se trouvant sans
— paz — — poco — —, — — — España — hallando —
ennemis, *je* revins à Madrid, où *je* reçus du baron et de sa
—, volver — Madrid, — recibir — baron — — —
femme *de* nouvelles marques de tendresse. | Tant *qu'il* fit de
— nuevos testimonios — ternura. | Mientras me dió
la dépense, | *je* le reçus favorablement; mais dès qu'*il* fut
dinero, | — recibir favorablemente; — luego — estar
ruiné, *il* trouva ma porte fermée. Mon procédé lui déplut.
arruinado, hallar — puerta cerrada. — proceder — disgustar.
Il vint me chercher à la comédie pendant le spectacle : *il* vou-
Venir á — buscar — — — comedia durante — espectáculo: que-
lut me faire *des* reproches, et *je* lui ris au nez :
rer — hacer reconvenciones, — me reí de él en sus bigotes :

il se mit en colère, et me donna un soufflet. Je poussai un
— poner colérico, — — dar — bofeton. — echar —
grand cri, et j'interrompis l'action. Sur le simple récit que je
— grito, — interrumpir — accion. — — simple relacion — —
leur fis de mes exploits, *ils* me trouvèrent un génie si supé-
— — — — hazañas, — hallar — ingenio — supe-
rieur, qu'*ils* me choisirent d'*une* commune voix pour leur chef.
rior, — — elegir — comun acuerdo — — gefe.
Je justifiai bien leur choix par une infinité de friponneries
— justificar — — eleccion con — infinidad — bribonadas
que *nous* fîmes, et dont je fus, pour ainsi dire, la cheville
— —, — de que — —, — — decirlo, — clavija
ouvrière. *Nous* déjeunâmes gaîment, et *nous* nous disposâmes
maestra. Almorzar alegremente, — — disponer
ensuite à jouer nos rôles. *Nous* disons seulement que
en seguida — desempeñar — papeles. Decimos solamente —
si Jésus prêcha une morale pure, s'*il* annonça un prochain
— Jesus predicar — moral pura, — anunciar — cercano
royaume des cieux, pour *la* récompense des justes, s'*il* eut *des*
reino — cielos, — recompensa — justos, — tener
disciples attachés à sa personne et à ses vertus, si ces vertus
discípulos adictos — — — — — — —, — — —
mêmes lui attirèrent les persécutions des prêtres, si la calom-
— — atraer — persecuciones — sacerdotes, — — calum-
nie le fit mourir d'une mort infâme, sa doctrine constamment
nia — — morir con — — infame, — doctrina constantemente
annoncée par ses disciples dut faire un très grand effet dans le
anunciada — — — deber — — muy — efecto — —
monde. *Il* marcha vers une lumière qu'*il* aperçut de loin, et qui
— Andar acia — luz — divisar — lejos, — —,
| toute faible qu'elle était, | lui servit de fanal dans une
| aunque débil, | — servir — fanal — —
conjoncture si périlleuse. Les Egyptiens *les* plus vertueux et *les*
coyuntura — peligrosa. — Egipcios — virtuosos —
plus fidèles au roi étant les plus faibles, et voyant le roi mort,
— fieles — — — — — débiles, — viendo al — —,

furent contraints de céder aux autres : on établit *un* autre roi
— forzados á ceder — — : establecer — —
nommé Termutis. Les Phéniciens, avec les troupes de l'île de
llamado Termutis. — Fenicios, — — tropas — —isla —
Chypre, se retirèrent après avoir fait alliance avec le nouveau
Chipre, — retirar despues de — — alianza — — nuevo
roi. Celui-ci rendit tous les prisonniers phéniciens : je fus
— Este volver — — prisioneros fenicios : — —
compté comme étant de ce nombre. On me fit sortir de la tour,
contado — siendo — — número. Me — salir — — torre,
je m'embarquai avec les autres, et l'espérance commença à re-
— embarcar — — demas, — — esperanza empezar — re-
naître au fond de mon cœur.
nacer en el fondo — — —

THÈME XLV.

Sur le Passé indéfini.

Le passé indéfini est un temps composé de l'indicatif présent du verbe auxiliaire *haber*, et du participe passé du verbe qui marque l'action : c'est un temps en partie passé, ou pour mieux dire, l'action est passée, mais l'époque de l'action dure encore : Cette année j'ai voyagé en Espagne; *este año he viajado en España :* l'année dure encore, mais les voyages sont finis : Aujourd'hui il a plu; *hoy ha llovido :* on entend que la pluie a cessé, mais la journée n'est pas terminée.

Dans ces ténèbres la lumière a lui; et grâce à mon édu-
— — tinieblas — — — brillar; — gracias — — edu-
cation poétique, écartée, sauvage, *je* l'ai comprise. J'ai fait
cacion poética, solitaria, salvage, — — comprender. — — —

ce que mille autres pouvaient faire avant moi ; mais j'ai mar-
— — — — — — antes de — ; — — cami-
ché au bout, seul, sans moyens acquis, et sans chemins
nar — fin, solo, — medios adquiridos, — — caminos
frayés. Avant moi, l'humanité a perdu plusieurs mille ans à
trillados. — —, —humanidad— — — miles de — en
lutter follement contre la nature : moi le premier j'ai fléchi
luchar locamente — — —: yo — — me—inclinar
devant elle, *en* étudiant l'attraction, organe de ses décrets :
delante de—, estudiando —atraccion, órgano — — decretos :
elle a daigné sourire au seul mortel qui l'eût encensée, elle
— se —, dignar sonreir — único mortal — — — incensado, —
m'a livré tous ses trésors. Mon[2] père[1], vous n'étiez *pas* là ; je
—— entregar — — tesoros. — —, — — — allí ; —
ne savais *pas* où vous étiez : oh ! *j*'ai bien[2] pleuré[1], *j*'ai bien[2] souffert[1].
— — — — — : ¡ oh ! — mucho llorar, — — sufrir.
Vous n'avez *pas* oublié les soins que *vous* m'avez coûtés
— — — olvidar — cuidados — — — costar
depuis votre enfance, et les périls dont vous êtes sorti par
desde — infancia, — — peligros de que — — salir —
mes conseils. Je ne fis que vous voir ; et *il* | ne faut *pas* s'éton-
— consejos. — — — sino — ver ; — | — es de admi-
ner | si *j*'ai eu tant *de* peine à vous reconnaître d'abord. Pyg-
rar | — — — — pena en — reconocer desde luego. Pig-
malion n'est plus ; les justes dieux en[4] ont[1] délivré[2] la terre[3]. Ba-
maleon — — —; — justos dioses — — librar — — Ba-
léazar a commencé son règne par une conduite tout
leazar — comenzar — reinado — — conducta enteramente
opposée à celle de Pygmalion. Il s'est appliqué à faire
opuesta — — — — — — — aplicar — —
refleurir le commerce qui languissait tous les jours de
florecer de nuevo — — — desmayaba — — —
plus en plus. La nature a séparé les habitants de la Bétique
mas y mas. — — — separar — habitantes — — Bética
des autres peuples d'un côté par la mer, de l'autre par *de*
— — — — — lado — — —, — — — — —

hautes montagnes vers le nord. Nous avons souvent voulu leur
altas montañas — — norte. — — — — —
apprendre la navigation, et mener les jeunes *hommes* de leur
enseñar — navegacion, — llevar — jóvenes — —
pays dans la Phénicie; mais ils n'ont jamais voulu que leurs
— á — Fenicia; — — — — — — — —
enfants apprissent à vivre comme nous. Vous avez beaucoup
— aprendiesen — — — — — — —
souffert dans vos malheurs; mais vous avez bien gagné *en*
padecer — — desgracias; — — — mucho ganar
souffrant, puisque *vous* avez acquis la sagesse. *Je* n'ai qu'une
padeciendo, pues — adquirir — sabiduría. — — — —
idée très confuse des amusements de mon enfance; les soins
— — confusa — divertimientos — — infancia; — cuidados
dont *j*'ai depuis été occupé m'en ont fait perdre *la* mémoire.
en que — despues — ocupado — — — — — memoria.
Je suis venu à Madrid pour compter avec le correspon-
— — — — — — pasar mis cuentas — — correspon-
dant de mon père : *j*'ai entendu parler de vous, et on m'a dit
sal — — — : — oir — — —, — — — — —
que vous étiez | sur un bon pied | à la cour. *Je* n'ai *pas* manqué
— — — | bien acomodado | en — corte. — — dejar
de plaindre le prince, et profitant de ce moment-là, *j*'ai
— compadecer — príncipe, — aprovechandome — — momento, —
promis *de* lui porter demain | à son lever | mille pisto-
prometer — llevar mañana | cuando se levante | mil doblo-
les, *en* attendant *de* plus grosses sommes que je me suis engagé
nes, esperando — fuertes sumas — — — — obligar
à lui fournir incessamment. *Il* a été charmé de ma promesse,
— — entregar muy luego. — — encantar — — promesa,
et *je* suis bien sûr de captiver sa bienveillance, si *je* lui tiens
— — — seguro — lograr — benevolencia, — — cumplo
parole.
la palabra.

THÊME XLVI.

Sur le Passé antérieur.

Ce temps est formé du passé défini du verbe *haber*, et du participe passé du verbe qui indique l'action. Dans les phrases où ce passé antérieur se trouve, il faut un autre verbe au passé défini, comme une suite de celui-là : Lorsque Dieu eut cessé de créer, il bénit le jour du repos; *cuando Dios hubo cesado de criar, bendijo el dia del descanso.*

Père éternel! s'écria l'archevêque avec transport, lorsqu'*il*
¡Padre eterno! exclamó — arzobispo — asombro, —
eut parcouru des yeux tous les feuillets de ma copie, vit-on
— recorrido con los ojos — — folios — — copia, ¿se ha visto
jamais rien *de* si correct? | Je n'eus *pas* sitôt entendu | ces
— —. tan correcto? | Apenas — oido | —
paroles, que *je* tombai aux pieds de sa grandeur, tout pé-
—, cuando me puse — piés — — ilustrísima, — pe-
nétré de reconnaissance. Quand Télémaque eut achevé ce
netrado — reconocimiento. — — — acabado —
discours, toutes les nymphes qui avaient été immobiles, les
discurso, — — ninfas — — — inmobles, con los
yeux attachés sur lui, se regardaient *les* unes *les* autres. Quand
— fijos — —, — miraban — á — —
elle eut repris l'usage de ses sens, et *qu'elle* se vit entre les
— —recobrado— uso — — sentidos, — — vió — —
bras de plusieurs hommes qui lui étaient inconnus, *elle* sentit
brazos — muchos — — — — desconocidos, sintió
son malheur, et *elle* en frémit. A peine furent-*ils* entrés dans
— desgracia, — se estremeció. Apenas — entrado —

le navire que, ne pouvant plus respirer, *ils* demeurèrent im-
— navío cuando, — — — respirar, se quedaron in-
mobiles. A peine fut-*il* parti, que ceux qui conduisaient le
mobles. — — —, — — — conducian —
vaisseau, ayant été corrompus par cette femme cruelle, prirent
—, — — corrompidos — — — cruel, tomaron
leurs mesures pour faire naufrage pendant la nuit. Aussitôt que
— medidas — — naufragio durante —noche. Luego —
ce malheureux roi eut fait une fin digne de ses crimes, Nar-
— desgraciado — — — — fin *m.* digno — — crímenes, Nar-
bal se hâta d'envoyer l'anneau d'or à Baléazar. Après que
bal —apresuró á enviar — anillo — — — Baleazar. Despues —
Adoam eût parlé ainsi, Télémaque, charmé de l'histoire que ce
Adoam — hablado —, —, encantado — — — — —
Phénicien venait de raconter, l'embrassa tendrement. Après
Fenicio acababa — contar, — abrazó tiernamente. —
qu'Adoam eut fait cette peinture de la Bétique, Télémaque,
— — — — — pintura — — Bética, —,
charmé, lui fit diverses questions curieuses. Nous n'eûmes *pas*
echizado, — — diversas preguntas curiosas. Luego que —
sitôt mis au fait ce garçon si plein de bonne volonté, *qu'il* de-
informado á — mozo tan lleno — — voluntad, pre-
manda où demeurait son cher et ancien maître. Dès qu'*il* eut
guntó — vivia — amado — antiguo amo. Apenas —
appris cette nouvelle, *il* donna toutes les sûretés qu'on exi-
sabido — noticia, cuando dió — — seguridades — — exi-
gea de lui, et s'*en* retourna chez lui avec quelques pistoles de
gieron — —, — — volvió á su casa — — doblones —
reste. Lorsque *je* me fus éloigné de ces métaphysiciens bruyants,
sobra. Cuando — — alejado — — metafísicos bulliciosos,
je fis avorter une migraine qui commençait à me prendre. Quand
— abortar — jaqueca — empezaba — — coger. —
il eut parlé de cette sorte, *il* fit écrire par l'apothicaire une
— — — — suerte, — escribir — — boticario —
ordonnance qu'*il* lui dicta *en* se regardant dans un miroir. A peine
receta — — dictó — mirando — — espejo. Apenas

eus-*je* éconduit ce laquais, que *j'en* vis arriver *un* autre, qui
— despedido — lacayo, cuando ví llegar —, —
paraissait fort éveillé, plus hardi qu'un page de cour, et
parecia muy vivaracho, — atrevido — — page — corte, —
avec cela un peu fripon.
ademas — — bribon.

THÈME XLVII.

Sur le Plus-que-parfait.

L'usage de ce temps est en espagnol le même qu'en français; excepté qu'après la particule conditionnelle *si*, au lieu du plus-que-parfait d'indicatif, on fait usage en espagnol de l'un des deux plus-que-parfaits du subjonctif.

J'étais allé dans l'après-dînée chercher mes hardes et mon
— — ido por — tarde *f.* á buscar — ropa — —
cheval à l'hôtellerie où *j'étais* logé; après quoi *j'étais*
caballo — meson — — hospedado; — de lo cual —
revenu souper à l'archevêché. Pourquoi seriez-vous plus
vuelto á cenar — palacio arzobispal. ¿ — — — —
scrupuleux que la plupart des hommes de lettres en renom?
escrupuloso — — mayor parte — — — letras — reputacion?
les uns ont refait les ouvrages de leurs devanciers; les autres
— — — rehecho — obras — — antepasados; — —
ont emprunté leurs idées; *d'*autres ont copié littéralement
— tomado prestadas — —; — — copiado literalmente
des passages dont[1] *ils*[3] avaient[4] oublié[5] *d'*indiquer *les* auteurs[2]. La
pasages cuyos — olvidado indicar autores. —
ville et les villages d'alentour étaient pleins d'une belle
ciudad — — aldeas de las cercanías — — — — —

jeunesse, qui avait langui longtemps dans la misère, et qui
juventud, — se — consumido — — — — miseria, — —
n'avait osé se marier de peur d'augmenter leurs maux. Ido-
— — osado — casar. por no aumentar — males. Idoménée avoua à Mentor qu'*il* n'avait jamais senti *de* plaisir
meneo confesó — — — — — — sentido un placer
aussi touchant que celui d'être aimé et de rendre tant *de* gens
— sensible como — — — — — — hacer — gentes
heureux. Tout ce que j'avais ouï dire des rois qui avaient été
felices. — cuanto — — oido — — — — — —
l'amour et les délices de leurs peuples me paraissait une pure
— — — — delicias — — — — parecia — pura
fable; *j'en* reconnais maintenant la vérité. Ce domestique me
fábula; reconozco ahora — verdad. — criado —
vint dire un jour en grand secret qu'*il* avait découvert une affaire
— á — — — con — secreto — — descubierto — cosa
très dangereuse. On dégagea Philoclès des mains de ces trois
— peligrosa. Desprendieron á Filoclés — — — — tres
hommes, qui, étant troublés, l'avaient attaqué faiblement. Leur
—, —, — turbados, — — acometido flojamente. —
division acheva de me montrer le fond de l'abîme où ils m'a-
division acabó — — mostrar — fondo — abismo — — —
vaient jeté. Etrange illusion! | je me savais bon gré | de le
— echado. ¡Extraña ilusion! | yo estaba satisfecho | — —
connaître; et *je* n'avais *pas la* force de reprendre l'autorité que
conocer; — — — fuerza para recobrar — autoridad —
je lui avais abandonnée. Je me rendis avec confiance au lieu
— — — abandonado. — acudí — confianza — lugar
où *il* m'avait appelé. Comme je passais pour son fils à
adonde — — llamado. — — pasaba por suyo — en
Madrid, et *que* j'avais cru l'être effectivement, *je* vous avoue-
—, — — — creido — — —, — confesa-
rai que cette confidence me fit beaucoup *de* peine. Elle m'apprit
ré — — confidencia — dió — pena. — — dijo
qu'elle avait été plus heureuse que moi; qu'*elle* savait | ce que
— — — — — dichosa — yo; — — | en —

sa sœur était devenue; | qu'elle avait reçu une lettre de don
habia parado su hermana; | — — — — — carta — don
Fernand même, qui lui mandait qu'après avoir secrètement
Fernando —, quien — anunciaba — — de haberse secretamente
épousé Julie, *il* l'avait conduite dans un couvent de Tolède.
casado con Julia, — — conducido á — convento — Toledo.
Elle donna tout le tort au cavalier que j'avais tué, et promit
— — — — culpa — caballero — — — muerto, — prometió
*d'*intéresser pour moi toute sa maison.
interesar por — — — —

THÈME XLVIII.

Sur les Futurs simple et composé d'indicatif.

L'usage de ces deux temps est le même dans les deux langues. Outre cela, on se sert quelquefois du futur simple en forme d'impératif : *Amarás á Dios, no jurarás*, etc., tu aimeras Dieu, tu ne jureras, etc. Sur les cas où les futurs français doivent être traduits en espagnol par les futurs ou le présent du subjonctif, voyez le thême LV sur les futurs simple et composé du subjonctif.

Moi seul, *j'*aurai confondu vingt siècles d'imbécillité politique;
Yo solo, — confundir veinte siglos — imbecilidad política;
et *c'est* à moi seul *que* les générations présentes et futures devront
— — — — — generaciones presentes — futuras deber
l'initiative de leur immense bonheur. | Partout où | la
— iniciativa — — inmensa dicha. | Donde quiera que | —
morale combattra seule contre un vice, on est assuré de sa
— combatiere — — — vicio, estamos seguros — —

défaite. Je répondrai avec la liberté d'un soldat, qui sait mal
derrota. — responder — — — — — soldado, — — —
farder la vérité. L'argent que *j'*ai, disais-je, me mènera loin;
adornar — — — dinero — —, — —, — llevar —;
je ne le dépenserai *pas* indiscrètement; et quand *je* n'*en* aurai
— — gastar indiscretamente; — — — tuviere
plus, *je* me remettrai à servir. Avec nous rien *ne* vous man-
—, — poner de nuevo — servir. — — — — fal-
quera, et nous rendrons inutiles toutes les recherches de vos
tar, — — hacer inútiles — — pesquisas — —
ennemis. Mes désirs seront modérés : *je* ne serai jamais dans la
— — deseos — moderados: — estar — — —
nécessité de faire ma cour ; *je* n'envierai personne, et personne
— — — — corte, — envidiar à —, — —
ne m'enviera : *j'*ai *des* amis, *je* les conserverai, puisqu'*ils* n'auront
— —: — —, — conservar, pues — tener
rien à me disputer : *je* n'aurai jamais *d'*humeur avec eux, ni
— que — disputar: — — — mal humor — —, —
eux avec moi. Un homme masqué viendra vous prendre;
— — — — — enmascarado venir á — buscar;
suivez-le avec confiance : il vous conduira dans un lieu où vous
sigale Vm. — —: — — conducir á — sitio — —
serez à l'abri de toute recherche, et où vous me trouverez. Eh
estar — abrigo — — perquisicion, — — — — hallar. ¡Y
bien! je courberai le front; *je* subirai comme une expiation *ce*
bien! — bajar — frente *f.*; padecer — — expiacion
qu'*il* plaira *à* Dieu *de* m'envoyer d'amertume et de douleur. Alors
— quiera — — enviar la amargura — el dolor. —
je vous répondrai que vous m'insultez, *en* me supposant assez
— — responder — — — insulta, — suponiendo bastante
lâche pour trahir l'homme qui a défendu ma vie au péril de la
cobarde — vender al — — — — — — con peligro — —
sienne. Peut-être serez-vous bien aise que j'aie attiré madame la
suya. Quizá estar — contento de — — — atraido á la señora
marquise dans le parti de la philosophie. Quelques malheurs
marquesa al partido — — filosofía. Por mas desgracias

qui nous arrivent, le courage et la patience nous les feront
— — succdan, — valor — — paciencia — — —
surmonter. Ne cherchez *point* à savoir ce qui arrivera demain,
vencer. — trabajeis por — — — suceder mañana,
et profitez des jours que le ciel vous accordera. Le sage
— aprovechaos — — — — — — concediere. — sabio
Erichthon disait souvent : Je crains bien, mes enfants, *de* vous
Erichthon — —: — — mucho, — —, —
avoir fait un présent funeste *en* vous donnant l'invention de la
— — — — funesto — dando — invencion — —
monnaie. Je prévois qu'elle excitera l'avarice, l'ambition, le
moneda. — preveo — — excitar — avaricia, — ambicion, —
faste; qu'*elle* entretiendra une infinité d'arts pernicieux; qu'*elle*
fausto; — mantener — infinidad—artes perniciosas; —
vous dégoûtera de l'heureuse simplicité; qu'enfin *elle* vous fera
— disgustar —— feliz simplicidad; — — — —
mépriser l'agriculture, qui est la source de tous les vrais
despreciar — agricultura, — — — manantial — — — verdaderos
biens. Ne gardera-t-on les paroles données que quand on man-
— ¿— guardar — — — — — — — care-
quera de prétextes plausibles pour les violer? Ne sera-t-on
cer — pretextos plausibles — — violar? ¿— — —
fidèle et religieux pour les serments que quand on n'aura rien
fiel — religioso — — juramentos sino — — — — —
à gagner *en* violant sa foi? Si vous montrez aux hommes cet
que ganar violando — —? — — mostrais — — —
exemple pernicieux, quelles guerres n'exciterez-*vous point* par
ejemplo —, ¡qué guerras — excitar con
cette conduite impie! Quel voisin ne sera *point* contraint de
— conducta impía! ¿— vecino — — forzado á
craindre tout de vous, et de vous détester? Qui pourra désormais,
— — — —, — á — detestar? ¿— — en adelante,
dans les nécessités *les* plus pressantes, se fier à vous? Quelle
— — — — urgentes, — fiar de —? ¿—
sûreté pourrez-vous donner, quand vous voudrez être sincères,
— — — —, — — querais — —.

et *qu'il* vous importera *de* persuader à vos voisins votre sincérité ?
— — importe persuadir — — — — —?
Sera-*ce* un traité solennel ? vous *en* aurez foulé un aux
¿ — — tratado solemne? — — atropellado — entre los
pieds. Sera-*ce* un serment ? eh ! ne saura-t-on *pas* que vous comp-
piés. ¿ — — —? ¡oh! ¿— — — — — con-
tez les dieux pour rien, quand *vous* espérez tirer du parjure
tais — — por —, — — sacar — perjurio
quelque avantage ? La paix n'aura donc *pas* plus *de* sûreté que
— ventaja ? — — — — pues — seguridad —
la guerre à votre égard. Tout ce qui viendra de vous sera reçu
— — para vosotros. — — — venga — — — recibido
comme une guerre, ou feinte ou déclarée : vous serez les
— — —, — fingida — declarada : — — —
ennemis perpétuels de tous ceux qui auront le malheur d'être
— — — — — — tengan — desgracia — —
vos voisins : toutes les affaires qui demandent *de la* réputation,
— — : — — asuntos — pidan reputacion,
de la probité et *de la* confiance vous deviendront impossibles :
probidad — confianza — ser —:
vous n'aurez plus *de* ressource pour faire croire ce que *vous*
— — — recurso — — creer — —
promettrez.
prometiereis.

THÈME XLXIX.

Sur les Conditionnels présent et passé.

Ces conditionnels sont employés après ou avant un autre verbe à l'imparfait de l'indicatif, qui est précédé d'une particule conditionnelle : cet imparfait se rend en espagnol par l'un des deux imparfaits du subjonctif indifféremment. On se sert aussi des conditionnels d'une manière absolue : *Mas valdria estudiar que jugar*, mieux vaudrait étudier que jouer ; *un buen em-*

peño habria sido muy útil, une bonne protection aurait été très utile. Enfin, le conditionnel présent est employé après quelques verbes et la conjonction *que : Me prometió que se interesaria por mí*, il me promit qu'il s'intéresserait pour moi.

Nous ne devrions compter le temps que par nos bonnes actions,
— deber — — — sino — — — —,
et le reste pour n'avoir *pas* vécu. *Ce* ne sont *pas* les Français
— — demas — — — — — — — Franceses
d'aujourd'hui qui risqueraient corps et biens, pour aller en
— hoy dia los — arriesgar vida y fortuna, — — á
Palestine, conquérir le saint sépulcre : quand *nous* commençons
Palestina, á conquistar — santo sepulcro : — principiamos
une entreprise, *nous* voulons qu'*elle* rapporte. *Nous* aurions
— empresa, — — dé de sí. —
souvent honte de nos plus belles actions, si le monde voyait
— vergüenza — — — — —, — — — viera
tous les motifs qui les produisent. Quand je serais assez éclairé
— — motivos — — producen. — — — — instruido
pour faire *des* observations critiques, *je* suis persuadé que les
— — observaciones críticas, — persuadido de — —
ouvrages de votre grandeur échapperaient à ma censure!
— — — señoria ilustrísima escapar — — censura!
Qui pourrait souffrir un âne fanfaron? Si Newton eût été une
¿ — — — — asno fanfarron? — Neúton — — —
abeille, *il* n'aurait pu faire, avec toute sa géométrie, son al-
abeja, — — — —, — — — geometría, — al-
véole dans une ruche, qu'*en* lui donnant, comme l'abeille,
véolo — — colmena, sino — —, — — —,
six pans égaux. *Je* jure par tout ce qu'*il* y a de plus sacré, que
seis caras iguales. Juro — — cuanto hay — — sagrado, —
sans l'orage qui m'a surpris, *je* ne serais *point* venu
— — tempestad — — — sorprehendido, — — —
chez vous. Je n'ai jamais aimé la servitude; mais pourvu
á su casa de Vm. — — — — — — servidumbre; — con tal

qu'un homme fût riche, généreux, et d'un caractère doux, *je*
que — — — rico, generoso, — — — genio dulce,
ne refuserais *pas de* le servir. Si j'étais prince ou législateur, *je*
— rehusar — — — — principe — legislador,
ne perdrais *pas* mon temps à dire ce qu'*il* faut faire; *je* le ferais,
— — — — en — — — — — ; — —
ou *je me* tairais. Un incident auquel *il* ne *se* serait jamais attendu,
— callar. — incidente al cual — — — pensado,
détruisit en un moment toutes ses espérances. Si je te racontais
destruyó — — momento — — esperanzas. — — contase
l'histoire de mes parents, *je* suis sûr que *tu* la trouverais plus
— — — padres, — seguro — — hallar —
extraordinaire que la mienne. Un excellent critique serait un
extraordinaria — — — excelente crítico — —
artiste, qui aurait beaucoup *de* science et *de* goût, sans préju-
artista, — — — ciencia — gusto, — preocupa-
gés et sans envie; mais cela est difficile à trouver. Si les
ciones — — envidia; — — — difícil de hallar. — —
hommes étaient assez malheureux pour ne s'occuper jamais que
— — — — — — — sino
du présent, *ils* ne sèmeraient *point*, *ils* ne bâtiraient *point*, *ils*
— —, — sembrar — edificar
ne planteraient *point*, *ils* ne pourvoiraient à rien, *ils* manqueraient
— plantar, — proveer — — carecer —
de tout, au milieu d'une fausse jouissance. Si les deux princi-
— —, en medio — falsa fruicion. — — — princi-
pes des Manichéens existaient, *ils* seraient nécessaires; *ils* seraient
pios — Maniqueos existiesen, — necesarios; —
éternels, indépendants; *ils* occuperaient tout l'espace; *ils* exis-
eternos, independientes; ocupar — — — espacio; exis-
teraient donc dans le même lieu; *ils* se pénétreraient donc *l'un*
tir — — — lugar; — penetrar — —
l'autre: cela est absurde. Si notre corps organisé était immor-
á — esto es absurdo. — — — organizado inmor-
tel, celui des animaux le serait aussi: or, *il* est clair
tal, — — — — — ahora pues, — claro

qu'en peu *de* temps le globe ne pourrait suffire à nourrir tant
— — — — — globo — — bastar — alimentar —
*d'*animaux : ces êtres immortels, qui ne subsistent qu'*en* re-
— : — seres —, — — subsisten sino re-
nouvelant leur corps par la nourriture, périraient donc faute
novando — — con — alimento, perecer — por falta
de pouvoir se renouveler. Aujourd'hui, avec la vie tu perdrais
— — — renovar. Hoy, — — — — —
l'honneur, ton rang, ta fortune, tes richesses, ton pouvoir;
— honor, — calidad, — —, — riquezas, — poder;
tu tomberais de trop haut, pour que l'espoir de me briser
caer — demasiado alto, — — — esperanza — — destruir
dans ta chûte te décide à te précipiter. | J'aurais beau vouloir |
— — caida — decida — — precipitar. | En vano querria yo |
lui désobéir, *je* serais obligé de paraître, malgré moi, devant
— desobedecer, — obligado á parecer, á pesar mio, ante
lui, pour subir la peine qu'*il* voudrait m'imposer. *Nous* nous
él, — sufrir — pena — — — imponer. — —
moquerions des oiseaux, s'*ils* prétendaient avoir été formés
burlar — aves *f.*, — pretendiesen — — —
avant les poissons : nous ririons des chevaux, qui se vanteraient
— — peces : — reir — caballos, — — alabar
d'avoir inventé l'art de pâturer avant les bœufs. Je voudrais
— — inventado — arte — pacer — — bueyes. — —
bien savoir quelles sont les lois qui règlent les mariages dans
— — — — — — — arreglan — matrimonios —
cette nation-là. Les conquérants sont semblables à ces fleuves
— nacion. — conquistadores — semejantes — — rios
débordés, qui ravagent les campagnes qu'*ils* devraient seulement
desbordados, — destruyen — campos — — —
arroser. Si les Hébreux n'avaient *pas* voulu écouter Moïse, *ils*
regar. — — Hebreos — — — escuchar á Moisés,
seraient restés en Egypte ; *ils* auraient continué à être méprisés,
se — quedado — Egipto ; — continuado en — despreciados,
opprimés, exterminés, par les Egyptiens ; et ce peuple, qui
oprimidos, exterminados, — — Egipcios ; — — —, —

n'aurait *pas* été protégé et conduit par le Tout-Puissant, se
— — — protegido — conducido — — Todo Poderoso, —
serait éteint pour jamais.
— acabado — siempre.

THÈME L.

Sur les Impératifs positif et négatif.

L'impératif sert à commander, à conseiller, à exhorter, à défendre. Quand il se dit sans négation, se rend en espagnol par l'impératif; mais quand il y a quelque mot négatif, comme ne, jamais, personne, nul, il se rend par le subjonctif présent : Parle, cours, viens; *Habla, corre, ven :* Ne parle pas, ne cours pas, ne viens jamais; *No hables, no corras, jamás vengas.*

Quand *tu* seras *le* maître des autres hommes, souviens-toi
— seas dueño — — —, acordar —
que *tu* as été faible, pauvre, et souffrant comme eux; prends
— — — débil, pobre, — doliente — —; tener
plaisir à les soulager, aime ton peuple, déteste la flatterie, et
gusto en — aliviar, amar — —, detestar — lisonja, —
sache que tu ne seras grand qu'autant que *tu* seras modéré
saber — — — — — sino en tanto — fueres moderado
et courageux pour vaincre tes passions. Laissez-moi courir, *on*
— animoso — vencer — — Dejar — correr,
m'a volé : tenez, le voleur est là sur la colline. Jugez de moi
— — robado : mirar, — ladron — — — — collado. Juzgar — —
plus favorablement : au lieu de me croire complice du crime
— favorablemente : en vez — — — cómplice — crímen
qui vous offense, croyez-moi plutôt disposé à vous venger.
— — ofende, — — mas bien dispuesto — — vengar.

Jésus-Christ a dit à ses disciples : Allez, enseignez toutes les
Jesu Cristo dijo — — — : Ir, enseñar á — —

nations du monde. Demandez, et *vous* recevrez ; cherchez, et
— — — Pedir, — recibireis; buscar, —

vous trouverez ; frappez, et on vous ouvrira. Aimez vos ennemis,
hallareis ; llamar, — — — abrirá. — á — — —,

faites *du* bien à ceux qui vous haïssent, et priez pour ceux qui
— — — — — — aborrecen, — rogar — — —

vous persécutent et *vous* calomnient. Lie commerce avec mon
— persiguen — calumnian. Abrir comercio — —

oncle, et attache-toi à gagner son amitié : introduis-toi chez
tio, — aplicar — — — — — : introducir — —

lui, et te ménage la liberté d'y aller quand bon te semblera.
—, — — conservar — — — — — — bien — parezca.

N'allons *pas* si vite, mon ami ; commençons, *s'il* vous plaît,
— — — aprisa, — —; empezar, — — gusta,

par la définition avant *que* d'*en* venir au défini. Fions-nous à
— — definicion antes — — — definido. Fiar — —

la Providence, mais *en* travaillant. Jetez un regard sur toutes
— —, — trabajando. Echar — ojeada — —

les nations connues ; *vous* n'y verrez que *des* tyrans et *des* es-
— — conocidas; — — vereis mas — tiranos — es-

claves, *des* dévastations, *des* conspirations et *des* supplices.
clavos, destrucciones, conspiraciones — suplicios.

Mortels qui souffrez et qui pensez comme moi, tristes compa-
Mortales — sufris — — pensais — —, tristes compa-

gnons de mes malheurs, cherchons ensemble quelque consolation.
ñeros — — desdichas, buscar juntos — consuelo.

Ne vous mêlez *pas* des affaires qui ne vous regardent *pas*.
— — mezclar en los asuntos — — — importan.

Sortez incessamment de ma présence, et ne paraissez plus
Salir inmediatamente — — presencia, — — parecer —

devant moi. Crois-moi, garde le silence ; ne te mêle plus de
— — Creer —, guardar — silencio; — — — — —

raisonner : sois honnête homme, sois compatissant : ne cherche
argumentar : — hombre de bien. — compasivo : — procurar

point à trouver le mal où *il* n'est *pas*, et *il* cessera d'être où *il*
— — — — — —, — cesará — — —
est. Si *tu* veux que ton secret soit fidèlement gardé, ne le con-
— — — — — secreto — fielmente guardado, — — con-
fie à personne. Reconnais les bienfaits par *des* bienfaits, et ne
fiar — — Reconocer — beneficios con —, — —
te venges jamais des injures. N'étouffez *pas* le germe de
— vengar — — injurias. — ahogar — gérmen —
compassion que Dieu a mis dans vos cœurs, et ne le corrom-
— — — — — — — corazones, — — — corrom-
pez *pas*; apprenez qu'*il* est divin : et ne substituez *pas* les
per; saber — — divino : — — substituir —
misérables fureurs de l'école à la voix de la nature. [4] *Qu'*aux
— furores — — escuela — — — — — — —
accents [5] de ma voix la [3] terre [2] se [1] réveille. Entrez dans ce cabinet,
acentos — — — — — — despertar. — — — gabinete,
et ne perdez *pas* un mot de tout ce qui va se passer. [3] Dieu [2] soit
— — — — palabra — — — — — — pasar. ¡ — —
[1] loué! puisque la mèche est découverte, *nous* n'avons qu'*à*
alabado! ya que — mecha — —, — — mas que
prendre notre parti. Mon fils, cette histoire doit t'instruire,
tomar — partido. — —, — — — — instruir,
puisque tu es dans l'état où fut Apollon : défriche cette terre
pues que — — — — — — — Apolo : cultivar — —
sauvage, fais fleurir comme lui le désert; apprends à tous ces
salvage, — florecer — — — desierto; enseñar — — —
bergers quels sont les charmes de l'harmonie; adoucis leurs
pastores cuales — — echizos — — armonía; ablandar —
cœurs farouches; montre-leur l'aimable vertu; fais-leur sentir
— fieros; mostrar — — amable —; — — —
combien [1] *il* [3] est [2] doux *de* jouir dans la solitude des plaisirs inno-
cuan — dulce el gozar — — soledad — placeres ino-
cents que rien *ne* peut ôter aux bergers. O [2] mon [1] fils, *que* [3] les
centes — — — quitar — — O — —, —
dieux [2] me [1] préservent de te revoir jamais; *que* plutôt le
— — preservar — volverte á ver —; antes bien —

ciseau de la parque tranche le fil de tes jours, lorsqu'*il* est à
tijera — — parca cortar — hilo — — dias, — — a-
peine formé; *que* mes ennemis te puissent écraser aux yeux
penas formado; — — — poder despedazar á vista
de ta mère et aux miens, si *tu* dois un jour te corrompre et
— — — — á la mia, — has de — — — corromper —
abandonner la vertu. O mes amis, *je* vous laisse ce fils qui m'est
— — — O — —, — dejo — — — — —
si cher; ayez soin de son enfance; si *vous* m'aimez, éloignez
— caro; — cuidado — — infancia; — — —, alejar
de lui la pernicieuse flatterie; enseignez-lui à se vaincre : *qu'il*
— — — perniciosa lisonja; enseñar — — — vencer :
soit comme un jeune arbrisseau, qu'on plie pour le redresser;
— — — tierno arbolito, — — pliega — — enderezar;
surtout n'oubliez rien pour le rendre juste, bienfaisant, sincère
sobre todo — olvidar — — — hacer justo, benéfico, sincero
et fidèle à garder un secret. Mais expliquez-moi, lui disais-je,
— fiel en guardar — secreto. — explicar —, — — —,
les vrais moyens d'établir un jour en Ithaque un pareil
— verdaderos medios para establecer — —, — Itaca — semejante
commerce. Faites, me répondit-*il*, comme on fait ici : recevez
comercio. —, — respondió, — — — aquí : recibir
bien et facilement tous les étrangers; faites-leur trouver dans
— — fácilmente á — — extrangeros; — — — —
vos ports *la* sûreté, *la* commodité, *la* liberté entière; ne vous
— puertos seguridad, comodidad, y libertad entera; — —
laissez jamais entraîner ni par l'avarice, ni par l'orgueil. Faites-
dejar — arrastrar — — — avaricia, — — — orgullo. —
vous aimer par tous les étrangers; souffrez même quelque chose
— — — — — —; sufrir y aun algo
d'eux; craignez d'exciter leur jalousie par votre hauteur; soyez
— —; temer que exciteis — envidia con — altivez; —
constant dans les règles du commerce; *qu'*elles soient simples
constante — — reglas — —; estas — —
et faciles; accoutumez vos peuples à les suivre inviolablement;
— —; acostumbrar — — — — seguir inviolablemente;

punissez sévèrement la fraude et même la négligence ou le
castigar severamente — fraude *m.* — hasta — negligencia — —
faste des marchands, qui ruinent le commerce, *en* ruinant les
fausto — mercaderes, — arruinan — —, — á —
hommes qui le font.
— — — —

THÈME LI.

Sur le Présent du subjonctif.

L'usage de ce temps est d'abord le même en espagnol qu'en français. Outre cela, on s'en sert en espagnol, 1° après les verbes prier, commander, conseiller, dire, et quelques autres qui demandent un autre verbe à l'infinitif, précédé de la préposition *de*, lorsque les verbes prier, commander, etc., se trouvent au présent, au futur ou à l'impératif; 2° les impératifs négatifs se rendent par le subjonctif présent, comme il a été dit au thême précédent; 3° au lieu du futur du subjonctif, toutes les fois qu'il faut employer ce dernier temps. Voyez thême LV.

Qu'importe à l'homme sage que sa fortune périsse, que ses
¿— importa — — virtuoso — — — perecer, — —
amis le trahissent, que la calomnie l'accable, qu'*on* lui enlève
— — vender, — — calumnia — oprimir, — — quitar
sa liberté, et qu'*il* soit en butte à toute sorte de malheurs?
— —, — — — el objeto de — — — desdichas?
pourvu que la vertu ne l'abandonne *pas*, *il* est tranquille et résigné.
con tal — — — — — — — tranquilo — re-
signé. Cela ne veut *pas* dire que, malgré toute notre prudence,
signado. Eso — — — —, no obstante — — prudencia,

l'enchaînement des causes secondes ne soit tel quelquefois,
—encadenamiento — causas segundas — — — alguna vez,
qu'*il* nous arrive *de* mauvaises aventures. Lorsque *tu* auras mis
— — suceder malos lances. — — puesto
une fois le pied dans cette fatale carrière, *il* faudra que *tu*
— — — — — — fatal carrera, será preciso —
la parcoures jusqu'au bout, que *tu* épuises ses joies et ses dou-
— andar hasta el fin, — apurar — gozos — — dolo-
leurs, que *tu* vides sa coupe et son calice, que *tu* boives son
res, — agotar — copa — — cáliz, — beber —
miel et sa lie. Comment! *on* trouve étonnant que ma mère,
— — sus heces. ¡ Como ! ¡ hallan extraño — — —,
veuve d'un colonel, mort sur le champ de bataille, touche une
viuda — — coronel, muerto en — campo — batalla, cobrar —
pension, qui est le prix du sang de son mari! Dieu n'emploie
pension, — — — precio— sangre *f*. — — marido! — — emplea
jamais la contrainte; *il* passionne ses créatures pour la chose
— — violencia; apasiona à — criaturas — — —
qu'*il* veut que ses créatures fassent. Son protecteur est un homme
— — — — — — — protector — — —
capable de répondre à toute provocation qui lui sera faite;
capaz — responder — cualquiera provocacion — — sea hecha;
et si vous voulez me permettre de vous donner un bon avis,
— — — — — permitir que le dar — — advertencia *f*.,
je ne vous conseille *pas* de lui *en* adresser une. *Je* ne viens me
— — aconsejo que — dirigir ninguna. — — á —
livrer à rien, si *ce* n'est au plaisir de converser avec ce monsieur;
entregar— —, — — — — gusto — conversar — ese caballero;
je ne sache *pas* que ce genre de divertissement soit défendu
— sé —, — género — diversion — prohibido
par nos lois. Mariez-vous dans votre jeunesse; car à la mort,
— — — Casar — — — juventud; pues — — — —,
quand *il* faudra passer sur le pont aigu, *vous* serez trop
— sea preciso pasar — — puente agudo, — muy
heureux d'avoir un fils qui vous donne la main pour passer.
feliz si teneis — — — — — — — — —

Vous comprenez donc qu'*il* faut que je parte, et cela à l'ins-
— entiende pues — — — —me marchar,— —ins-
tant même, sans une minute de retard. Le vice seul et le
tante —, — minuto *m.*— tardanza. — vicio — —
chagrin abrègent la vie; et *je* suis persuadé que les affections
pesar abrevian — —; — persuadido — — afecciones
morales s'étendent si loin pour les hommes, que *je* ne crois *pas*
morales —extienden —lejos en — — —, — — —
qu'il y ait une seule maladie qui ne leur doive son origine.
haber — — enfermedad— — — deber— —origen.
Faisons en sorte que le remords ne trouble *pas* notre cons-
— de suerte — —remordimiento— turbar — con-
cience, que *nous* n'ayons même à rougir d'aucune faute.
ciencia, — tener ni aun que avergonzarnos — — falta.
Il faut que chacun se mesure à son aune et se chausse à son
— — cada uno — medir con — vara — calzar segun —
pied. Voulez-vous que je vous montre toutes les lettres qu'il a
— ¿— — — — — mostrar — — cartas — — —
écrites à mon père au sujet de ce mariage? *Je* ne souffrirai
escrito — — — con motivo — — casamiento? — sufriré
pas qu'*on* me vole impunément mon nom, ni qu'*on* me fasse
— — robar impunemente — nombre, — — — —
passer pour un brigand. Monsieur *le* prince italien, souffrez que
— — — ladron. Señor principe italiano, permita —
je me jette aux pieds de votre altesse, pour lui témoigner le
— arrojar — — — — alteza, — — hacer ver —
ravissement où *je* suis. | C'est à regret que je me vois | dans
alborozo — estoy. | Siento infinito verme |
la nécessité de | vous manquer de parole, | et *je* vous conjure
— — — | no cumplirle á Vm. mi palabra, | — — suplico
de me le pardonner. Le roi vient d'apprendre que vous avez
que — — perdonar. — — acaba — saber — —
amené un étranger: *il* veut qu'on l'arrête, et qu'on sache cer-
traido — extrangero: — — — — coger, — — — saber — con
tainement de quel pays *il* est. Quelque prix que j'attache à la
certidumbre — — — — Cualquier precio — — poner — —

possession de votre main, quelque regret que *j'*éprouve de perdre
posesion — — —, — pena — sentir — —
la place que j'occupais dans vos affections, *je* dois me résigner
— lugar — — ocupaba — — estimacion, debo — resignar
au sort que Dieu m'a fait. Permettez-moi de vous rappeler
— suerte *f.* — — — — destinado. Permitame Vm. que — recordar
ce que *je* dis dans ma première lettre, et de finir comme *j'*ai
— — dije — — — carta, — que acabar — — —
commencé. Je croirai sur les étoiles tout ce que vous voudrez,
comenzado. — creeré — — estrellas — cuanto Vm. querer,
pourvu que *j'*y trouve *du* plaisir. *Il* se peut que la vue de toutes
con tal — — hallar placer. Puede ser — — — — — —
ces étoiles, disposées au hasard en mille figures différentes,
— —,[1] dispuestas — acaso — mil figuras diferentes,
favorise la rêverie et *un* certain désordre de pensées où
favorecer — imaginacion — cierto desórden — pensamientos en que
*l'*on ne tombe *point* sans plaisir. Ainsi, on ne croit plus qu'un
— — entra — deleite. Así, — — — ya — —
corps se remue, s'*il* n'est *pas* poussé par *un* autre corps; on ne
— — mover, si — — impelido — — —; — —
croit plus qu'*il* monte ou qu'*il* descende, si *ce* n'est par l'effet
— ya — subir — — bajar, — — — — efecto
d'un contre-poids ou d'un ressort. On veut que l'univers *ne* soit
— — contrapeso — — — resorte. — — — — universo — —
en grand *que* ce qu'une montre est en petit, et que tout s'y
— — — — — relox — — pequeño, — — — —
conduise par *des* mouvements réglés, qui dépendent de l'ar-
hacer con movimientos arreglados, — depender — — or-
rangement des parties. Les riches ont peu *d'*amis qui soient plus
denanza — partes. — ricos — pocos — — — —
attachés à leur personne qu'à leur fortune. *Il* n'y a *pas* dans le
apegados — — — — — — — — — — —
cœur de l'homme un bon mouvement que Dieu ne produise. La
— — — — — movimiento — — — producir. —
religion nous ordonne d'aimer de tout notre cœur et de toute
religion — manda que — con — — — — con —

notre pensée le Dieu qui nous a donné l'existence; de consa-
— — al — — — — — — existencia; que consa-
crer cette existence à son culte et à son service; d'aimer les
grar — — — — culto — — — servicio; que — á —
autres hommes, nos semblables, comme nous-mêmes; de leur
demas —, — semejantes, — á — —; que —
faire *du* bien selon nos moyens, de les aider, de les secourir
— — segun — facultades, que — ayudar, que — socorrer
dans leurs besoins; de pardonner leurs faiblesses, comme
— — necesidades; que perdonar — flaquezas, —
nous voulons qu'ils nous pardonnent les nôtres; de nous abste-
— — — — — — —; que — abste-
nir du mal et de pratiquer la vertu; d'être sincères, véridi-
ner — — — que practicar — —; que — sinceros, vera-
ques, patients, charitables; enfin de *nous* acquitter *de* la
ces, pacientes, caritativos; en fin que desempeñar —
tâche que la Providence a imposée à chacun de nous, afin
obligacion — — — — impuesto — — — —, para
qu'au bout de notre carrière terrestre, Dieu nous reçoive dans
— — fin — — carrera terrestre, — — recibir —
le royaume des cieux. Je te prie d'écouter le conseil d'un ami:
— reino — cielos. — — ruego que escuchar — consejo — — —:
tu es trop ému dans ce moment; *il* faut que *tu* te cal-
estás demasiado alterado — — momento; — — — — — cal-
mes, si *tu* veux agir avec prudence dans une conjoncture si
mar, — — obrar — — — — coyuntura tan
délicate.
delicada.

THÈME LII.

Sur le premier et le second Imparfaits du subjonctif.

Ces deux imparfaits sont employés indifféremment pour rendre l'unique imparfait du subjonctif français. On s'en sert outre cela en espagnol, 1° au lieu de l'imparfait d'indicatif, dans les phrases conditionnelles, après la particule *si*;

2° Après ces locutions *aunque*, quoique; *á menos que*, à moins que; *ojalá*, plût à Dieu : Quoiqu'il vînt, *aunque viniera* ou *viniese*;

3° Pour traduire le conditionnel français, précédé de ces locutions, quand même, et aussitôt que : Quand même il viendrait, *aun cuando viniera* ou *viniese*;

4° Après certains verbes, comme prier, défendre, ordonner, dire, écrire et autres, à un temps passé, pour traduire l'infinitif qui suit les verbes mentionnés : Il me priait de lui pardonner, *me rogaba que le perdonase*;

5° Enfin, le premier imparfait remplace souvent le conditionnel : S'il voulait, il l'obtiendrait; *si él quisiese, lo obtuviera.*

Je ne doutais *point* que *ce ne* fût une personne de qualité; et
— — dudaba — — — — — cualidad; —
j'en trouvais son sort plus déplorable. Après le service im-
por eso hallaba — suerte — deplorable. Despues del servicio im-
portant que vous m'avez rendu, je serais la plus ingrate de
portante — — — — hecho, — — — — ingrata —
toutes les femmes, si *je* ne faisais rien pour vous. Je voudrais
— — —, — — hacer — por — — querer
qu'*il* y eût là-dessus *des* lois si sévères qu'*elles* forçassent enfin
— haber sobre eso — — severas — forzar — — á
tous les hommes d'être justes. Les dieux ont voulu que le chagrin
— — — á — — — — — — — — pena
marchât à la suite du plaisir. L'amour et le vin seraient deux
andar detrás — placer. — — — — vino — —
choses bien méprisables, s'*il* fallait [2]tout [1]passer à un amant
cosas muy despreciables, — — — permitir — — amante
et à un homme ivre. *Il* me recommanda de copier son homélie
— — — — borracho. — encargó que copiar — homelia
avec toute l'exactitude possible. Loin d'attendre impatiemment
— — — exactitud posible. Lejos — aguardar con impaciencia

que mes parents se découvrissent, *il* semblait au contraire qu'ils
— — padres — descubrir, parecia — contrario — —
souhaitassent que ma naissance demeurât toujours inconnue.
desear — — nacimiento quedar — desconocido.
Soit qu'il s'y prît avec trop *d'*ardeur, soit que je fusse plus adroit
Sea — — proceder — — ardor, — — — — — diestro
que lui, *je* le perçai bientôt d'un coup mortel. Il était d'avis
— —, — atravesé luego — — golpe mortal. — — —parecer
que *nous* marchassions toute la nuit, pour gagner un bois fort
—, andar — — —, — llegar á — bosque muy
épais qu'il connaissait. Pour qu'une substance organisée et
cerrado — — conocia. Para — — sustancia organizada —
douée de sentiment n'éprouvât jamais *de* douleur, *il* faudrait
dotada — sentimiento — sentir — —, —
que toutes les lois de la nature changeassent, que la matière ne
— — — — — — — cambiar, — — materia —
fût plus divisible, qu'*il* n'y eût plus ni pesanteur, ni action, ni
— — divisible, — — — — — gravedad, — accion, —
force, qu'un rocher pût tomber sur un animal sans l'écraser,
fuerza, — — peñasco — caer — — — — —aplastar,
que l'eau ne pût le suffoquer, que le feu ne pût le brûler.
— —agua — — — sofocar, — — fuego — — — quemar.
| Fussiez-vous | dans l'Olympe, voyant les astres sous vos
| Aunque estuvieseis | — — Olimpo, viendo — astros bajo —
pieds, Jupiter pourrait vous plonger au fond de l'abîme, ou
—, Júpiter — — sumergir en el fondo — abismo, —
vous précipiter dans les flammes du noir Tartare. Quelquefois
— precipitar — — llamas — negro Tártaro. Tal vez
elle voulait que Télémaque recommençât cette longue his-
— — — — volver á comenzar — larga his-
toire de ses aventures; puis tout à coup *elle* s'interrompait elle-
toria — — aventuras; despues de repente — interrumpia á sí
même. Les mouvements des astres étaient les plus réguliers
— — movimientos — astros — — — regulares
qu'il connût dans toute la nature. Le fameux colosse de Rhodes
— — conocer — — — — — famoso coloso — Rodas

était une statue du soleil, assez élevée pour que les vaisseaux
— — estatua — sol, bastante elevada — — — navíos
passassent dessous; *elle* avait cinq cents pieds de hauteur; *il*
pasar por debajo; — quinientos — — altura;
y avait peu *d*'hommes qui pussent embrasser son pouce. *Il*
— — — — — abarcar — pulgar.
faudrait que tous les hommes aimassent les louanges, et qu'*ils*
— — — — — amar — alabanzas, — —
s'efforçassent de les mériter. La Providence a permis que les
— esforzar á — merecer. — — — permitido — —
barbares du Nord détruisissent l'empire romain, et vengeassent
bárbaros — Norte destruir — imperio romano, — vengar
l'univers vaincu. L'envieux voudrait que tout ce qui est bon
— universo vencido. — envidioso — — — — — — — le
appartînt à lui seul. Dieu avait ordonné à nos premiers parents
pertenecer — — — — — mandado — — — padres
de ne *pas* manger du fruit de l'arbre de la science du bien et
que — comer — fruto — árbol — — ciencia — — —
du mal. Ne m'avez-vous *pas* conseillé de voyager dans divers
— — ¿ — — — — aconsejado que viajar — diversos
pays, pour que j'apprisse les mœurs, les lois et les usages
paises, — — — aprender — costumbres, — — — — usos
des autres nations? Solon, en mourant, ordonna qu'on portât
— — naciones? Solon, al morir, mandó — — llevar
ses os à Salamine, qu'on[1, 3] *les*[2] y[4] brûlât, et qu'on[1, 3] en[2] jetât *la*
— huesos — Salamina, — se — quemar, — — — — echar
cendre[4] par toute la campagne.
cenizas — — — campiña.

THÈME LIII.

Sur le Prétérit du subjonctif.

On se sert en espagnol de ce temps composé dans les mêmes cas qu'en français; et aussi pour remplacer le futur composé du subjonctif toutes les fois qu'il faudrait employer ce dernier : Quand je l'aurai vu, *cuando le hubiere* ou *haya visto;* celui qui l'aura trouvé, *el que le hubiere* ou *haya hallado.*

Parlez-moi confidemment, mon ami : n'avez-*vous* rien trouvé
Hábleme Vm. en confianza, — — : ¿— — — hallado
en écrivant qui vous ait choqué? Que croyez-vous qu'*il en* ait
al escribir — — — disgustado? ¿— cree — — —
coûté aux Egyptiens *pour* bâtir leurs pyramides? Des oignons
costado — Egipcios el construir — pirámides? Algunas cebollas.
Vous vous étonnez que Dieu ait fait l'homme si borné, si
— — admira de — — — — al — — limitado, —
ignorant, si peu heureux : que ne vous étonnez-vous *pas* qu'*il*
ignorante, — — feliz : ¿como — — — — de —
ne l'ait *pas* fait plus borné, plus ignorant, plus malheureux?
— — — —, — —, — —, — infeliz?
Quoique son époux ait perdu au jeu tout ce qu'elle lui a apporté
Aunque — esposo — perdido — juego — cuanto — — — llevado
en mariage, quoiqu'*il* ait vendu toutes les pierreries qu'elle
— matrimonio, — — vendido — — pedrerías — —
avait, et jusqu'à ses habits, *elle* est inconsolable de sa perte.
—, — hasta — vestidos, está inconsolable — — pérdida.
Les hommes parlent de la félicité; mais *en* est-*il* un seul qui ait
— — hablan — — felicidad; ¿— hay uno solo — —
jamais su en quoi *elle* consiste? O Crétois, ne cherchez *pas*,
— sabido — — consiste? O Cretenses, — busqueis,
pour vous gouverner, un homme qui ait vaincu les autres dans
— — gobernar, — — — — vencido — — —
les jeux d'esprit et de corps, mais qui se soit vaincu lui-même;
— juegos — ingenio — — cuerpo, sino — — — — á sí —;
cherchez un homme qui ait vos lois écrites dans le fond de son
— — — — — — — escritas — — fondo — —
cœur, et dont[1] toute[3] *la* vie[2] ait été la pratique de ces lois. Non,
corazon, — cuya entera vida — — — práctica — — leyes. No,

| *il* ne me sera *point* reproché | que, dans un bois, à dix heures
| no se me acusará | de que, — —bosque, á las diez
du soir, j'aie parlé de philosophie à la plus aimable personne
de la noche, — — hablado — filosofía — — — amable persona
que je connaisse. | *Je* suis fâché | que ce jeune *homme* ait mé-
— — conozco. | Siento | — — jóven — des-
prisé vos autels; mais *je* ne puis le soumettre à votre puissance.
preciado — altares; — — puedo — sujetar — — poder.
Il a fallu que mes malheurs m'aient instruit, pour m'apprendre
— — — — desdichas — — instruido, — — enseñar
ce que *je* ne voulais *pas* croire. Télémaque même, surpris,
— — — — creer. — —, asombrado,
comprend à peine ce qu'*il* vient d'entendre; à peine peut-*il*
entiende apenas — — acaba — oir; apenas —
croire qu'*il* ait entendu ces hautes prédictions. Bénissez, ô grand
— — — oido — altas predicciones. Bendecid, ó gran
Jupiter, le roi qui vous ressemble, et qui est le plus grand don
Júpiter, al rey — se os asemeja, — — — — mayor don
que vous nous ayez fait. On ne peut plus douter que ces deux
— — — — hecho. — — — — dudar — — —
hommes *ne* se soient réunis pour s'élever ensemble à une grande
— — — reunido — — elevar juntos — — —
autorité, et peut-être pour renverser le trône où vous régnez.
autoridad, — quizá — derribar — trono en que — reinais.
Si dans un jour de fête vous prodiguez votre argent, le jour
— — — — — fiesta — prodiga — dinero, — —
ouvrable vous serez dans l'indigence, à moins que *vous* n'ayez
de hacienda — estará — — indigencia, — menos — — —
fait des épargnes. La mort vient nous surprendre avant que
— — ahorros. — — — á — sorprender ántes —
nous ayons pu satisfaire notre insatiable avidité.
— — satisfacer — insaciable avidez.

THÈME LIV.

Sur les deux Plus-que-parfaits du subjonctif.

Ils servent à former les phrases conditionnelles, lorsque, après la conjonction *si*, on place en français le plus-que-parfait d'indicatif. Le premier remplace aussi le conditionnel passé. Si j'avais voulu, je serais parti; *si yo hubiera* ou *hubiese querido*, *habria* ou *hubiera partido.*

Lorsqu'en français on emploie le plus-que-parfait du subjonctif, suivi d'un pronom personnel, duquel est séparé par un trait, il se rend en espagnol par l'un des deux plus-que-parfaits, précédé de la conjonction *aunque* ou *aun cuando :* Eût-il pris tous les remèdes, il n'aurait pas évité la mort; *aunque hubiera* ou *hubiese tomado todos los remedios, no habria evitado la muerte.*

On fait en français usage de ce temps à la place du plus-que-parfait de l'indicatif, après la particule *si :* S'il eût voulu me croire, *si hubiera querido creerme;* et à la place du conditionnel passé : Il eût pu sauver sa fortune, *habria podido conservar su fortuna.*

Vénus ne pouvait se consoler de voir que ces deux téméraires
Venus — — — consolar — — — — — temerarios

mortels eussent échappé aux vents et à la mer dans la tempête
mortales — escapado — vientos — — mar — — tempestad

excitée par Neptune. *Il* n'y avait aucune famille qui n'eût donné
excitada — Neptuno. — — — familia — — — dado

au roi tous ses biens, s'*il* se fût trouvé dans une pressante né-
— — — — —, — — — hallado — — urgente ne-

cessité. *Que* celui qui, les[2] mêmes[3] circonstances[4] existant[1], n'eût
cesidad. Aquel —, — — circunstancias existiendo, — —

point péché, jette au pécheur la première pierre. Henri IV n'eût
pecado, tire — pecador — — piedra. Enrique IV — —
point enterré son trésor, s'*il* eût été assuré de le trouver | au
enterrado — tesoro, — — — seguro — — hallar | en
besoin, | dans la bourse de ses sujets. Si Télémaque
caso de necesidad, | — — bolsillo — — vasallos. — —
eût su que Minerve était avec lui, un tel secours l'eût trop sou-
— — — Minerva — — —, — — auxilio — — — sos-
tenu. Quelquefois il aurait souhaité que Mentor l'eût arraché
tenido. A veces — — deseado — — — — arrancado
| malgré lui | de l'île; quelquefois | *il* lui tardait | que
| á despecho suyo | — — isla; otras veces | no veia la hora | en —
Mentor fût parti, pour n'avoir plus devant ses yeux cet ami
— — partido, — — — — delante de — — — —
sévère, qui lui reprochait sa faiblesse. Ce qui lui manquait
severo, — — echaba en rostro — flaqueza. — — — faltaba
c'était un mari de sa caste, un homme qui eût reçu une éduca-
— — marido — — casta, — — — — — — educa-
tion égale à la sienne, un homme aux mœurs polies, qui
cion igual — — —, — — de costumbres corteses, —
l'eût[1] peut[3]-être moins[4] aimée[2] que moi, mais qui l'eût rendue
— — — — — — —, — — — — hecho
heureuse. | Soyez tranquille, | madame, le comte me sera
feliz. | Esté Vm. sin cuidado, | señora, — conde — —
sacré: hier peut-être eussé-je donné des années de ma
sagrado: ayer tal vez — — — algunos años — —
vie pour une rencontre avec lui; mais aujourd'hui *je* ne lui en
— — — encuentro — —; — hoy — — quiero
veux plus. Télémaque ne se comprenait plus lui-même, et ne
ya mal. — — — entendia ya á sí —, — —
pouvait croire qu'*il* eût parlé si indiscrètement. Comprenez
— — — — — tan indiscretamente. Entienda Vm.
maintenant ce que *vous* n'auriez jamais compris, si *vous* ne
ahora — — — — — entendido, — —
l'aviez éprouvé. Idoménée, charmé du discours de Mentor,
— — experimentado. Idomeneo, echizado — discurso — —,

l'eût écouté longtemps, si *on* ne fût venu l'avertir pour un sa-
— — escuchado largo —, — — — — — advertir — — sa-
crifice qu'*il* devait offrir à Jupiter. Si l'homme eût réglé sa vie
crificio — — ofrecer — Júpiter. — — — — arreglado — —
par les conseils de la raison, et *qu'il* eût su unir la sobriété
— — consejos — — —, — — sabido unir — sobriedad
avec l'égalité d'âme, *il* aurait toujours été trop riche. Si vous
— — igualdad — —, — — — — rico. — —
aviez songé à éviter la jalousie de tous vos voisins, votre ville
— pensado en evitar — envidia — — — vecinos, — ciudad
naissante fleurirait dans une heureuse paix. Sa tête était bai-
naciente floreceria — — dichosa paz. — cabeza — ba-
gnée par l'eau du torrent, elle était glacée et sans haleine, et
ñada — — agua — torrente, — — helada — — aliento, —
si la nuit l'eût surprise sur son lit de gravier, les loups auraient
— — noche — — cogido — — lecho — casquijo, — lobos —
broyé son corps par lambeaux. Ce fut un état de fièvre
desmenuzado — — à bocados. — — — estado — fiebre
qui l'aurait tuée, *s'il* se fût prolongé plus de quinze jours. *Il*
— — — muerto, — — — prolongado — — quince dias.
lui semblait impossible qu'Esther eût pu mentir. Arnold la re-
— parecia imposible — Esther — — — Arnoldo — mi-
garda, craignant qu'*elle ne* fût encore une fois devenue folle.
ró, temiendo — se — — de nuevo vuelto loca.
Il faudrait que je fusse ennemi de mon bonheur, et que *j'*eusse
— — — — — — — dicha, — — —
entièrement perdu l'esprit, si *je* ne vous donnais *pas* ma fille
enteramente perdido — juicio, — — — diese — —
en mariage. Nous comptions tellement sur la dot, que si *nous*
— matrimonio. — contábamos de tal modo con — dote, — —
l'eussions déjà touchée, *nous* n'aurions *pas* cru être plus sûrs
— — ya recibido, — — — — — seguros
de l'avoir.
— — tener.

THÊME LV.

Sur les Futurs simple et composé du subjonctif.

1° Lorsque dans la même phrase il y a deux verbes au futur, dont l'un est précédé de quelque conjonction ou locution conjonctive, comme : quand, lorsque, dès que, aussitôt que, pendant que, et quelques autres, celui-ci se rend par le futur du subjonctif, et l'autre qui est un futur absolu, par celui de l'indicatif : Quand j'aurai fini mon ouvrage, je le ferai imprimer ; *cuando hubiere acabado mi obra, la haré imprimir.*

2° Quand le futur est précédé de ces locutions comparatives, le plus, le moins, le mieux, le meilleur, le plus beau, aussi, autant, etc., suivis de la conjonction *que*, ce futur se rend par celui du subjonctif : Je m'expliquerai le mieux que je pourrai, *me explicaré lo mejor que pudiere.*

3° On fait usage du futur du subjonctif lorsque le futur français est précédé des relatifs : celui qui, celle qui, ceux qui, celles qui, l'homme, la femme qui, quiconque, etc. : Celui qui perdra paiera tout, *el que perdiere lo pagará todo.* Généralement lorsqu'il faut employer les futurs du subjonctif, on peut les remplacer, le simple, par le présent du subjonctif, et le composé, par le prétérit du même mode : Quand je ferai, *cuando yo haga*, au lieu de *hiciere*; le meilleur que tu auras trouvé, *el mejor que hayas hallado*, au lieu de *hubieres hallado*; celui qui perdra, *el que pierda*, au lieu de *perdiere.*

Lorsque *vous* verrez ces athlètes de trente ans, accroupis
Cuando — — atletas — treinta —, de codos
devant un bureau, ou voiturant avec des bras velus une
delante de una mesa, ó llevando — unos brazos velludos —

tasse de café, n'*en* serez-*vous* scandalisé? Quand *j*'aurai tout
taza — café, ¿— — escandalizados? — lo — —
perdu, *je* vivrai comme *je* pourrai, *en* empruntant par-ci par-
— — — — pidiendo prestado — aquí y —
là à mes amis et connaissances. *Là* où plusieurs seront assem-
allí — — — — conocidos. Donde — — jun-
blés au nom de Dieu et dans son amour, là aussi Dieu sera plus
tos en nombre — — — — — amor, — — — — —
qu' ailleurs au milieu d'eux. Puis enfin de larmes plein les
— en otras partes en medio — — Despues — — — llenos —
yeux, et de désespoir plein l'âme, vous maudirez le jour et
—, — — desperacion — — —, — maldecirá — — —
l'heure où cette fatale idée vous sera venue de poursuivre une
— — en que — fatal idea — — venido — perseguir —
gloire qui coûte si cher, et qui rapporte si peu. Supposons que
— — cuesta tan cara, — — reditua — poco. Supongamos —
chaque soldat soit chargé d'acheter ses vivres où *il* voudra,
— soldado — encargado — comprar — víveres donde —,
de pourvoir à sa cuisine comme *il* l'entendra, sans fournitures
— proveer — — cocina — — entender, — abastos
générales, sans cuisine collective : je dis que l'entretien
generales, — — colectiva : yo digo — — mantenimiento
d'un régiment deviendra quatre fois plus dispendieux qu'*il ne*
— — regimiento será cuatro veces — dispendioso —
l'est aujourd'hui. Quand vous saurez toutes les aventures qui
lo es hoy dia. — — saber — — aventuras —
me sont arrivées dans ce pays-*ci*, vous m'excuserez. Nous irons
— — sucedido — — — — — disculpará. — iremos
tous trois, le plus tôt qu'*il* nous sera possible, rejoindre le
los tres, lo — pronto — — — posible, á juntarnos con —
reste de notre famille. Celui qui ne saura *pas* se contenter du
resto — — familia. Quien — — — contentar con lo
nécessaire, sera esclave toute sa vie. Quiconque s'attachera à
necesario, — esclavo — — — Cualquiera que — entregar —
un luxe qui outre-passe ses moyens, s'exposera assurément à
— lujo — sobrepuja — medios, — expondra seguramente —

de grands malheurs. Tant que la fortune nous sera favorable,
— desdichas. En cuanto — fortuna — — favorable,
nos amis seront fidèles; mais si *elle* vient à chanceler, ils *en*
— — — fieles; — — venir — vacilar, —
feront autant. Ceux qui n'auront *pas* connu l'amour, souffri-
harán otro tanto. — — — — conocido— —, tolera-
ront difficilement cette passion dans les autres. Les flatteurs
rán dificilmente — pasion — — demás. — aduladores
qui montreront plus *d'*empressement pour vous empêcher de
— mostrar — solicitud — — impedir que
vous exposer aux périls de la guerre, seront les premiers à vous
— expongais — peligros — — —, — — — en —
décrier en secret. Si vos alliés sont capables de sentir la no-
desacreditar — secreto. — — aliados — capaces — — — no-
blesse de votre conduite, *vous* les charmerez, et *vous* tirerez
bleza — — conducta, — embelesareis, — sacareis
d'eux tout ce que *vous* aurez sujet d'en attendre. Si au contraire
— — — cuanto — motivo— — esperar. — — contrario
ils ne sont *pas* assez raisonnables pour entrer dans vos sen-
— — — bastante razonables — entrar — — sen-
timents, *vous* serez instruit par vous-même de ce qu'*il* y aura
timientos, — instruido — — — — — — —
en eux d'injuste à souffrir. Ne dites jamais à certains flatteurs
— — — injusto que sufrir. — — — — — aduladores
qui sèment la division, les sujets de peine que *vous* croirez
— siembran — division, — motivos — pena — creer
avoir contre les chefs de l'armée où *vous* serez. Pensez-*vous*
— — — gefes — ejército en que — ¿—
que le grand Ulysse, votre père, n'ait *pas* aussi ses faiblesses
— — — Ulises, — — — — — — flaquezas
et ses défauts? N'attendez *pas*, quand *vous* le verrez régner avec
— — defectos? — espereis, — — — reinar —
gloire à Ithaque, *de* le trouver sans imperfections. Tant que
— en Itaca, — hallar — imperfecciones. En cuanto
vous voudrez absolument faire le bien, Protésilas sera prêt à
— querer absolutamente — — —, Protesilao — pronto —

le faire avec vous, pour conserver l'autorité; mais dès qu'*il*
— — — —, — conservar — autoridad; — luego que
sentira en vous *de la* facilité à vous relâcher, *il* n'oubliera rien
sentir — — facilidad en — relajar, — olvidarà —
pour vous faire retomber dans l'égarement.
— — — caer otra vez — — extravío.

THÈME LVI.

Sur les Participes irréguliers.

Tout participe passé reste invariable avec le verbe auxiliaire *haber;* mais avec les verbes *ser, estar, tener,* ou tout autre, il s'accorde avec le substantif auquel il se rapporte, comme un adjectif.

Voyez dans la Grammaire les participes irréguliers, c'est-à-dire ceux qui ne sont pas terminés en *ado* ou *ido :* voyez aussi les verbes qui ont deux participes, les réguliers pour la conjugaison, et les irréguliers employés adjectivement : voyez enfin les participes passés qui ont une signification active.

Les hommes passent comme les fleurs, qui, épanouies le
— — pasan — — flores, —, abrir por la
matin, le soir sont flétries et foulées aux pieds. Vous verrez
mañana, por la tarde — marchitar — llevadas entre — — verá
de belles routes ouvertes et fréquentées; *des* communications
hermosos caminos abrir y frecuentar; comunicaciones
établies partout, comme autant *de* témoins de la force et
establecer en todas partes, — otros tantos testigos — — fuerza —
de l'union de la société. Ne vaut-*il pas* mieux cent fois être un
— — union — — sociedad. ¿— vale mas cien veces — —

homme, libre, indépendant, qu'une faible femme, toujours
—, libre, independiente, — — débil —, —
exposée, toujours tremblante? Le baron, effrayé, se crut perdu
exponer, — temblando? — baron, asustado, — creyó perder
et proscrit; *il* ne vit *de* salut pour lui que dans la fuite: rien
— proscribir; — — salvacion — sí sino — — fuga: —
ne put le retenir. Bientôt un journal étranger nous apprit
— — detener. Luego — diario extrangero — hizo saber
par hasard que le baron était mort subitement trois jours après
— acaso — — — — morir de repente — — —
sa fuite de Paris. *Ce* n'est *pas* la moindre joie de mon cœur *de*
— — — — — — — menor gozo — — corazon
voir que le destin a fait pour toi mieux peut-être que *n*'eût
— — — destino — — — — — tal vez — hubiera
obtenu le choix *le* plus sage et *le plus* réfléchi. *Nous* nous
obtener — eleccion — prudente — repensada. —
sommes vus trois fois; celle-ci est la quatrième, et chaque fois
— — — —; esta — — cuarta, — — —
tout au plus quelques minutes. Il ne | fera *pas* attention | que
todo lo mas — minutos. — — | se hará cargo | —
sa grandeur d'âme n'est qu'un composé de petites bassesses;
— grandeza — — — — — — componer — — bajezas;
qu'*il* bâtit une pyramide avec *des* cailloux. Il considérait cette
— construye — pirámide — guijarros. — consideraba —
côte où s'élevaient, au-dessus des sables et *des* rochers, *de*
costa — — elevaban, por encima — arenas — peñascos,
petites collines toujours couvertes d'un gazon naissant et fleuri.
— collados *m.* — cubrir — — césped naciente — florido.
Si vous aviez une fois rompu la barrière de l'honneur et de la
— — — — — romper — barrera — honor — — —
bonne foi, *vous* ne pourriez plus rétablir la confiance néces-
buena fé, — — — restablecer — confianza nece-
saire au succès de toutes les affaires importantes. Cette héroïque
saria — logro — — — negocios importantes. — heroica
ville, après une longue résistance, avait enfin ouvert ses portes
ciudad, — de — larga resistencia, — — abrir — puertas

aux assiégeants, mais à *des* conditions honorables. Dieu a vu
— sitiadores, — con condiciones honrosas. — — ver
le fond de votre cœur, *il* a accepté votre repentir; et malgré
— fondo — — —, — aceptar — arrepentimiento;— aunque les hommes vous condamnent, le ciel vous a absous. *Il* ne
que — — — condenen, — — — —absolver. —
faut jamais rougir d'avoir dit la vérité. Ce qui est écrit
debemos — sonrojarnos — — — — verdad. — — —escribir
a été écrit pour notre édification, afin que *nous* ayons l'es-
— — — — — edificacion, — de — tengamos—es-
pérance par la consolation des écritures. Voilà le malheur qui
peranza — — consolacion — escrituras. He aquí — desgracia —
m'accable; et cependant qu'ai-*je* fait *de* mal? *je* n'ai fait que
— oprime; ¿ — sin embargo — — — —? — — — mas —
mon devoir. Jésus-Christ est mort pour nous, lui juste pour
— deber. Jesu Cristo — morir — —, — — —
nous injustes, afin de nous réconcilier avec Dieu par sa mort.
— —, — — — reconciliar — — — — muerte.
Dès qu'on a supposé la gravitation éternelle un principe
Luego — — — suponer — gravitacion eterna — principio
vrai, les grands phénomènes de la nature s'expliquent aisé-
verdadero, — — fenómenos — — — — explican fácil-
ment. Certains animaux et végétaux, qui ont été ensevelis dans
mente. Ciertos animales — vegetales, — — — sepultados —
des sucs pierreux, couverts de toutes parts d'une argile molle,
sucos pedragosos, cubrir por — — — — arcilla blanda,
s'*y* sont corrompus et dissous, tandis que l'argile s'est endur-
— — corromper — disolver, mientras — — — — — endure-
cie et pétrifiée. Que d'hommes on a vus tomber d'une haute
cer — petrificar. ¡ — — — — han ver caer — — alta
fortune, par les mêmes défauts qui les y avaient fait monter!
fortuna, — — — defectos — — — — — subir!
La plante, lorsqu'on l'a mise en liberté, garde l'inclinaison qu'*on*
— planta, — — — —poner — —, guarda — inclinacion —
l'a forcée à prendre; mais la sève n'a *point* changé pour cela.
—han forzar — tomar; — — savia — — mudar — —

sa direction primitive. Nos aïeux vivaient pauvres et vertueux,
— direccion primitiva. — abuelos vivian pobres — virtuosos,
et mouraient dans le champ qui les avait vus naître. Nous avons
— morian — — campo — — — ver nacer. — —
arraché plus *de* secrets à la nature dans l'espace de cent années,
arrancar — secretos— — — — — espacio — cien años,
que le genre humain *n'en* avait découverts depuis le commence-
— — género humano — descubrir desde — princi-
ment des siècles. *Il* aurait mieux valu que vous vous fussiez
pio — siglos. Hubiera mas valer — — — hubiesen
arrangés à l'amiable, que *de* suivre un procès qui vous aurait
componer amigablemente, — seguir — pleito — — —
ruinés *l*'un et *l*'autre. O [2]mon [1]ami, *il* n'y a [2]rien [1]encore [3]*de* décidé,
arruinará — — — O — —, — — — aun decidir,
rien *de* résolu sur les | changements à faire dans la maison. |
— resolver — — | mudanzas que se han de hacer en casa. |
Il était parti dans *l*'intention d'être de retour au commencement
— — — con intencion — — — vuelta — principio
de ce mois-ci, et cependant [2]*il* [3]n'est [1]*pas* [4]encore revenu. Béni
— — mes, — no obstante — — aun volver. Bendecir
soit Dieu, le Père de Notre-Seigneur Jésus-Christ. J'ai été
— —, — Padre — — Señor Jesu Cristo. — —
éveillé toute la nuit, attendant dans la plus grande inquiétude,
despertar — — noche, aguardando con — mayor inquietud,
l'arrivée du messager. Emportez vos huiles, disait un plaisant
— llegada — mensagero. Llevese Vm. — oleos, — — bufon
malade auquel *on* allait administrer l'extrême-onction, *je* [2]suis
enfermo á quien iban á administrar — extrema uncion, —
[1]déjà [3]frit. *On* vient de me dire qu'*on* a emprisonné un des domes-
ya freir. Acaban — — — — — prender á — — cria-
tiques du baron, qui, dit-on, peut donner *des* renseignements
dos — baron, —, se dice, — — informes
à la justice. Quand *vous* aurez fait tout ce qui vous a été pres-
— — justicia. — — — — — — — — — pres-
crit, dites : *Nous* [3]sommes *des* [1]serviteurs [2]inutiles. La Bible a
cribir, decid : — siervos inútiles. — Biblia —

été mille et mille fois écrite, copiée, traduite, imprimée, réim-
— — — — veces escribir, copiar, traducir, imprimir, reim-
primée, commentée, expliquée, interprétée : cependant *elle*
primir, comentar, explicar, interpretar : —
est inépuisable.
— inagotable.

THÈME LVII.

Sur les Adverbes.

Sous le nom d'adverbes nous comprenons aussi les locutions adverbiales, qui sont en grand nombre. Presque chaque adjectif fournit un adverbe terminé en *mente*, terminaison qui correspond à la terminaison française *ment* : pour le faire on prend dans chaque adjectif la terminaison féminine, et on y ajoute mente : *Claro*, *clara*, *claramente* ; *fuerte*, *fuertemente* ; *feliz*, *felizmente*, etc.

Ces adverbes terminés en *mente*, s'il y en a deux ou plusieurs de suite, perdent la terminaison adverbiale, et ne conservent que celle de l'adjectif, excepté seulement le dernier, qui se dit tout entier : *Grande*, *noble*, *esclarecida y generosamente* ; grandement, noblement, brillamment et généreusement. Voyez la Grammaire.

Si vous tombiez dans les plus affreuses extrémités où la
— — cayera — — — horrorosas extremidades — —
guerre précipite quelquefois les hommes, *il* faudrait vous
— precipita alguna vez á — —, — vol-
relever par votre vigilance et par les efforts de votre
verse á levantar — — vigilancia — — — esfuerzos — —

vertu ; car le vrai courage ne se laisse jamais abattre. Voyez
—; — — verdadero valor — — deja — abatir. Vea Vm.
comme *il* est fait ; est-*il* permis *de* se présenter ainsi devant
— — —; ¿— permitido — presentar — delante de
sa bienfaitrice, devant une personne à qui *l*'on doit *du* respect ?
— bienhechora, — — — — — — debe respeto ?
Je pensais à vous ; *je* me doutais bien que madame ne vous
— — en —; — sospechaba — — la señora — —
aurait *pas* oublié un jour comme celui-ci. Un mari, monsieur,
— olvidado — — — . — — marido, señor,
un mari est une chose nécessaire, chez soi, dans le monde,
— — — — — necesaria, en casa, — — mundo,
dans toutes les occasions ; et certainement *il* est plus convenable
— — — ocasiones; — ciertamente — — conveniente
de donner ses affections à un mari et à ses enfants, qu'à un
— — afectos — — — — — — —, — — —
petit orphelin étranger, qui est tombé on ne sait d'où. L'homme
huerfanillo estrangero, — — caido — — — —donde. — —
occupé de bien vivre vit toujours en homme de bien. Enfin me
ocupado en — — — — como — — — — —
marier, *ce* serait préparer à l'avance, à moi *des* torts, et *des*
casar, — preparar de antemano, para — faltas, —
chagrins pour ma femme ; et partant *il* est prudent, *il* est
pesares — — —; — por tanto — prudente, —
sage *de* garder mon indépendance et *de* rester garçon. Il re-
juicioso conservar — independencia — estarme soltero. — es-
cherchait curieusement tous les secrets de la nature, mais sur-
cudriñaba curiosamente — — secretos — — —, — sobre
tout *il* s'étudiait lui-même, et s'appliquait à orner son âme par
todo —estudiaba á sí —, — — aplicaba —adornar — — con
la vertu. Ainsi, la fortune, *en* voulant l'abattre, l'avait élevé
— — —, — —, — —humillar, — — ensalzado
à la véritable gloire, qui est sans doute celle de la sagesse. *Il*
— — verdadera —, — — — — — — — sabiduría.
me reste peu *de* temps à vivre ; la parque ennemie de ce doux
— queda — — que —; — parca enemiga — — dulce

repos que les dieux accordent si rarement aux mortels, se hâ-
reposo — — dioses conceden tan raras veces — mortales, — apre-
tera de trancher mes jours. Comment pourrez-*vous* vous confier
surará á cortar — — ¿— podreis — confiar
les uns aux autres, si une fois *vous* rompez l'unique lien de la
— á —, — — — rompeis — único lazo — —
société et de la confiance, qui est la bonne foi? Ici, en parti-
sociedad — — — confianza, — — — — —? —, — parti-
culier et sans témoins, *je* t'appellerai mon fils, mais | partout
cular — — testigos, — llamaré — —, — | en cual-
ailleurs, | devant le monde, *tu* ne seras que mon
quiera otra parte, | delante de la gente, — — mas que —
neveu. Les hommes, dans leur orgueil, se croient supérieurs *les*
sobrino. — —, — — orgullo, — creen superiores
uns aux autres, par *des* titres et distinctions flatteuses; mais la
— á —, con títulos — distinciones alhagüeñas; — —
mort vient les mettre tous de niveau, et alors *ils* sont tous égaux.
— — á — — — á nivel, — — — — iguales.
Est-ce que mes passions du régiment vont maintenant me
¿Por ventura — — — regimiento — ahora á —
poursuivre jusqu'ici, jusque dans ce palais? Et moi, élevé si
perseguir hasta aquí, — — — palacio? ¡ — yo, elevado —
haut par un coup de fortune inespéré, si une imprudence pré-
alto — — golpe — — inesperado, — — imprudencia pre-
cipitait ma chute! Si tu savais toutes les mauvaises pensées qui
cipitase — caida! ¡ — — supieras — — — — —
me viennent, dans ces longues heures de la nuit, passées loin
— —, — — largas horas — — noche, pasadas lejos
de toi! J'accepte avec reconnaissance, pour des malheureux,
— —! Acepto — reconocimiento, — unos infelices,
ce que vous inspire votre générosité; réparer leur désastre
— — — inspira á Vm. — generosidad; reparar — desastre
est le devoir de chacun : mais celui du magistrat va plus loin.
— — deber — cada uno : — — — magistrado — — —
J'ai reçu du ciel la mission de te suivre partout, de veiller
— — — — — mision — — seguir por todas partes, — velar

sur toi, et je ne pouvais *pas* te manquer à l'heure du découra-
— —, — — — — — faltar — — — — desa-
gement. Là toute la nature était riante et gracieuse, le ciel
liento. — — — — estaba risueña — graciosa, — —
était doux et serein, et la terre toujours prête à tirer de son
— suave — sereno, — — — — pronta — sacar — —
sein *de* nouvelles richesses, pour payer les peines du laboureur.
seno nuevas riquezas, — pagar — penas — labrador.

THÊME LVIII.

Sur les Adverbes. *(Suite.)*

Voyez la Grammaire, où l'on trouve une liste par ordre alphabétique des principaux adverbes et locutions adverbiales.

Les dieux, avant *que* de vous couronner dans le séjour des
— —, — — — coronar — — morada —
justes, vous ont accordé ici-bas une vieillesse heureuse, agréa-
justos, — — acordado — bajo — vejez dichosa, agradable et longue : mais, hélas! ce qui devrait toujours durer
ble — larga : —, ¡ay de mí! — — debiera — durar
n'est jamais assez long. S'*il* nous est permis *de* faire comme
— — — — largo. — — — permitido — —
Adraste, il n'est *point* coupable, et nous | avons tort de |
Adrasto, — — — culpable, — — | hacemos mal en |
vouloir le punir. Ne gardera-t-on *pas* les paroles données que
— — castigar. ¿— cumplirán — — palabras dadas sino
quand *on* manquera *de* prétextes plausibles pour les violer? Ne
— faltáren pretextos plausibles — — violar? ¿—
sera-t on fidèle et religieux pour les serments que quand *on*
— — fiel — religioso en — juramentos sino —

n'aura rien à gagner *en* violant sa foi? Si l'amour de la vertu et
—tuviere —que ganar violando — fé? — — — — — — —
la crainte des dieux ne vous touchent plus, au moins soyez
— temor — — — — muevén —, por lo menos dejaos
touchés de votre réputation et *de* votre intérêt. Quel voisin ne
mover por — reputacion — — interés. ¿Qué vecino —
sera *pas* contraint de craindre tout de vous, et de vous détes-
estará forzado á temerlo — — —, — á — detes-
ter? Qui pourra désormais, dans les nécessités *les* plus pressan-
tar? ¿Quien — en adelante, — —necesidades — urgen-
tes, se fier à vous? Oh! ne croyez *pas* que je puisse jamais
tes, — fiar en —? ¡Oh! — creais — — — —
trahir ces serments que le ciel a reçus, et dont vous fûtes
quebrantar — juramentos — — — — —, —de que — fuisteis
témoin : oh! jamais! Le bonheur m'est venu si tard, que *je* ne
testigo : ¡oh! ¡—! — felicidad — — — tan tarde, — —
voudrais *pas* perdre une minute. Ma volonté n'est *pas* libre : ce
quisiera — — minuto. — voluntad — — libre: —
que *je* fais aujourd'hui n'est *pas du* choix de mon cœur; *je* cède
— — — — — eleccion — — —; cedo
à un plus[2] grand[3] devoir[1] que celui de l'obéissance. Si j'étais à la
— — — — — — — — —obediencia. — — — en
place de madame, *je* ne vous permettrais *point* ces petites li-
lugar de la señora, — — permitiria — pequeñas li-
bertés qu'on pouvait souffrir d'un enfant, mais qui, maintenant
bertades — — — sufrir — — niño, — —, ahora
que vous devenez un jeune homme, s'écartent trop du
— — empieza á ser — mozo, —apartan demasiado—
respect. Vous êtes méchante, *vous* me[2] grondez[3] toujours[1]; ça
respeto. — — maliciosa, —está riñendo —; eso
n'empêche *pas* que je vous aime bien; mais *je* ne veux *pas* vous
— impide — — — — —; — — — —
écouter. *Je* vous apprends, mon cher ami, que mademoi-
escuchar. Le hago saber á Vm., — querido —, — la seño-
selle renonce à rester fille, et qu'*elle* se marie : aujourd'hui
rita renuncia — quedarse soltera, — — — casa : —

on signe le contrat, et demain *on* s'engage à l'église. Aussitôt
— firma — contrato, — mañana se ligan en — iglesia. Al punto
mon père pensa qu'*il* ne devait plus garder le dépôt de son
— — — — — — — guardar — depósito — —
ami, et *il* voulut remettre le portefeuille entre les mains d'un
—, — quiso remitir — cartera — — manos — —
notaire. Monsieur, j'ai reçu en dépôt de monsieur votre père
notario. Caballero, — — — — — — señor — —
cinq cent mille francs que *je* dois vous rendre : le dépôt est
quinientos mil francos — — — volverle : — — —
perdu ; mais demain mon notaire vous remettra l'état de toute
— ; — mañana — — — remitirá — estado — —
ma fortune ; elle *se* monte à cette somme, elle vous appartient.
— fortuna ; — asciende — — suma, — — pertenece.
Tu me demandes *ce* que *je* fais de la vie : demande-lui plutôt
— — preguntas — — — — — ; pregúntale mas bien
ce qu'elle fait de moi, et *nous* verrons ce qu'*elle* osera le répon-
— — — — —, — veremos — — osará — respon-
dre. *Il* me semble toujours, au moindre vent qui agite ces ri-
der. — parece —, — menor viento — agita esas cor-
deaux, qu'*il* y a quelqu'un caché derrière. Dans le mariage
tinas, — — — escondido detrás. — — matrimonio
on a plus souvent affaire à l'homme raisonnable qu'à l'aimable
— — — veces que ver con — — razonable — con — amable
homme : en un mot, *je* ne lui demande qu'un bon caractère ;
— : — — palabra, — — pido mas — — — genio ;
et cela est plus difficile à trouver qu'on *ne* pense. Cependant la
— — — — difícil de hallar — — piensa. Entre tanto —
vieillesse, comme vous *le* voyez, est venue frapper à ma porte ;
vejez, — — vé, — — á llamar — — puerta ;
elle a blanchi mes cheveux et ridé mon visage : elle m'a-
— — encanecido — cabellos — arrugado — cara : — — ad-
vertit que *je* ne jouirai *pas* longtemps d'une si parfaite pros-
vierte — — gozaré mucho tiempo — — tan perfecta prospérité.
peridad.

THÈME LIX.

Sur les Adverbes. *(Suite.)*

Monsieur *le* baron possède les plus nobles qualités; et *il* mé-
El señor baron posee — — — prendas; — me-
riterait *de* trouver un cœur qui pût l'aimer autant qu'*il* | en
receria hallar — — — — — — tanto como | es
est digne. | Vous êtes trop bon pour cet enfant; il finira
digno de ser amado. | — — — — — — —; —llegará
par abuser de votre indulgence. *Il* fallait que je l'entendisse
á abusar — — indulgencia. Era menester — — — oyese
de votre bouche, et *il* me semble encore que *je* ne dois *pas* vous
— — boca, — — parece aun — — debo cre-
croire. Oh! non, jamais! cette affection si profonde, si mal-
erle. ¡—! —, ¡—! — afecto tan profundo, tan des-
heureuse, et qui m'est si chère, est la seule qui remplira ma
graciado, — — — — — caro, — — único — llenará —
vie. Je refusai; mais alors *ce* fut[3] mon[1] père[2] qui vint se jeter
— — rehusé; — — — — — quien vino á — echar
à mes genoux, et *je* vis couler ses larmes, *j'*entendis des priè-
— — rodillas, — vi correr — lágrimas, oí unos rue-
res que *je* ne connaissais *pas* encore. Je lui donnerai à garder
gos — — conocia todavía. — — daré — —
l'honneur et la vie de sa mère; *je* serai tranquille, mon ami,
— — — — — — — —, estaré sosegada, — —,
il ne me trahira jamais. Mais je n'ai *point* reçu depuis un ac-
— — — venderá — — — — — — despues — aco-
cueil plus encourageant, excepté aujourd'hui, à mon arrivée:
gida — afectuosa, excepto hoy, — — llegada:
il faut être juste; au moins vous m'avez salué sans détour-
es preciso — —; á lo — — — — saludado — des-
ner la tête. Oui, l'action qui peut causer le déshonneur d'une
viar — cabeza. Sí, — accion — — causar — deshonor — —

famille, et quelquefois la mort d'une victime, cette action-là
—, — alguna vez — — — — víctima, — —
est un crime. Je demande à Dieu de m'accorder encore assez
— — crímen. — — — — que — conceda aun bastantes
de jours pour te servir de père, et voir se réaliser tes projets et
dias — — servir — —, — — — realizar —proyectos—
les vœux de ta mère. | En deçà et en delà | du fleuve *il* y avait
— deseos — — — | A este lado y al otro | — rio —
une multitude de villages et *de* maisons de campagne, qui en
— multitud — lugares — casas — campo, — —
rendaient *la* vue fort agréable. Une des différences entre l'église
hacian vista muy agradable. — — diferencias — —iglesia
grecque et la latine, c'est que dans celle-là on prie debout, et
griega — — latina, — — — aquella — ora en pié, —
dans celle-ci on prie à genoux. Certes, votre mari fera | son-
— esta — — de rodillas. Por cierto, — — — | va-
ner bien haut | son attachement à ses princes légitimes, son
ler mucho | — adhesion — — príncipes legítimos, —
exil volontaire près d'un exil forcé. Oh! vous ne vous fi-
destierro voluntario al lado— — — forzado. ¡—! — — — fi-
gurez *pas* comme à présent on le traite avec considération,
gura — ahora — — trata — consideracion,
avec respect; on ne parle que de son courage, de son amour
y respeto; — — — mas — — — valor, y — — —
pour sa mère. D'où vient donc, ma mère, que votre joie, si
por — — ¿De donde viene pues, — —, — — gozo, tan
vive d'abord, a fait sitôt place à un trouble, à une
vivo desde luego, — — tan presto lugar — — perturbacion,— —
tristesse, que vous vous efforcez en vain de me cacher? *J'ai*
tristeza, — — — esfuerza envano á — ocultar? —
parcouru l'Europe entière, et maintenant dans l'ennui qui me
recorrido — Europa entera, — ahora — —disgusto — —
dévore, ses provinces et ses capitales n'ont plus *d'*attraits pour
devora, — provincias — — capitales — — — atractivos —
moi. *Je* vais mourir, avec le regret de n'avoir jamais pu ac-
— Voy á morir, — — sentimiento — — — — — pa-

quitter une dette dont *le* souvenir pèse *à* mon cœur. Vous êtes
gar — deuda cuyo recuerdo oprime — — — —
exact au moins; *c*'est[2] toujours[5] ainsi[1] qu'*il*[3] faut[4] être[6] : *l*'ordre
exacto á lo menos; — — — como debemos —: órden
et *l*'exactitude en tout, c'est ma régle de conduite. *Je* veux
— exactitud — —, tal — — — — conducta. —
bien vous[2] accompagner[1], mais auparavant promettez-moi de
— — acompañarle, — ántes prométame que
ménager la sensibilité de cet homme, qui serait capable de
respetará — sensibilidad — aquel —, quien — capaz —
mourir de chagrin. *Je* vois avec plaisir que vous valez mieux
— — pesadumbre. Veo — gusto — — vale mas
que votre réputation : cela devait être; bon sang ne peut men-
— — reputacion: así debia —; la — sangre — — men-
tir, mon[2] cousin[1] : aussi *il* me serait doux *de* vous prouver com-
tir, — primo: por esó — — dulce — probar cuan-
bien *je* tiens *à* tout ce qui intéresse votre gloire et votre honneur.
to estimo — — — interesa — — — — —
Ma nièce a *des* qualités solides, précieuses; *elle* sait parfaite-
— sobrina — prendas sólidas, preciosas; sabe perfecta-
ment l'italien, un peu d'anglais, beaucoup de dessin, *elle* tou-
mente — italiano, — — — inglés, — el dibujo, to-
che du piano, *elle* est très forte sur le solfége; | voilà pour
ca el piano, — — fuerte en — solfeo; | he aquí en cuanto
l'agréable : | et pour l'utile, *elle* tient les livres en partie
á lo agradable: | — — — útil, — — libros — partida
double, *elle* sait coudre, broder, *elle* fait[2] ses[3] robes[4] elle-même[1],
doble, — coser, bordar, — — vestidos — —,
qualités précieuses dans une jeune[2] femme[1], et que les chefs de
cualidades preciosas — — jóven moza, — — — cabezas —
famille négligent trop souvent de donner à leurs enfants.
familia se descuidan — á menudo — — — — hijos.

THÈME LX.

Sur les Adverbes. *(Suite.)*

Sophronyme n'était *pas* moins attentif *à* considérer ce vieil-
Sofrónimo — — . — atento considerando — ancia-
lard : sa barbe blanche tombait sur sa poitrine ; son visage ridé
no : — barba blanca caia — — pecho ; — cara arrugada
n'avait rien de difforme ; *il* était encore exempt des injures
— — — disforme ; — — . exento — injurias
d'une vieillesse caduque ; ses yeux montraient une douce viva-
— — vejez caduca ; — ojos mostraban — plácida vivacité ; sa taille était haute et majestueuse, mais un peu courbée,
cidad ; — estatura — — — magestuosa, — — — inclinada,
et un bâton d'ivoire le soutenait. Aux deux côtés du jardin
— — baston — marfil — sostenia. — — lados — huerto
paraissaient deux bocages, dont *les* arbres étaient presque aussi
se veian — sotos, cuyos árboles — casi tan
anciens que la terre leur mère, et dont *les* rameaux faisaient
antiguos como — — — —, — — ramos —
une ombre impénétrable aux rayons du soleil. Oui, fiez-vous
— sombra impenetrable — rayos — sol. Sí, señor, fiese Vm.
à cette physionomie si douce, si prévenante, qui disparaît un
— esa fisonomía tan dulce, — oficiosa, — desaparece —
quart d'heure après, pour faire place à un visage sombre, bru-
cuarto — hora despues, — — lugar — — cara tétrica, bru-
tal, farouche, qui devient l'effroi de toute une maison. | *Il*
tal, salvage, — causa — espanto — — — — |
faut vous dire | qu'*ils* sont *là* un tas de comman-
Es preciso que le diga á Vm. | — — — atajo — coman-
dants, qui commandent tous à la fois, et qui ne s'entendent
dantes, — mandan — — — vez, — — — — entienden
pas du tout. Je ne m'emporte nullement, *je* dis la chose
unos á otros. — — — enfado de ningun modo, — — —

telle qu'*elle* est : vous vous êtes tous entendus pour me faire un
tal como — : Vms. — — — entendido — — — —
affront, et certainement *je* n'y suis *pas* habitué. Enfin on
afrenta, — ciertamente — — — acostumbrado. En fin —
entendit un murmure sourd qui se répandait peu à peu dans
oyó — rumor sordo — — esparció poco á poco —
l'assemblée ; les uns regardaient les autres, et n'osaient *pas*
— asamblea ; — — miraban á — —, — — se atrevian á
parler les premiers ; *on* attendait impatiemment que les chefs
— — — aguardaban con impaciencia — — gefes
de l'armée se déclarassent, et chacun avait *de la* peine à re-
— ejército — declarasen, — cada cual — trabajo en contenir ses sentiments. Un doux sommeil enchaînait mes sens,
tener — sentimientos. — dulce sueño encadenaba — sentidos,
quand tout à coup *je* crus voir Vénus, qui fendait les nues dans
— de repente creí ver á Venus, — hendia — nubes —
son char conduit par deux colombes. Ne faites *point* attendre le
— carro conducido — — palomas. — — esperar —
bienfait : c'est donner deux fois *que de* donner vite. C'est une
beneficio : — — — — — pronto. — —
injustice *que de* reprocher à un homme des principes qu'*il* dé-
— echar en rostro — — — unos principios — des-
savoue clairement et formellement, à moins que sa conduite ne
aprueba claramente — formalmente, — — — — conducta —
démente *pas* son désaveu. Les préjugés croissent lente-
desmienta — desaprobacion. — preocupaciones crecen lenta-
ment et insensiblement, et ensuite *ils* s'établissent et s'enraci-
mente é insensiblemente, — en seguida — establecen — — arrai-
nent sans qu'on ait aperçu leurs progrès. *Il* y a *des* peuples qui,
gan — — — — notado — progresos. — pueblos —,
par un effet des lois qui les gouvernent, sont politiquement et
— — — — — — — gobiernan, — políticamente —
moralement plus heureux que les autres. On avait bien *de la*
moralmente — felices — — otros. — — mucho
peine à retenir les Crétois au dedans du camp, où *ils* étaient
trabajo en contener á — Cretenses en el interior — campo, — —

gardés de près. Si peu qu'on parût douter de ses moyens, *il*
— — cerca. Por poco — — pareciese dudar — — arbitrios,
se hâtait de les expliquer légèrement et inconsidérément, et
— apresuraba á — explicar ligeramente é inconsideradamente, —
le secret *le* plus intime échappait du fond de son cœur. Télé-
— — — íntimo se escapaba — fondo — — — Telé-
maque parlait toujours librement, naturellement et ouverte-
maco — — libremente, naturalmente — abierta-
ment, comme un homme qui avait son cœur sur ses lèvres. Le
mente, — — — — — — — en — labios. —
vent pousse impétueusement la flamme de pavillon en pavillon,
viento lleva impetuosamente — llama — pabellon — —,
et bientôt tout le camp est comme une vieille forêt qu'une
— bien pronto — — — — — — antigua selva — —
étincelle de feu a embrasée. En cet état, *il* court hors du
chispa — fuego — abrasado. — aquel estado, corre fuera —
camp pour en éviter *les* flammes; *il* appelle à lui d'une voix
— — sus evitar llamas; llama á sí con — voz
forte tous les chefs de l'armée, et cette voix ranime déjà tous
— á — — — — ejército, — — — reanima ya á —
les alliés éperdus. Ainsi un seul homme, donné au monde
— aliados acobardados. Así — solo —, — — —
par la colère des dieux, *en* sacrifie brutalement et impitoyable-
— — ira — —, sacrifica brutalmente y desapiadada-
ment tant *d'*autres à sa vanité. Non, non; bien loin d'être *des*
mente — — — — vanidad. No, —; muy lejos — —
demi-dieux, *ce* ne sont pas même *des* hommes; et *ils* doivent
semidioses, — — ni aun —; — deben
être en exécration à tous les siècles dont *ils* ont cru être ad-
— la execracion de — — siglos de que — creido — ad-
mirés.
mirados.

THÈME LXI.

Sur les Prépositions.

Les principales prépositions sont : A, *á*, après, *despues de*, avant, *antes de*, avec, *con*, chez, *entre*, *en*, *en casa de*, contre, *contra*, dans, *en*, dès, *desde*, de, *de*, depuis, *desde*, derrière, *detras de*, devant, *delante de*, durant, *durante*, en, *en*, entre, *entre*, envers, *para con*, hormis, *fuera de*, *excepto*, hors, *fuera de*, malgré, *á pesar de*, moyennant, *mediante*, nonobstant, *no obstante*, outre, *ademas de*, par, *por*, parmi, *entre*, pendant, *durante*, pour, *para*, *por*, sans, *sin*, sauf, *salvo*, selon, *segun*, sous, *bajo*, *debajo de*, suivant, *segun*, sur, *sobre*, *encima de*, touchant, *tocante á*, vers, *ácia*, vis-à-vis, *enfrente de*.

L'usage des prépositions est le même en espagnol qu'en français ; mais souvent on se sert d'une préposition en français, et d'une autre en espagnol. Ex. Compter sur quelqu'un, *contar con alguno ;* être content de lui, *estar contento con alguno ;* être facile ou difficile à faire, *ser fácil ó difícil de hacer ;* donner à manger, *dar de comer ;* prendre plaisir à une chose, *deleitarse en alguna cosa*, etc.

Sur l'usage particulier de certaines prépositions, consultez la Grammaire.

Je ne te parlerai *pas* de ces catastrophes particulières, si com-
— — — — — — catástrofes particulares, tan co-
munes chez les historiens, qui ont détruit *des* villes et *des*
munes entre — historiadores, — — destruido ciudades —
royaumes entiers : | *il* y en a *de* | générales, qui ont mis bien
reinos enteros : | algunas hay | —. — — — muchas

de fois le genre humain à deux doigts de sa perte. Le destin
veces — género humano — — dedos — — pérdida. — destino
tourne et retourne, selon son caprice, les affaires des mortels.
vuelve — revuelve, segun — capricho, — asuntos — mortales.
La vertu est à l'âme ce que la beauté est au corps. En face
— — — para — — — — — hermosura — — cuerpo. Enfrente
des ruines de ce palais s'élève un monument. Votre terre pro-
— ruinas — — palacio — — — monumento. — — pro-
duit de quoi nourrir et vêtir tous ses habitants; *vous* avez sous
duce con — alimentar — vestir á — — habitantes; — bajo
vos pas tous les matériaux; *vous* avez autour de vous deux
— pasos — — materiales; — al rededor — — dos-
cent mille fainéants, que *vous* pouvez employer : *il* ne reste
cientos mil holgazanes, — — emplear : — resta
donc plus qu'*à* les faire travailler, et *à* leur donner pour leur
pues — — — — trabajar, — — — por —
salaire de quoi être bien nourris et bien vêtus. La richesse d'un
salario con — — — — — — — — — — —
état consiste dans le nombre de ses habitants et dans leur
estado consiste — — número — — — — — —
travail. Vis-à-vis le catalogue des empereurs est la liste des
— Enfrente del catálogo — emperadores — — lista —
papes, presque tous caractérisés par leurs actions principales.
papas, casí — caracterizados — — — principales.
Enfin arriva la journée de *la* Saint-Barthélémi, préparée depuis
En fin llegó — dia — San Bartolomé, preparado hacía
deux années entières; journée dans laquelle une partie de la
— años enteros; — — — cual — parte — —
nation massacra l'autre; où *l*'on vit les assassins poursuivre
nacion mató á — —; en que — — — asesinos perseguir á
les proscrits jusque sous les lits et dans les bras des princesses,
— proscritos hasta bajo — camas — — — brazos — princesas,
qui intercédaient en vain pour les défendre; où enfin Charles
— intercedian envano — — defender; — — Carlos
IX *lui*-même tirait d'une fenêtre de son louvre sur ceux de
nono — tiraba — — ventana — — louvre contra aquellos —

ses sujets qui échappaient aux meurtriers. Le roi, dévoré de re-
— vasallos — escapaban — matadores. — rey, devorado — remords et d'inquiétude, tomba dans une maladie mortelle :
mordimientos — — inquietud, cayó — — enfermedad mortal :
son sang s'alluma et se corrompit; il lui sortait quelquefois
— sangre — inflamó — — corrompió; esta — salia algunas veces
par les pores : le sommeil | le fuyait; | et quand *il* goûtait un
— — poros : — sueño | huia de él; | — — gozaba —
moment de repos, *il* croyait voir les spectres de ses sujets
momento — descanso, — — — espectros — — —
égorgés par ses ordres : *il* se réveillait avec *des* cris affreux,
degollados — — órdenes : y — despertaba — gritos horribles,
tout trempé de son propre sang, effrayé de celui qu'*il* avait
— mojado con — propia sangre, espantado — — — —
répandu, n'ayant pour consolation que sa nourrice, et lui
derramado, — — — consuelo mas — á — nodriza, — —
disant avec *des* sanglots : Ah! ma nourrice, que *de* sang!
— — sollozos : ¡ — ! — — , ¡ cuanta — !
que *de* meurtres! qu'ai-*je* fait! *je* suis perdu! *Il* vient un
¡ cuantas muertes ! ¡ — — — ! ¡ — — ! — —
âge où pour certaines personnes, la perte absolue de la fortune
edad *f.* — — — — , — — absoluta — — —
est le plus grand des malheurs, où la misère conduit à la mort.
— — mayor — desdichas, — — — — — — —
Moi, pauvre cadet de famille, officier de fortune, irrité de
Yo, — segundon — — , oficial — — , irritado —
l'inaction où *l'*on me laissait, *je* ne songeais qu'à accepter le
— inaccion — — — dejaba, — pensaba sino en aceptar —
grade qui m'était offert dans le régiment des gardes. Ce por-
grado — — — ofrecido — — regimiento — guardias. — car-
tefeuille avait été serré dans un secrétaire à double fond;
tera — — encerrada — — secretario á doble fondo;
mon père seul en avait *la* clef : c'était un secret pour tout le
— — — — — llave : aquello — — — — — —
monde. Eh bien! aujourd'hui même *il* faut que je renonce à ce
— ¡ Pues bien ! hoy — — — — renuncie — —

que *j'*aime *le* plus au monde ; *il* faut que *j'*immole mon bon-
— — — en el —; — — inmole — felici-
heur à mon devoir envers mon père. *Moi*, je mériterais *d'*a-
dad — — obligacion con — — — mereceria a-
mers reproches, si *j'*abusais de votre soumission, pour vous
margas reconvenciones, — abusase — — sumision, — —
imposer la plus cruelle des chaînes, celle qui vous lierait pour
imponer — — cruel — cadenas, — — — ligaria —
jamais à un homme que votre cœur repousserait. L'édu-
siempre jamás — — — — — — desecharia. — —
cation universitaire que j'avais reçue, et qui m'avait fait vingt
— universitaria — — — —, — — — — — veinte
fois le premier du collége, ne m'avait rien appris pour la vie
veces — primero — colegio, — — — — enseñado para — —
réelle : j'avais tout effleuré, et rien approfondi. Au
real : — lo — — tocado superficialmente, — — profundizado. En
milieu d'un salon je paraissais apte à tout; rentré chez moi
medio — — — . — parecia apto para —; retirado en mi casa
*j'*étais accablé moi-même de la conviction de mon impuissance.
— agobiado yo — con — conviccion — — impotencia.
Je me donnai quatre ans pour réussir *à* rétablir ma position, ou
— tomé cuatro — — lograr restablecer — posicion, —
à m'*en* créer *une* autre, par tous les moyens honorables que l'in-
— crear —, — — — medios honrosos — — in-
dustrie met aux mains des hommes. Aimable, bien fait,
dustria pone entre las — — — Amable, bien hecho,
voilà de quoi vivre pour l'amour ; sociable et spirituel, voilà
he aquí con — — — — —; sociable — ingenioso, —
pour l'entretien de la société : tout sera bon dans cet homme-là ;
— — trato — — sociedad : — — — — — —;
l'utile et l'agréable, tout s'y trouve. *Il* venait l'autre jour de
— útil — — agradable, — — — halla. Acababa — — — —
s'emporter contre sa femme : j'arrive, *on* m'annonce : *je* vois
— encolerizar contra — — : — llego, — anuncia : y veo
un homme qui vient à moi les bras ouverts, d'*un* air
— — — — — — con — brazos abiertos, con semblante

serein et dégagé : vous auriez dit qu'*il* sortait de la conversation
sereno y despejado: — — — — — — — —
la plus badine ; sa bouche et ses yeux riaient encore. C'est encore
— jocosa; — boca — — ojos se rian aun. — — —
plus malheureux pour lui, puisqu'en s'éloignant, *il* a dû renon-
— desgraciado — —, pues al — alejar, — — renun-
cer à l'espérance d'une grande fortune et d'un mariage avan-
ciar — — — — — — — — — casamiento ven-
tageux. Excusez ma mauvaise humeur ; mais *je* ne suis secondé
tajoso. Disculpe Vm. — mal humor; — — — secundado
par personne ; et un jour comme celui-ci, où pour les intérêts
— nadie; — — — — —, — — — —
de famille, *je* ne dois *pas* négliger ceux du commerce, *c'est*
— —, — — descuidar — — comercio,
à peine *si je* sais auquel entendre. Pendant qu'*il* vivait heureux
apenas sé á quien escuchar. Mientras — — —
dans cette retraite, *il* aperçut un jour, sur le rivage de la mer,
— — retiro, divisó — —, — — playa — mar,
un vieillard vénérable qui lui était inconnu ; *c*'était un étran-
á — anciano venerable — — — desconocido; — — extran-
ger qui venait d'aborder dans l'île. La sagesse, qui accoutume
gero — acababa — aportar — — isla. — sabiduría, — acostumbra
les hommes à se contenter de peu et à être tranquilles, m'a
á — — — contentar con — — — estar tranquilos, — —
tenu lieu jusqu'ici de tous les autres biens. Mais je serai content
— lugar hasta aquí — — — — — — — — —
de mourir, pourvu que mes yeux, avant *que* de se fermer à la
— —, con tal — — —, ántes — — cerrar — —
lumière, aient vu le petit-fils de mon maître. Après que vous
luz, — — al nieto — — amo. Despues — —
aurez posé pour maxime qu'on peut violer les règles de la pro-
— puesto por máxima — — — violar — — — — pro-
bité pour un grand intérêt, qui d'entre vous pourra se fier à
bidad — — — —, ¿ quien — — — — — fiar —
un autre, quand cet autre pourra trouver *de* *l*'avantage à lui
—, — — — pueda hallar ventaja en —
manquer de parole et *à* le tromper ?
faltar — — — — engañar ?

THÈME LXII.

Sur les Conjonctions.

Les conjonctions le plus en usage sont : Ainsi, *asi*, car, *pues*, cependant, *sin embargo*, comme, *como*, donc, *pues*, enfin, *en fin*, et, *y*, *é*, lorsque, *cuando*, mais, *mas*, *pero*, *empero*, et après une négation, *sino*, néanmoins, *no obstante*, ni, *ni*, or, *ahora bien*, *ahora pues*, pourtant, *sin embargo*, quand, *cuando*, quoique, *aunque*, si, *si*, sinon, *sino*.

L'usage des conjonctions et des locutions conjonctives est le même dans les deux langues.

Les hommes ne sont inconséquents dans leurs actions que
— — — — inconsecuentes — — acciones sino
parce qu'*ils* sont inconstants dans leurs principes. *Il* nous est dif-
porque — inconstantes — — principios. — — di-
ficile *de* nous connaître, parce que *nous* ne sommes presque
fícil — conocer, — — — casi
jamais semblables à nous-mêmes. Les sciences et les arts ont
nunca semejantes. — — — — — — — — —
éclairé et consolé la terre, pendant que les guerres la déso-
alumbrado— consolado— —, mientras — — — — deso-
laient. *Il* faut se préparer à l'adversité, pendant que *l'*on est
laban. — — preparar — —adversidad, — — — —
dans la prospérité. Tandis que l'innocence veille et dort en
— — prosperidad. Mientras — —inocencia vela — — —
paix, le crime ne veille *ni ne* dort *que* dans le tourment. Mal-
paz, —crímen solo — y — — — tormento. Aun-
gré que Turenne aimât la gloire, *il* la cherchait dans le témoi-
que Turena — — —, — buscaba — —testimo-

gnage de ses actions plutôt que dans le témoignage des hommes.
nio — — — mas bien — — — — — —
Quoiqu'*il* n'y ait rien *de* si naturel à l'homme que *d'*aimer et *de*
Aunque — — — tan natural — — como — —
connaître la vérité, *il* n'est rien qu'*il* aime, ni *qu'il* cherche
— — —, —hay — — —, — procure
moins *à* connaître. Il avait ordonné que ses propres cendres,
— — — — mandado — — propias cenizas,
après sa mort, seraient portées dans le même tombeau, afin
— — —, — llevadas á — — tumba, afin
qu'*elles* reposassent avec celles de son cher maître. Vous êtes
— descansasen — — — — querido amo. — —
homme de cœur, car | tout à l'heure, | et sans armes, vous
— — —, — | poco ha, | — — armas, —
vous êtes élancé à mon secours; homme d'action et de sang-
— — arrojado — — socorro; — — — — — sere-
froid, car prendre mon épée et vous en servir vaillamment
nidad, — tomar — espada — — — — valientemente
contre mes assassins, tout cela a été pour vous l'affaire d'un
— — asesinos, — — — — — — — obra — —
instant. Tout ce qui viendra de vous sera reçu comme une guerre
instante. — — — viniere — — — — — — —
ou feinte ou déclarée; car vous serez les ennemis perpétuels
— fingida — declarada; — — — — — perpetuos
de tous ceux qui auront le malheur d'être vos voisins. Votre
— — — — tengan — desgracia — — — vecinos. —
saisissement était dangereux; mais *il* n'y a plus rien à craindre,
desmayo de Vm. — peligroso; — — — — — que —,
puisque vous versez *des* pleurs. Quand je songeais que *je* ne
pues que — derrama lágrimas. — — reflexionaba — —
pouvais me tirer des griffes de la justice, bien que *je* n'eusse
— — escapar — uñas — — justicia, — — — —
pas commis le moindre crime, cette pensée me mettait au
cometido — menor crímen, — pensamiento — ponia de-
désespoir. A vingt-cinq ans, ruiné, las de tout, isolé, sans
sesperado. — — —, arruinado. cansado— —, aislado, —

un seul ami, sur la terre, sans un seul parent au monde, j'étais
— — —, — — —, — — — — en el —, — —
malheureux autant qu'*il* est donné à une créature humaine *de*
desgraciado tan como — — — — — —
le devenir, et cependant n'ayant aucune mauvaise action à me
— ser, — — — — — — que —
reprocher. Si ce jeune *homme* est coupable, *il* ne peut l'être seul,
reprender. — — jóven — culpable, — — — — —,
il faut qu'*il* révèle ses complices : laissez donc à la justice les
— — revele — cómplices : dejen Vms. pues — — — —
moyens de pénétrer dans cet abime d'horreur. Lorsque Télé-
medios — penetrar — — abismo — horror. Cuando —
maque eut achevé ce discours, *il* sentit que la douce persuasion
— — acabado — —, sintió — — dulce —
avait coulé de ses lèvres, et avait passé jusqu'au fond des cœurs.
— salido — — labios, — — — — el — — —.
Vous savez quelle était ma résolution; mais un devoir plus sa-
— — cual — — —; — — deber — sa-
cré est venu me relever de ce serment, et m'oblige à le rom-
grado — — á — absolver — — juramento, — — obliga — — rom-
pre. Je n'exige rien, madame; *je* ne réclame *que* votre com-
per. — — exijo —, señora; solo reclamo — complaisance; mais *c*'est au nom du malheur, de la justice et de
placencia; — — en nombre — desdicha, — — — — —
la sûreté publique. Bien décidément, c'est *une* autre femme;
— seguridad pública. — ciertamente, esa — — —;
à moins cependant que *ce* ne soit *une* autre robe. Est-ce que
— — no obstante — — — — vestido. ¿Acaso
tu es devenu fier, parce que *tu* portes *des* épaulettes? *Je* vous
te has vuelto arrogante, — llevas charreteras? —
comprends; mais puisque *vous* me rappelez ce nom que je
entiendo á Vm.; — ya que — recuerda — — — —
porte, n'oubliez *pas* que *j*'en ai aussi toute *la* fierté, et que *je*
tengo, — olvide — — — — — nobleza, — —
ne reconnais à personne, pas même à ma plus proche parente,
— reconozco en nadie, ni aun en — — cercana parienta,

le droit de m'humilier. La mort, *je* ne la crains *pas*; et cepen-
— derecho — — humillar. — —, — — —; — —
dant *je* me révolte contre elle, quoique *je* sente l'impossibilité
— — rebelo — —, — — — imposibilidad
de la combattre. Il ne craignait ni lance ni mousquet, et cela
— — combatir. — — — — lanza — mosquete, — —
m'a réjoui le cœur, d'avoir retrouvé dans le fils les traits
— — alegrado — —, por — hallado — — — — cualidades
du père, son noble cœur, et surtout son vigoureux poignet. *Je*
— —, — — —, — sobre todo — vigoroso puño.
compris que le monde est ainsi fait, que lorsqu'on ne marche
Entendí — — — — — —, — — uno — desprecia
pas sur les préjugés, | ils marchent sur vous; | qu'*il* faut
— preocupaciones, | estas le desprecian; | — —
les fouler aux pieds, si *l'on* ne veut *pas* qu'ils vous écrasent.
— pisar con los piés, — — — — — le destruyan.
Quelle sûreté pourrez-*vous* donner quand *vous* voudrez être sin-
¿— — — — — querais — sin-
cères, et *qu'il* vous importera *de* persuader à vos voisins votre
ceros, — — importe persuadir — — — —
sincérité? Pourvu que *nous* ayons de quoi manger et *de quoi* nous
—? Como — con — comer — —
habiller, *nous* serons contents.
vestir, — —

THÈME LXIII.

Sur les Interjections.

Ah! parbleu! madame, j'admire votre délicatesse: *j'aime*
¡Oh! ¡pardiez! señora, — admiro — delicadeza: me gusta
cela dans une comédienne. Quoi! vous avez l'impudence d'en-
— — — comedianta. ¡Como! ¡— — — descaro — en-
seigner les hommes, et *vous* ne savez *pas* seulement d'où vient
señar á — — — — — — — — —

le pain que *vous* mangez ! Chut ! apprenez que ce carrosse recèle[a]
— pan — come ! ¡Chiton ! sepa Vm. — — carroza encierra
un des plus graves personnages de la monarchie. Ah ! que *je* suis
— — — graves personages — — monarquía. ¡Ah ! ¡— —
ravi[1] de voir cette bonne personne si utile à la jeunesse ! Mais
contento — — á — — persona tan útil — — juventud ! ¿—
dites-moi s'*il* y a de ces personnes si serviables dans les autres
digame Vm. — — — — — tan serviciales — — —
pays ? Bon ! s'*il* y en a ! | en pouvez-vous douter ? | Oh ! *je*
paises ? ¡Bueno ! ¡— los hay ! | ¿puede Vm. dudarlo ? | ¡Oh !
vais vous satisfaire tout à l'heure ; mais *je* veux auparavant vous
voy á — satisfacer bien pronto ; — — ántes —
faire voir une chose très réjouissante. O ! les bourreaux !
— — — — — divertida. ¡O ! !— sayones !
s'écria-t-il d'*un* ton furieux ; les voilà qui se régalent à mes
exclamó con tono furioso ; ¡ahí están regalándose — —
dépens ! quelle mortification pour moi ! Hé bien ! êtes-vous
costa ! ¡— mortificacion — — ! ¡Y bien ! ¿— —
content ? Non : pour me donner une entière satisfaction,
—? No, señor : — — — — entera —,
mène-moi aux prisons, que j'aie le plaisir d'y voir enfermer
llevame — cárceles, para que — — — gusto — — — encerrar
le misérable qui s'est joué de ma bonne foi. Corbleu ! tu vas
al — — — — burlado — — — fé. ¡Vaya ! — —
voir si *je* ne suis qu'un sot, ou si *je* suis *le* maître chez moi.
— — — — mas que — tonto, — — — dueño en mi casa.
Allons ! calmez-vous ; j'espère que cet accident, loin de vous
¡Vamos ! sosieguese Vm. ; — — — — —, lejos — —
nuire, rendra votre sort plus heureux. Courage ! encore[3]
dañar, hará — suerte — feliz. ¡Animo ! mas
quelques[1] efforts[2], et vos prétentions seront couronnées de
algunos esfuerzos, — — pretensiones — coronadas —
succès. Bah ! *il* ne faut *pas* croire tout ce qu'on nous dit. Com-
suceso. ¡Vaya ! — — — — — — — — — ¡Co-
ment ! vous avez pu dire, au préjudice de votre ami, *des* choses
mo ! ¿— — — —, en perjuicio — — —, —

si contraires à la vérité? Je souhaite qu'un profond sommeil
tan contrarias — — —? — deseo — — profundo sueño
vous rende cette nuit courte : mais, hélas! qu'*elle* sera longue
— haga — — corta : —, ¡ay! — — larga
pour moi! Ah! Neptune, que t'ai-*je* promis! | à quel prix
— —! ¡Ah! Neptuno, ¡— — — prometido! | ¡cuan caro me
m'as-tu garanti du naufrage! | Eh bien! oui, je dois
cuesta el que me hayas librado del naufragio! | ¡Pues bien! sí, — —
parler dans l'intérêt de ma chère maîtresse et de son fils.
— por — — — — — señora — — — —
Comment! *nous* partons aujourd'hui même? Allons! ça me va :
¡Como! ¿partimos hoy —? ¡Vamos! eso me acomoda:
au revoir, *mon* ami, *nous* reviendrons | vous faire nos adieux. |
hasta mas ver, — ya volveremos á | despedirnos de Vm. |
Mon Dieu! cet homme est donc bien étrange, mon ami, puisque
¡Jesus! — — — — — extraño, — —, —
vous me l'annoncez avec tant *de* précautions. Ah ça! mon cher,
— — — anuncia — — precauciones. ¡Ola! — querido,
vous êtes donc un tyran, puisque votre femme attend votre
¿— — — —, tirano, — — — espera —
avis pour savoir où *elle* doit aller? Hein! comment! qu'est-
parecer — — adonde ha de ir? ¡Hé! ¡como! ¿— —
ce que *tu* dis? tu désires donc bien *d*'aller au bal? Ciel! un
— — —? ¿— — — — — — baile? ¡Cielos! ¡—
meurtre et un suicide! oh! non; le bruit en arriverait jusqu'*à*
muerte — — suicidio! ¡oh! no; — rumor — llegaria hasta
ma pauvre mère, malade, presque mourante : oh! non. Dieu!
— pobre —, enferma, casi moribunda: ¡—! — ¡Dios!
quelle horreur! Quoi! ni *l*'un ni *l*'autre nous ne reverrons plus
¡— horror! ¡Qué! ¿— — — — — — veremos —
la clarté du ciel?
— claridad — —?

THÊME LXIV.

Sur les Verbes *devenir, rendre* **et** *se rendre.*

Le verbe devenir se traduit ordinairement par *hacerse, volverse* ou *llegar á ser;* rendre, par *hacer,* et se rendre, par *hacerse* ou *volverse;* et s'il marque du mouvement, par *ir* ou *acudir á algun lugar.*

En traversant la forêt la dame fut surprise par un orage
Al atravesar — bosque *m.* — señora — sorprendida — — tempestad
qui devint si violent, que les chevaux s'effrayèrent, et *que* le
— se hizo tan violenta, — — caballos — espantaron, — —
postillon fut emporté par eux. *Il* devint nécessaire *d'*emporter
— — arrebatado — — Se hizo — llevarse
la clef, et surtout *de* ne *pas* ouvrir la bouche sur ce qui venait
— llave, — sobre todo — abrir — boca — — — acababa
de *se* passer. La pauvre dame ne tarda *pas* à mourir, et le sé-
— pasar. — — — — tardó en —, — —estan-
jour de Paris devint alors aussi insupportable à sa fille qu'à
cia — — se hizo — — insoportable — — — como—
son gendre. De cette façon la maternité devient une spécula-
— yerno. — esa suerte — maternidad viene á ser — especula-
tion profitable; car dans votre civilisation tant vantée tout est
cion provechosa; — — — — tan alabada — —
matière à lucre. Fils du sage Ulysse, *il* faut que *tu* deviennes,
— de lucro. — — — Ulises, — — te hagas,
comme lui, grand par la patience. Les dieux mêmes devinrent
— —, — — — — — — — —
jaloux des bergers; cette vie leur parut plus douce que toute
envidiosos — pastores; — — — — — — — —
leur gloire, et *ils* rappelèrent Apollon dans l'Olympe. Le
— —, — volvieron á llamar á Apolo al Olimpo. —

prince m'envoie vous prévenir de tout cela, car soupçonné lui-
príncipe — envia á — — — — —, — sospechado —
même, l'unique moyen qu'*il* ait de se justifier, *c*'est de devenir
—, — único — — — — — justificar, — el de —
votre accusateur. *Ce* n'était *pas* un vain mot *que* le serment
— acusador de Vm. — — — vana palabra — juramento
fait par tous vos commis, par ceux que vous appeliez vos en-
— — — — empleados, — aquellos — — — — hi-
fants : tirés par vous de la foule, *ils* n'étaient devenus
jos : sacados — — — — plebe, — habian venido á ser
quelque chose que par vous. On ne le voit presque jamais : *il*
algo sino — — — — — — — — :
est seul, triste, abattu au fond de son palais : ses amis mêmes
— —, —, abatido en el fondo — — palacio : — — mismos
n'osent l'aborder, de peur de lui devenir suspects. En même
— osan acercársele, por temor — — — sospechosos. Al —
temps *nous* aperçûmes que les vents changeaient, et qu'*ils*
— observamos — — — cambiaban, — —
devenaient favorables aux vaisseaux de Chypre. Le père, dans
— — — naves *f.* — Chipre. — —, —
l'excès de sa douleur, devient insensible; *il* ne sait où *il* est, ni
— exceso — — —, — —; — — — —, —
ce qu'*il* fait, ni ce qu'*il* doit faire. Vous ne serez plus embar-
— — —, — — — — — — — — — embara-
rassé par cet ami sévère qui s'oppose à votre bonheur, et qui
zado — — — severo — — opone — — dicha, — —
serait jaloux si vous deveniez immortel. Tous deux se rendirent
— envidioso — — — inmortal. Ambos fueron
dans cette pièce, et un examen attentif leur fit découvrir une
á — pieza, — — — atento — — descubrir —
porte secrète qui s'ouvrait en dedans. Mon père s'est rendu fa-
puerta secreta — — — por dentro. — — — — — fa-
meux entre tous les rois qui ont assiégé la ville de Troie; mais
moso — — — — — — sitiado — ciudad — Troya; —
les dieux ne lui ont *pas* accordé *de* revoir sa patrie. D'où
— — — — — acordado volver á ver — — ¿ —

vient que les Phéniciens se sont rendus maîtres du commerce
— — — Fenicios — — — dueños — comercio
de toute la terre, et qu'*ils* s'enrichissent ainsi aux dépens de
— — — —, — — — enriquecen así á costa —
tous les autres peuples? Les hommes veulent tout avoir, et *ils*
— — — —? — — — — tenerlo, —
se rendent malheureux par le désir du superflu. Je me sentis
— — infelices — — deseo de lo superfluo. — — sentí
saisi de respect et de honte, quand *j'*approchai de ces
sobrecogido — — — —vergüenza, — me acerqué á —
vieillards que l'âge rendait vénérables, sans leur ôter la vigueur
ancianos — —edad — —, — — quitar — vigor *m.*
de l'esprit. Un tel homme semble né pour détruire, pour
— — — — — parece nacido — destruir, —
ravager, pour renverser le monde, et non pour rendre un peuple
asolar, — trastornar — —, — — — — á — —
heureux par un sage gouvernement.
— con — sabio gobierno.

THÊME LXV.

Sur la Locution *c'est... qui* **ou** *que.*

Les phrases où cette locution se trouve, peuvent se rendre, 1° en supprimant *c'est* et *qui* ou *que* : C'est lui qui parlera, *él hablará;* c'est avec mon frère qu'elle se marie, *con mi hermano se casa;*

2° En supprimant *ce*, et en traduisant le reste de cette manière : s'il s'agit de quelque personne, *qui* se rend par *quien*, et *que* par *á quien* : C'est lui qui me parlait, *él es quien me hablaba;* c'est lui que je cherche, *él es á quien busco;*

3° S'il est question d'êtres irraisonnables, *qui* ou *que* se traduit par *el que*, *la que*, *los que*, *las que*, ou *lo que*, selon le genre et le nombre : C'est l'argent qui fait tout, *el dinero es el que lo hace todo;* c'est cela qui me fait peur, *eso es lo que me da miedo;* c'est surtout la charité qu'il pratiquait, *la caridad es sobre todo la que él practicaba;*

4° S'il s'agit d'un lieu, *que* se rend par *donde :* C'est ici que nous pourrons nous réunir, *aquí es donde podremos reunirnos;*

5° Si l'on parle d'un temps ou d'une époque, *que* se rend par *cuando :* C'est maintenant que vous avez besoin de courage, *ahora es cuando Vm. necesita valor;* c'est le huit octobre qu'il est né, *el ocho de octubre es cuando nació.*

Que veut dire, recevoir une idée? *ce* n'est *pas* nous qui la
¿Qué — —, — — idea? — — — los — —
créons quand *nous* la recevons : donc *c'est* Dieu qui la crée : de
creamos — — —: luego — — — — —: lo
même que *ce* n'est *pas* nous qui créons le mouvement, *c'est*
mismo — — — — los — — — movimiento, —
Dieu qui le fait : tout est donc une action de Dieu sur les créa-
— — — —: — — — — — — — — —. cria-
tures. *C'est* la main de Dieu peut-être qui vous ramène ici au
turas. — — — — — quizá la — — trae aquí en el
jour et à l'heure où un rayon de lumière brille à mes yeux.
— — en la — en que — rayo — luz brilla — — ojos.
Vous ne l'ignorez *pas; c'est* souvent au moment où *l'*on croit
— — — ignora; — — en el — — — —
toucher au bonheur, que le bonheur nous échappe. Quand
alcanzar la dicha, cuando — — — escapa. —
nous avons perdu les biens dont *nous* jouissons, *c'est* alors *que*
— — — — de que gozábamos, —
nous en sentons véritablement *le* prix. Aujourd'hui que la mort
— — verdaderamente precio. Hoy — — —
vient de m'enlever ma femme, *c'est* pour moi *que je* suis fâché
acaba — quitarme — —, — — siento

de ne *pas* pouvoir serrer ta main et entendre ta voix, qui
— — apretar — — — oir — voz, la cual
seule pourrait adoucir ma douleur. *Ce fut* dans ce lieu retiré
— — suavizar — — á —lugar retirado
que le chevalier conduisit d'abord ses hôtes, et *que* ces deux
— caballero condujo desde luego á —huéspedes,— — —
amis se firent part de leur fortune diverse depuis le jour de
— — dieron parte — — — — desde — — —
leur séparation. Parbleu ! | c'est à quoi vous auriez pris garde
— separacion. ¡Pardiez ! | ya hubiera puesto Vm. cuidado en eso mas
plutôt, | si *vous* ne pensiez *pas* tant à *d'*autres affaires bien
pronto, | — — pensase — en — asuntos —
différentes. *Ce fut* seulement | vers le déclin de la journée | *que*
— Solo | acia el anochecer |
la tempête commença à diminuer. *C'*est ainsi que vous devez
—tempestad empezó á disminuir. — — como — —
régner, et faire la joie de vos peuples, si jamais les dieux
reinar, — — —alegría — — —, — algun dia — —
vous font posséder le royaume de votre père. *C'*est ainsi qu'on
— — poseer — reino — — — — — como —
mène les hommes, sans contrainte, par la récompense et *par* le
lleva á — —, — violencia, — — recompensa — —
bon ordre. *C'*est la raison éternelle qui nous inspire, quand
— órden. — — — eterna la que — inspira, —
nous pensons bien ; *c'*est elle qui nous reprend quand *nous*
— —; — — la que — reprende —
pensons mal. *Ce* ne sont *point* les statues ni les inscriptions qui
— — — — — estatuas — — inscripciones las —
immortalisent : elles deviennent le triste jouet des vicissitudes
inmortalizan : — vienen á ser — — juguete — vicisitudes
humaines. *C'était* vers l'an quatre cent *que* les barbares com-
humanas. Acia — — — — — — —
mencèrent à infecter l'empire romain. *C'est* souvent de notre
— — infestar —imperio romano. — — —
prudence *que* dépend notre bonne ou mauvaise fortune dans le
— depende — — — — — — —

monde. *Ce* ne sont *pas* toujours les plus agiles qui gagnent le
— — — — — — — los — ganan —
prix de la course, ni les plus forts qui sont victorieux.
premio — — carrera, — — — — los — — victoriosos.
*C'*était un beau serment *que* celui prononcé par les soldats de
— — bello juramento el pronunciado — — soldados —
Fabius : *ils* ne jurèrent *pas de* mourir ou *de* vaincre ; *ils* firent
Fabio : — — — — vencer ; —
serment de revenir vainqueurs, et *ils* le tinrent. *Ce* ne sont
— — volver vencedores, — lo cumplieron. — —
pas les places qui honorent les hommes, mais *ce* sont les
— empleos los — honran á — —, sino — —
hommes qui honorent les places. *Ce* sont les Egyptiens qui,
— los — — — — — — Egipcios los —,
les premiers, observèrent le cours des astres, réglèrent l'année,
— —, — — curso — astros, arreglaron — año,
et inventèrent l'arithmétique.
é inventaron — aritmética.

THÊME LXVI.

Sur les Locutions *tâcher de* et *chercher à*.

Tâcher de faire une chose se rend par *tratar de hacer una cosa*; chercher à contenter, *procurar contentar, buscar los medios de hacer, contentar*, etc.

Le père, après avoir longtemps souffert pour tâcher *de* cor-
— — — de — — — sufrido — procurar cor-
riger son fils de ses vices, l'a enfin chassé ; et *il* s'est aban-
regir á — — — — —, — — — despedido; — — — —
donné à une folle ambition et à tous les plaisirs. La fonction de
— — — loca — — — — — placeres. — oficio —

garder les vaches n'était guère de mon goût, et je cherchais *à*
— — vacas — — muy — — gusto, — — procurar
m'en affranchir le plus possible. Elle tâchait *de* couvrir sous
— — libertar — — — — — encubrir —
ces paroles menaçantes la joie de son cœur, qui | éclatait
— — amenazadoras — gozo — — —, — | se dejaba ver
malgré elle | sur son visage. On disait de tous côtés que c'était
á pesar suyo | — — rostro. — — por — partes — —
le fils d'Ulysse, qui était venu pour tâcher *de* remporter les
— — — —, quien — — — — conseguir —
prix. En vain *il* tâcha *de* me mettre dessous ; je le tins immobile
premios. Envano — — poner debajo ; — — — inmóvil
sous moi : tout le peuple cria : Victoire au fils d'Ulysse.
debajo de — : — — — gritó : — — — — —
Quand Télémaque ne pouvait *pas* parler à Mentor pour lui
— — — — — — — — —
demander ses avis, du moins *il* consultait ses yeux, et
pedir — dictámenes, á lo menos — — —, —
tâchait *de* deviner ses pensées. Mentor qui voyait son trouble,
— adivinar — — — — — — turbacion,
prit la parole comme s'*il* eût voulu l'interrompre, et tâcha *de* le
— — — — — — — — interrumpir, — — —
consoler, *en* lui donnant toutes les louanges qu'*il* méritait.
—, — — — — alabanzas — merecia.
Pendant le jour je tâchais *de* montrer un visage gai et plein
Durante — — — — mostrar — rostro alegre — lleno
d'espérance, pour soutenir le courage de ceux qui m'avaient
— —, — sostener — valor — — — — —
suivi. Pendant que je cherchais *à* adoucir par ces paroles les
seguido. Mientras — — — mitigar con — — —
peines de mes compagnons, je cachais au fond de mon cœur
penas — — compañeros, — ocultaba en el — — — —
une douleur mortelle. Un acteur ne laisse rien après lui, *il* ne
— dolor *m.* mortal. — actor — deja — despues de sí, —
vit que pendant sa vie publique, sa mémoire s'en va avec la
vive mas — durante — — pública, — — — disipa — —

génération à laquelle *il* appartient, et puis *il* tombe du jour
— — la cual pertenece, — luego cae — —
dans la nuit, du trône dans le néant. Aujourd'hui le salarié,
— — —, — trono — — nada. Hoy — asalariado,
domestique ou journalier, *n*'a qu'un intérêt, c'est *de* se donner
criado — jornalero, — solo — —, y es — tomar
le moins *de* peine possible, pour gagner un salaire immuable.
— — — —, — — — salario inmutable.
Ainsi cet homme qui, dans sa jeunesse, ne s'était préoccupé
Así — — —, — — juventud, — — — preocupado
que de passions personnelles, cherchait alors *à* honorer sa vie,
sino — — personales, — — honrar — —,
en la rendant utile au pays : c'était une expiation. *On* n'avait
— haciendo útil — país : — — — expiacion. — —
fait que déplacer le fléau qu'*on* voulait détruire, comme
— mas — cambiar de lugar — azote — — destruir, —
ces torrents dont[1] une[4] digue[5] change[3] *le*[2] lit sans[2] en[1] arrêter *le*
— torrentes cuya — dique *m.* cambia madre — — detener
cours[3]. La gloire n'est due *qu*'à un cœur qui sait souffrir la
curso. — — solo — debida — — — — — — —
peine et fouler aux pieds les plaisirs. Sache que *tu* ne seras
— — llevar entre piés — — Sabe — solo —
grand *qu*'autant que *tu* seras modéré et courageux pour vaincre
— en cuanto fueres — — animoso — —
tes passions. Quel malheur pour un homme destiné à faire le
— — — — — — — destinado — — —
bonheur public, *de* n'être *le* maître de tant d'hommes que pour
dicha pública, — — dueño — — — sino —
les rendre malheureux ! Quoique la nature emploie une infinité
— hacer infelices! Aunque — — emplee — infinidad
de moyens, *elle* ne permet à l'homme *d*'en[3] connaître[1] que[2] *la* fin[4] :
— medios, — — — — — — mas — — :
ses ouvrages sont soumis à *des* destructions rapides ; mais *elle* lui
— obras están sujetas — destrucciones rápidas; — —
laisse toujours apercevoir la constance immortelle de ses plans.
— — vislumbrar — constancia inmortal — — planes.

THÈME LXVII.

Sur le Verbe *falloir*, **et le conditionnel du verbe** *savoir*.

Falloir se rend par *ser menester, ser necesario*, *ser preciso :* quelquefois dans le sens d'être utile ou convenable, se traduit par *ser útil*, *convenir*, ou *importar*.

Le conditionnel du verbe savoir doit se rendre souvent par l'indicatif présent du verbe *poder,* pouvoir : Je ne saurais ajouter foi à tout ce qu'il dit, *no puedo dar crédito á todo lo que dice ;* il ne saurait consentir à déshonorer sa famille, *él no puede consentir en deshonrar su familia.*

Il faut qu'un artiste se marie : trop *de* chagrins, trop *d'*ennuis,
— — — artista — case : — penas, — disgustos,
trop *de* désappointements cruels entourent sa vie extérieure ; *il*
— contrariedades crueles acompañan — — exterior ;
y [2] succomberait [1], s'*il* ne trouvait chez lui le dédommagement
á ellas sucumbiria, — — — — — — indemnizacion
ou l'oubli de ses maux, le bonheur et l'amour, qui l'attendent
— — olvido — — —, — felicidad — — —, — — aguardan
au coin de son foyer. *Il* faut à l'artiste un ami de tous les
en el rincon — — hogar. — — — — — — — — —
instants, qui le ranime et relève son courage, qui le console
instantes, — — reanime — sostenga — valor, — — —
de ses défaites, qui partage ses triomphes, qui lui inspire ses
— — reveses, — participe de — triunfos, — — inspire —
chants, et à qui *il* puisse les dire. Les calculateurs de la pro-
cantos, — — — — — — — calculadores — — —
pagation de l'espèce humaine ont remarqué qu'*il* faut *des* cir-
— — — — — — observado — — cir-

constances favorables et rares, pour qu'une nation s'accroisse
cunstancias — — —, — — — — — aumente
d'un vingtième au bout de cent années; et très souvent *il* arrive
— — veinteno — cabo — — —; — — — sucede
que la peuplade diminue au lieu d'augmenter. *Il* ne faut *pas*
— — poblacion disminuye en lugar — — — —
croire que le marquis partageât | le moins du monde | les
— — — marqués adoptase | en ninguna manera | —
opinions d'alors, *c'était tout* simplement un provincial indiffé-
— — —, — simplemente — — indife-
rent en matières politiques. Quant à l'avenir, *il* ne fallait
rente — — — En cuanto al porvenir, — —
rien préjuger; le temps arrangerait bien *des* choses, et les
— presuponer; — — compondria muchas cosas, — —
bons procédés finiraient peut-être à la longue *par* attendrir un
— procederes conseguirian quizá — — larga enternecer —
cœur aussi sensible que celui de l'aimable fille. Je n'avais plus
— — — — — — — doncella. — — — ya
la misérable consolation de choisir entre la servitude et la
— — — elegir — — servidumbre — —
mort : *il* fallut être esclave, et épuiser, pour ainsi dire, toutes
— : — — —, — apurar, por decirlo así, — —
les rigueurs de la fortune. O dieux ! *il* fallait ou ne le *point*
— rigores *m.* — — — ¡— —! ¡— — — —
montrer aux hommes, ou ne le leur ôter jamais! pourquoi faut-
mostrar — —, — — — — quitar — ! ¿porqué —
il que nous survivions au grand Sésostris? Fallait-*il* que votre
— — sobrevivamos — — —? ¿— — —
amitié pour un étranger malheureux vous fût si funeste? *Il*
amistad — — extrangero infeliz — — tan funesta?
me fallut aller au delà de toutes les mers, dans la fameuse Bé-
— — ir mas allá — — — mares, á — famosa Bé-
tique, auprès des colonnes d'Hercule : ainsi *je* ne fis que vous
tica, cerca — columnas — Hércules : — — mas que —
voir, et *il* ne faut *pas* s'étonner si *j'ai* eu tant *de* peine à vous
—, — — — — admirar — — — — — en —

reconnaître d'abord. *Il* ne faut jamais songer à la guerre que
reconocer desde luego. — — — pensar en — — sino
pour défendre sa liberté. Si *je* ne puis trouver mon père, ni
— defender — — — — — hallar á — —, —
retourner dans ma patrie, ni éviter la servitude, ôtez-moi la
volver á — —, — — — —, quitadme —
vie, que *je* ne saurais supporter. Je ne doute *point* de ce que
—, — — — sobrellevar. — — dudo — — —
vous me dites, et *je* ne saurais en douter : la douceur et la vertu
— — —, — — — — —: — dulzura — — —
peintes sur votre visage ne me permettent *pas de* me défier
pintadas en — semblante — — — — rezelar
de vous. Idoménée, revenant à lui, les remercie de l'avoir
— — Idomeneo, volviendo en sí, les da las gracias por — —
arraché d'une terre qu'*il* a arrosée du sang de son fils, et
arrancado — — — — — regado con la sangre — — —, —
qu'*il* ne saurait plus habiter. Qu'*il* vive, qu'*il* demeure ici; peut-
— — — — — — viva, — se quede aquí; —
être *qu'il* sentira enfin tout ce que j'ai fait pour lui : Eucharis
— — — — — — — — — — — —: Eucáris
ne saurait, comme moi, lui donner l'immortalité. Nous ne sau-
— —, — yo, — — — inmortalidad. — — —
rions leur abandonner ces tours, sans nous exposer à leurs
— — — esas torres, — — exponér — —
incursions, et ils les regardent comme *des* citadelles, dont
incursiones, — — — miran — ciudadelas, de que
nous voulons nous servir pour les réduire en servitude.
— — — — — — reducir — —

THÈME LXVIII.

Sur les Expressions *manquer de..., regretter, à peine... que.*

Manquer de, suivi d'un substantif, se rend par *carecer de*, ou *no tener* : suivi d'un infinitif, par *estar à pique de*, *estar á punto de*, ou *faltar poco para...*

Regretter, avec un substantif, se traduit par *echar menos*; avec un infinitif, par *sentir*, ou *estar con pena*.

L'expression *à peine*, suivie d'une proposition, se rend par *apenas* : en français après la proposition on dit *que*, lequel se traduit en espagnol par *cuando* : A peine fut-il mort que sa femme tomba malade, *apenas hubo muerto cuando su muger cayó enferma*.

Je ne sais si la terre manque d'hommes, mais certainement
— — — — — — carece — —, — ciertamente
elle manque d'hommes heureux. Si les Tyriens manquaient de
— — — felices. — — Tirios careciesen —
bonne foi envers les étrangers, *vous* verriez[2] bientôt[1] tomber cette
— — con — —, — luego caer —
puissance que *vous* admirez. Les autres admirent votre sagesse
potencia — admirais. — — — — prudencia
dans un âge où *il* est pardonnable *d'en*[2] manquer[1]. Ils étaient
— — edad *f.* — — perdonable de ella — — —
incapables d'une sincère affection : d'ailleurs *ils* manquaient de
incapaces — — sincero afecto : además — —
courage, et craignaient les ennemis qu'Astarbé s'était attirés.
valor, — — — — — — — — atraido.
Vous n'êtes *point* comme ces hommes faibles qui craignent la
— — — — — — débiles — — —
vérité, et qui manquant de courage pour se corriger, n'em-
—, — — — — — — — corregir, solo em-
ploient leur autorité *qu'*à soutenir les fautes qu'*ils* ont faites.
plean — autoridad en sostener — faltas — — —
Mon[2] ami[1], depuis que *j'*habite cette maison de campagne, *j'*ai
— —, desde — vivo en — — — campo, —
cent[2] fois[3] regretté[1] *de* ne t'avoir *pas* pour compagnon. Un jour,
— — sentido — — — — compañero. — —,
mon fils, un jour, les peines et les soucis cruels qui environ-
— —, — —, — — — — cuidados crueles — cer-
nent les rois, vous feront regretter sur le trône la vie pasto-
can á — —, — — echar menos — — trono — — pasto-

rale. Il regrette tout ce qu'*il* donne, et craint toujours *de* perdre;
ril. — llora — — — —, — — — —;
il se tourmente pour gagner. Je serai vengée : tu regretteras
— atormenta — ganar. — — vengada : —echarás menos á
Calypso, mais en vain : Neptune, encore irrité contre ton père,
—, — — —: —, todavía — — — —,
te prépare *d'*autres tempêtes. A peine se voyait-*il* traqué qu'*il*
— prepara — tormentas. Apenas — — cercado cuando
disparaissait comme par enchantement, et *l'on* restait *des* mois
desaparecia — — encanto, — estaban meses
entiers sans entendre parler de lui. A peine eus-*je* prononcé ces
enteros — — — — — — — — —
mots, que tout le peuple ému *s'*écria, qu'*il* fallait faire
palabras, — — — — alterado exclamó, — — —
périr le fils de ce cruel Ulysse, dont *les* artifices avaient renversé
morir al — — — — —, cuyos artificios — derribado
la ville de Troie. A peine avais-je parlé ainsi, que ma douleur
— — — Troya. — — — — —, — — —
s'adoucissait, et *que* mon cœur, enivré d'une folle passion,
— templaba, — — —, embriagado— — loca pasion,
secouait presque toute pudeur. A peine fut-*il* parti, que ceux
sacudia casi — pudor *m.* — — partido, — —
qui conduisaient le vaisseau, ayant été corrompus par cette
— — — navío, — — corrompidos — —
femme cruelle, prirent leurs mesures pour faire naufrage pen-
— —, tomaron — medidas — — naufragio du-
dant la nuit. A peine l'homme fut-*il* formé par la main du
rante — — — — — — — — — — —
Créateur, qu'*il* se révolta contre lui et *qu'il* osa lui déso-
Criador, — — rebeló — — — se atrevió á — deso-
béir.
bedecer.

THÈME LXIX.

Sur *estar* et *ir*, avec un gérondif ; *soler*, avoir coutume ; fût-il ; faire semblant.

Estar, avec le gérondif d'un autre verbe, marque une action de quelque durée, et non une action subite : le verbe *estar* marque le temps, et le gérondif indique l'action : *Está escribiendo*, il écrit ; *estaba durmiendo*, il dormait ; *estaríamos jugando*, nous jouerions.

Ir, avec un gérondif, marque une action progressive et comme graduelle : *El tiempo se va pasando*, le temps se passe ; *él se iba consumiendo poco á poco*, il se consumait peu à peu.

Soler, avoir coutume, avoir l'habitude, faire souvent.

Avec ces expressions, fût-il, eût-il, eût-il été, fût-il venu, etc., il faut ajouter en espagnol *aunque*, ou *aun cuando*, qui précèdent ces verbes : Fût-il roi, il ne se ferait pas respecter davantage, *aunque fuese rey, no se haria respetar mas* ; eût-il eu des millions, il les aurait dissipés, *aun cuando hubiera tenido millones, los habria disipado*.

Faire semblant se rend par *fingir, hacer parecer, hacer como que*, etc.

Nous parlions d'une physionomie qui va et qui vient ; *nous*
— — — — fisonomía — — — — — ;
disions qu'un mari porte un masque avec le monde, et une
— — — marido — — máscara — — gentes *f.*, — —
grimace avec sa femme. Il devint malheureux par sa faute, car
gesto *m.* — — — — se hizo infeliz — — — falta, —
entraîné par *des* passions fougueuses, et cherchant *à* les satis-
arrastrado — — — fogosas, — procurando — satis-

faire, *il* vendit peu à peu le riche patrimoine que son père avait
facer, vender poco á poco — rico patrimonio — — — —
eu tant *de* peine à ramasser. Dans ce temps-là elle apprenait la
— — — en recoger. — — — — aprender —
musique, non-seulement comme un moyen de distraction, mais
música, — — — — medio — —, sino
aussi comme une ressource en cas de malheur. Tandis qu'il
tambien — — recurso *m.* — caso — desgracia. Mientras — —
se livrait aux plus honteux dérèglements, son père mourait
— entregaba — — vergonzosos desarreglos, — — morirse
de chagrin dans l'abandon et dans l'isolement. *Nous* attendons
— pesar — — abandono — — — soledad. aguardar
la confirmation de cette décision, qui doit être très intéressante
— — — — —, — ha de — — —
pour notre pays. *C'est* ainsi que sous les tropiques, le soleil
— — pais. — — como bajo — trópicos, — —
| se lève souvent | radieux du sein des ténèbres, le jour
| suele nacer | radioso — seno — tinieblas, — —
succédant presque sans transition à la nuit. Elle | allait souvent |
sucediendo casi sin transicion — — — — | solia ir |
sur le bord de la mer, et là, assise sur la pointe d'un rocher,
— — orilla *f.* — — —, — —, sentada — — punta — — peñasco,
elle avait *l'*habitude de rester *des* heures entières *à* pleurer et
— costumbre — estarse horas enteras llorando —
à regarder l'horizon, où le fatal navire, qui emportait ses espé-
mirando — horizonte, — — — —, — se llevaba — —
rances de bonheur, avait disparu peut-être pour jamais. Il me
— — felicidad, — desaparecido tal vez — siempre. — —
| disait souvent | que je devais prendre courage, et que les
| solia decir | — — — tener ánimo, — — —
dieux n'abandonneraient ni Ulysse ni son fils. Je ne tenais
— — — — á — á — — — — hacia
nul compte de leurs mauvaises dispositions, et ne faisais
ningun caso — — — —, — — tenia
seulement *pas* semblant de *m'en* apercevoir. On fait semblant
— apariencia — — observar. — finge

d'aimer le roi, et on *n*'aime que les richesses qu'*il* donne; on
— al —, — — — solo — — — — —;
l'aime si peu, que pour obtenir ses faveurs on le flatte et on le
— — tan —, — — obtener — favores — — adula — — —
trahit. Elle faisait semblant *de* ne vouloir vivre que pour lui,
vende. — fingia — — — sino — —,
dans le temps même où *elle* ne pouvait le souffrir. Mentor | était
— — — — — — — — sufrir. — | se
bien aise | de voir Télémaque dans cet embarras, et ne faisait
alegraba | — — á — — — — embarazo, — — fin-
pas semblant *de* le remarquer. On n'attaque guère quiconque se
— gia — notar. — — ataca casi á quien —
défend | à outrance, | fût-*ce* l'être *le* plus faible. Quand
— | hasta morir, | aunque sea — ente — débil. —
vous fûtes condamné, vos serviteurs jurèrent *de* vous sauver,
— — condenado, — criados juraron — — salvar,
| dussent-*ils* mourir | à la peine. | Fussiez-*vous* |
| aunque hubiesen de morir | en — pena. | Aun cuando estuvieseis |
au fond des abîmes, la main de Jupiter pourrait vous en tirer:
en el hondo — abismos, — — — — — — de ellos sacar:
fussiez-vous dans l'Olympe, voyant les astres sous vos
aunque estuvieseis — — Olimpo, — — astros bajo —
pieds, Jupiter pourrait vous plonger au fond de l'abîme, ou
—, — — — — sumergir en el — — — —
vous précipiter dans les flammes du noir Tartare.
— precipitar — — llamas — negro Tártaro.

THÈME LXX.

Sur *venir de...; il en est; s'en tenir à; quelque... que; puisse-t-il; subir; se dérober.*

Venir de faire, dire, voir, entendre, etc., *acabar de hacer, decir, ver, oir,* etc. Il en est, *lo mismo sucede.* S'en tenir à..., *atenerse á...* Quelque honnête qu'il soit, *por honesto*, *por mas honesto*, *por muy honesto que sea.* Puisse-t-il voir, jouir, recevoir, etc., *ojalá vea*, *goce*, *reciba*, etc. Subir, *sufrir*, *tolerar*, *aguantar*, *soportar*. Se dérober, *esconderse*, *escaparse*, *ocultarse.*

L'autel venait d'être préparé pour immoler les victimes : tout
—altar acababa— — — — inmolar — víctimas : —
était prêt, lorsque la prêtresse monta sur le trépied sacré.
— presto, — — sacerdotisa subió — — trípode sagrada.
Voyez, voyez le beau papillon que *je* viens d'attraper ! j'ai
¡Vea Vm., — —hermosa mariposa — acabo — coger ! —
couru deux heures après : oh! je ne voulais *pas* le manquer;
corrido — — detrás de ella : ¡—! — — — — errar ;
c'était pour vous, ma bonne amie, pour le mettre dans votre
— — —, — — —, — — — — —
collection. Quand on vient de tremper sa main dans le sang
— — uno acaba — teñir — — con — —
d'un ami, *on* n'a plus *la* force de la souiller de nouveau du
— — —, — — ya fuerza para — manchar — nuevo con la
sang d'une femme. | Il en est de la beauté | comme d'une ten-
— — — — | Sucede con la hermosura | — con — tier-
dre fleur; le moindre accident la flétrit, le moindre souffle la
na flor; — menor accidente — marchita, — — — soplo —
tue. Il en est ainsi | toutes les fois qu' | *un* vice quelconque
mata. Sucede así — siempre que | vicio cualquier
prend racine au cœur d'un homme abandonné à lui-même. Que
echa raiz en el — — — — — — sí mismo. ¿ —
me parlez-vous des intérêts généraux de la société? ce sont
— — — — — — — — sociedad? esos son
des rêves dorés : *je* m'*en* tiens au solide, à mon intérêt parti-
sueños dorados : — atengo — sólido, — — — —
culier; personne *ne* fait autre chose. Vous déciderez ce que *vous*
—; nadie — — — — decidirá — —
croirez convenable; je m'*en* tiendrai à votre décision quelle
crea conveniente; — — atendré — — — cualquiera

qu'*elle* soit. Le marquis caressa beaucoup cet enfant, et fit re-
que sea. — marques acarició — — — niña, — — ob-
marquer au père que quelque malheureux qu'*il* dût être de
servar — — — por mas desgraciado — hubiese de ser por
la perte prématurée de sa femme, une fille semblable devait
— pérdida anticipada — — —, — — semejante —
adoucir sa douleur. Le seul témoin de son crime en était *le*
mitigar — dolor. — único testigo — — crimen — —
complice, et quelques soupçons qu'eût la marquise, *il* n'était
—, — cualesquiera sospechas — — — marquesa, — —
pas probable qu'*elle* l'accusât jamais. Puisses-tu demeurer toujours
— — — acusáse — ¡Ojalá te estés —
dans la tombe, talisman de honte et de malheur! Rendez-moi
— — tumba, talisman — oprobrio — — desdicha! Restituidme
à mon père et à ma patrie: ainsi puissent les dieux vous con-
— — — — — — : así quieran — — — —
server à vos enfants, et leur faire sentir la joie de vivre sous
— para — hijos, — — — — — gozo *m.* — — —
un si bon père. Ma filleule subira cette épreuve comme
— tan bueno — — ahijada pasará por — prueba —
une autre fille; je ne veux ni qu'*elle* transgresse ses devoirs,
cualquiera — moza; — — — — quebrante — deberes,
ni qu'*elle* maudisse l'heure de son mariage. *J'ai* subi vos
— — maldiga — — — — casamiento. — aguantado —
injures, tant qu'*elles* ont été dirigées contre moi seul; vous
injurias, mientras que — — dirigidas — — —; —
attaquez ma mère, cela *je* ne l'endurerai *pas*. Je sentais que
ataca á — —, y eso — — aguantaré. — — —
mes pieds ne pouvaient se mouvoir, que mes genoux se déro-
— — — — — mover, — — rodillas — plega-
baient *sous moi*, et que mes mains, s'efforçant de saisir Mentor,
ban, — — — — —, — esforzando á coger á —,
cherchaient une ombre vaine qui m'échappait toujours. Il ca-
buscaban — sombra vana — — escapaba — — ocul-
chait ses bienfaits, pour se dérober aux louanges des uns, aux
taba — beneficios, — — escapar de las alabanzas — —, de los

remercîments des autres, et aux fades compliments des
agradecimientos — —, — de los insulsos cumplimientos —
imbéciles.
necios.

THÊME LXXI.

Sur diverses Locutions.

L'affaire en question, *el asunto de que se trata.* Devoir faire, *haber de hacer, tener que hacer :* quelquefois, lorsque c'est un devoir de conscience ou de bienséance, *deber.* Me tarder, lui tarder, *hacérseme tarde, hacérsele tarde.* S'en falloir, *faltar, estar lejos de...* Avoir affaire à..., *tener que hacer con...* Faire tort, *agraviar, hacer agravio.* S'en douter (de quelque chose), *pensárselo, sospecharlo.* Frapper, *dar golpe.* Faire fi, *burlarse, reirse.* Valoir une chose, *valer tanto como tal cosa.* Il ne tient qu'à moi, il ne tient qu'à vous, qu'à lui, etc., *de mi solo depende, de Vm. solo, de él solo,* etc., *depende.* A tout prendre, *en todo caso.* Tout enfants que nous étions, *aunque muchachos.* Et moi de m'extasier, *y yo me estaba embelesado.*

J'ai déjà écrit quatre lettres relativement à l'affaire en
—tengo ya escrito cuatro cartas relativamente — — —
question, sans avoir reçu un mot de réponse; | que faut-il que
—, — — — — — — respuesta; | ¿qué he de
je fasse? | Il a composé un beau discours sur une question de
hacer? | — — compuesto — — — — — cuestion —
la plus haute importance, qui sera prononcé à la chambre, à
— — — importancia, — — — en — cámara, —
la prochaine séance, et qui, | dit-il, | doit faire une profonde
— próxima sesion, — —, | segun dice, | — — — profunda

sensation. Mais, hélas! qu'*il* me tardera de vous revoir, *de* vous
— —, ¡ay! ¡cuan — — el — — —, —
entendre, *de* vous faire redire ce que *je* sais déjà, et *de* vous
—, — repetir — — — — —, — —
demander ce que *je* ne sais *pas* encore! Quelquefois *il* lui tardait
preguntar — — — — —! Algunas veces — — —
que Mentor fût parti, pour n'avoir plus devant ses yeux cet
— — — —, — — — — delante de — — —
ami sincère, qui lui reprochait sa faiblesse. Peu *s'en* fallut
— —, — — echaba en rostro — — flaqueza. — —
qu'*il* ne louât la constance de la jeune fille, et ne l'encoura-
— — alabase — — — — — doncella, — — — anima-
geât à y persévérer. Cet homme paraît faire tout ce qu'*il* veut;
se — — perseverar. — — — — — — — —;
mais *il* s'en faut bien qu'*il ne* le fasse: *il* fait tout ce que
— — mucho para que — — —: — — — —
veulent ses passions féroces. Comme si *ce* n'eût *pas* été assez
— — — — — — — — — bastante
de défendre ma vie contre cette coalition d'avarices, j'avais
— — — — —, reunion — avaricias, — —
affaire à *un* autre ennemi presque aussi redoutable, l'envie.
— — — — casi tan formidable, — envidia.
Vous n'avez rien à craindre ici; tout vous est favorable: aban-
— — — — — — —; — — — —: —
donnez-vous donc à la joie. Avoir *de l'*ordre, avec une vie agi-
— — pues — — alegría. ¡— órden, — — — agi-
tée et remplie comme la mienne! ai-*je le* temps de calculer
tada — llena — — mia! ¿tengo acaso — — —
minute par minute, et livre par livre, ce que *je* dois dépenser
minuto — —, — libra — —, cuantos he de gastar
de jours, ou | dissiper d'argent? | L'or, l'argent, et les
—, — | cuanto dinero he de disipar? | — —, — plata, — —
pierres précieuses y étaient en *une* telle abondance qu'à peine
— preciosas — — — — — — — —
ce vaste palais pouvait contenir tant *de* richesses. Vous ne
en — vasto palacio — caber — — ¿— —

savez *pas* pourquoi votre ancien ami ne l'est-*il* plus? savez-vous
— — — antiguo — — — — —? ¿— —
pourquoi vous en veut-*il?* parce qu'*il* prétend qu'*on* lui a fait
— le quiere á Vm. mal? — pretende — — — —
tort *en* vous accordant votre grade plutôt qu'à lui. Il n'a *pas*
agravio — acordandole — grado antes — — — — —
si bien caché son projet, que je n'aie eu quelque soupçon:
tan — disimulado — proyecto, — — — — — barrunto:
il y a longtemps que je m'en doutais. La beauté singulière de
hace mucho — — — — lo sospechaba. — — singular —
cette jeune personne le frappa, et *il* s'éprit pour elle d'une
— doncella — —, — — prendó de ella con —
passion d'autant plus subite qu'*il* était plus étranger à toutes
— tanto — repentina cuanto — — — — —
les agitations du moment. Les gens du Midi marchent droit
— agitaciones — momento. — gentes — Mediodía van derechos
au but, et quand *il* est atteint, *ils* éclatent, comme si l'étincelle
— fin, — — — conseguido, estallan, — — — chispa
qui a couvé dans leur sein venait d'y être déposée dans
— — estado cubierta — — pecho acabara — — — depositada —
le moment même. Tudieu! vous faites fi des poëtes, mais vous
— — — ¡Ola! — — — — poetas, — —
| les valez bien, | mon[2] cher[1]. Salente est garantie des mal-
| vale tanto como ellos | — querido. Salento está libre — desdi-
heurs qui la menaçaient: | *il* ne tient plus qu'à vous | *d'en*[2]
chas — — amenazaban: | de vos solo depende | —
élever[1] *la* gloire[3] jusqu'au ciel, et *d'*égaler le sage Minos, votre
— — hasta el —, é igualar al sabio —, —
aïeul, dans le gouvernement de vos peuples. A ce mot de té-
abuelo, — — gobierno — — — — — — — te-
mérité, Idoménée rougit, et | peu s'en fallut | qu'*il n'*in-
meridad, — se sonroseó, — | faltó poco | para que in-
terrompît Mentor, pour lui témoigner son ressentiment. Je ne
terrumpiese á —, — hacerle ver — resentimiento. — —
suis *point* Cyprien, *et je* ne saurais dire que *je* le suis: les dieux
— Chipriota, ni puedo — — — —: — —

voient ma sincérité ; | c'est à eux | *à* conserver ma vie par leur
— — —; | á ellos toca | — — — — —
puissance, s'*ils le* veulent ; mais je ne veux *pas* la sauver par un
poder, — —; — — — — —salvar por —
mensonge. Puisque ses parents s'obstinaient à la marier en dé-
mentira. Ya que — padres — obstinaban en — casar á pe-
pit de tout, *il* valait mieux, à tout prendre, que *ce* fût avec lui
sar — —, — mas, en todo caso, — — — —
qu'avec un autre. | Tout enfants que nous étions, | et
— — cualquiera — | Aunque éramos muchachos, | —
dans notre innocence primitive, *c*'était un véritable amour
estábamos — — — —, — — verdadero —
que *nous* éprouvions *l*'un pour *l*'autre, un amour qui devait
el — teníamos — — —, — — debia
grandir et mourir avec nous. | Et moi de m'extasier | sur son
crecer — — — — | Y yo me estaba embelesado | — —
adresse, et elle | de faire naïvement chorus | à mes louanges,
habilidad, — — | se apuraba cándidamente | en — alabanzas,
le vaincu étant aussi heureux de sa défaite que le vainqueur de
siendo el vencido tan feliz — — derrota como — vencedor —
sa victoire. | J'eus beau dire et beau faire, | *il* fallut accepter,
— — | Por mas que yo dijese é hiciese, | — aceptar,
sous peine de fâcher ma bienfaitrice, et mettre les dents à la
so pena — enfadar á — bienhechora, — hincar — dientes en —
galette. Tout ce que *je* pus obtenir, *c*'est que *nous* la partagerions,
galleta. — — — — —, — — — —,
et que *nous* mordrions à même chacun à son tour. Si je n'avais
— — morderíamos á ella — — — turno. — — — —
eu à me plaindre que de quelques individus, *je* | ne m'en serais
— que — quejar sino — — individuos, | no habria acusado
pris qu'à eux, | et leur sang eût suffisamment expié mon
mas que á ellos, | — — — hubiera suficientemente expiado —
injure. Calypso ne pouvait s'empêcher de jeter sans cesse *des*
injuria. — — — — dispensar — echar sin cesar —
regards tendres et passionnés sur Télémaque, et de voir avec
miradas tiernas — apasionadas — —, — — — —

indignation que Mentor observait jusqu'au moindre mouvement
— — — — hasta el menor movimiento
de ses yeux. Je prie Morphée de répandre ses plus doux char-
— — — —ruego á Morfeo que derrame — — dulces echi-
mes sur vos paupières appesanties, et de faire couler une vapeur
zos — — párpados entorpecidos, —que haga correr un vapor *m.*
divine dans vos membres fatigués. | *Je* n'ai garde | *de* vous
divino — — miembros fatigados. | No quiero | echaros
reprocher la faute que *vous* avez faite, *il* suffit que *vous* la sen-
en cara — falta — — —, basta — — sin-
tiez, et qu'elle vous serve à être *une* autre fois plus modéré
tais, — — — — sirva para — — vez — —
dans vos désirs.
— — deseos.

EXTRAIT

des Études de la Nature, par J.-H. Bernardin de Saint-Pierre.

ÉTUDE XII.

Je vous suppose donc, lecteur, fatigué des maux de nos so-
— os supongo —, lector, fatigado — — — — so-
ciétés, cherchant, vers les extrémités de l'Afrique, quelque
ciedades, buscar, — — extremidades — Africa, —
terre heureuse, inconnue aux Européens. Votre vaisseau, vo-
— —, desconocida — Europeos. — navío, vo-
guant sur la Méditerranée, est jeté, à l'entrée de la nuit,
gando — — Mediterraneo, — arrojado, — — entrada — — —,
par une tempête, sur une côte où *il* fait naufrage. Par la faveur
— — tempestad, — — costa — — — — — —
du ciel, *vous* vous sauvez à terre; *vous* vous réfugiez dans une
— —, — salvar — —; — refugiar — —
grotte que *vous* apercevez, à la lueur des éclairs, au fond d'un
gruta — divisais, — — luz — relámpagos, — — — —

petit vallon. Là, retiré dans cet asile, *vous* entendez, toute la
vallecito. —, — — — asilo, oir, — —
nuit, le tonnerre gronder, et la pluie tomber par torrents. Au
—, — trueno retumbar, — — lluvia — á mares. —
point du jour, *vous* découvrez derrière vous une ceinture de
amanecer, descubrir detrás de — — cintura —
grands rochers, escarpés comme *des* murailles. De leurs bases
— rocas, escarpadas — murallas. — — basas
sortent çà et là des touffes de figuiers, couverts de figues blanches
— acá y allá algunas copas — higueras, — — higos —
et rouges, et *des* bouquets de carouges, chargées de siliques
— rojos, — ramilletes — algarrobos, — — — silicuas
brunes; leurs sommets sont couronnés de pins, *d'*oliviers sau-
pardas; — cimas — coronadas — pinos, — olivos sil-
vages et *de* cyprès à demi courbés par la violence des vents.
vestres — cipreses medio inclinados — — — — —
Les échos de ces rochers répètent, dans les airs, les rumeurs
— ecos — — — — repetir, — — — —, — —
confuses de la tempête et les bruits rauques de la mer irritée,
— — — — — estruendos roncos — — —,
que *l'*on aperçoit au loin. Mais le petit vallon où vous êtes, est
— — descubre á lo lejos. — — — — — — —,
le séjour du calme et du repos. *C'est* dans ses flancs mous-
— mansion — calma *f.* — — reposo. — — costados cubiertos de
seux *que* l'alouette de mer fait son nid, et sur ses grèves soli-
moho — cogujada — — — — nido, — — — playas soli-
taires *que* la mauve attend la fin des orages. Déjà les premiers
tarias — paviota aguarda — — *m.* — tempestades. — — —
feux de l'aurore se prolongent sur les stœchas fleuris et les
— — — — prolongan — — cantuesos floridos — —
nappes violettes de thym qui tapissent ses collines. Ses rayons
alfombras moradas — tomillo — cubren — colinas. — rayos
vous font apercevoir, au sommet d'un des plateaux voisins, une
— — divisar, en la cumbre — — — collados vecinos, —
cabane à l'ombre des arbres. *Il* en sort un berger, sa femme et
cabaña — — sombra — — — — — — pastor, — — —

sa fille, qui s'acheminent vers la grotte, *en* portant sur leur tête
— —, — — encaminan — — —, — —
des vases et *des* corbeilles. *C'est* le spectacle de votre malheur
vasijas — canastillos. — — espectáculo — — desgracia
qui attire ces bonnes gens auprès de vous. Ils vous apportent
el que atrae — — gentes al lado — — — — traen
du feu, *des* fruits, *du* pain, *du* vin et *des* vêtements. Ils s'empres-
—, frutas, —, vino — vestidos. — — apre-
sent de vous rendre tous les devoirs de l'hospitalité. Les be-
suran á — dispensar — — deberes — — hospitalidad. — ne-
soins du corps satisfaits, ceux de l'âme se font sentir : vous
cesidades *f.* — — satisfechas, — — — — — —: —
promenez vos regards sur la mer, et *vous* cherchez en vous-
extendeis — miradas — — —, — procurais — —
même *à* connaître dans quelle partie du monde *vous* vous trouvez ;
— conocer — — — — — —;
mais ce berger vous tire d'inquiétude, *en* vous disant : « Cette
— — — — saca — inquietud, — —: « —
île *éloignée* que *vous* voyez au nord, est Mycone. Voilà Délos
isla alejada — — — norte, — Micona. He allá —
un peu sur la gauche, et Paros devant nous. Celle où *nous*
— — — — izquierda, — — delante de — Esta —
sommes est Naxos ; vous êtes dans cette partie de l'île où Ariadne
— — —; — — — — — — — — — Ariadna
fut autrefois abandonnée par Thésée. *C'est* sur cette longue
— antiguamente — — Teseo. — — largo
dune de sable blanc qui s'avance là-bas dans la mer, *qu'elle*
montecillo — arena blanca — — extiende allá bajo hasta — —, —
passait les jours à considérer le lieu de l'horizon où le vaisseau
— — — considerando — — — horizonte — — navío
de son amant infidèle avait disparu à sa vue ; et *c'est* dans
— — — infiel — desaparecido de — —; — —
cette grotte même où vous êtes, *qu'elle* se retirait pendant les
— gruta — — — —, — — — durante —
nuits, pour pleurer son départ. A droite, entre ces deux co-
—, — llorar — partida. A la derecha, — — — col-

téaux, au haut desquels *vous* voyez des ruines confuses, était
lados, en lo alto de los cuales — unas ruinas confusas, habia
une ville florissante, appelée Naxos. Les femmes qui l'habitaient,
— — floreciente, llamada — — — — — —,
touchées des malheurs de la fille de Minos, vinrent chercher *à*
movidas. — — — — — — — —, — á procurar
la consoler. Elles tentèrent d'abord *de* la distraire par leurs
— —. Estas intentaron desde luego — distraer con —
conversations ; mais rien *ne* pouvait lui plaire que le nom et le
— —; — —. — — agradar sino — nombre — —
souvenir de Thésée. Ces femmes feignirent alors *des* lettres de
memoria — — — — fingieron entónces cartas —
ce héros, remplies d'amour et adressées à Ariadne. Elles cou-
— héroe, — — — — dirigidas — — — cor-
rurent les lui porter, *en* lui disant : Consolez-vous, belle Ariadne,
rieron á — — llevar, — —: — —, — —,
Thésée reviendra bientôt ; Thésée pense toujours à vous.
— volverá luego; — — — en —
Ariadne, hors d'elle-même, lisait ces lettres ; et d'*une* main
—, fuera — sí —, leia — —; — con —
tremblante se hâtait d'*y* répondre. Les Naxiennes emportaient
trémula — daba priesa — responder. — Naxianas se llevaban
ses réponses, et lui promettaient *de* les faire parvenir bientôt à
— respuestas, — — prometian — — llegar — —
Thésée. *C*'est ainsi qu'elles trompaient sa douleur. Mais quand
— — — como — engañaban — — — —
elles s'aperçurent que la vue de la mer la plongeait *de* plus en
observaron — — — — — — — — sumergia mas y
plus dans la mélancolie, *elles* l'amenèrent au milieu de ces
mas — — melancolía, — trajeron — medio — —
grands bocages que *vous* apercevez là-bas dans les terres. Là,
— sotos — divisais — — — — — —,
elles inventèrent toutes sortes de fêtes pour charmer ses ennuis.
inventaron — — — fiestas — disipar — disgustos.
Tantôt *elles* formaient autour d'elle *des* chœurs de danses, et
Unas veces — al rededor — — coros — danzas, —

représentaient, *en* se tenant par la main, les divers détours du
representaban, — — — — —, — — revueltas —
labyrinthe de Crète, d'où, par son secours, était sorti l'heureux
laberinto — Creta, ——, — — auxilio, — — — feliz
Thésée : tantôt *elles* feignaient *de* tuer le terrible Minotaure.
— : otras fingian matar — — Minotauro.
Ariadne rouvrait son cœur à la joie, *en* voyant des spectacles
— volvia á abrir — — — gozo, — unos espectáculos
qui lui rappelaient la puissance de son père, la gloire de son
— — recordaban — poder, — — —, — — — —
amant, et le triomphe de ses charmes qui avaient préparé les
—, — — triunfo — — hermosura — — — —
destinées d'Athènes : mais quand les vents, malgré le son des
destino — Atenas : — — — —, á pesar del sonido —
tambours et des flûtes, lui apportaient le bruit lointain des
tambores — — flautas, — traian — rumor — lejano —
flots, qui se brisaient sur le rivage, d'où *elle* avait vu partir
olas, — — estrellaban contra — ribera, — — — — —
le cruel Thésée, *elle* se tournait du côté de la mer et se mettait
— — —, — volvia al lado — — — — — ponia
à pleurer. Ainsi les Naxiennes connurent que l'amour malheu-
— llorar. — — — — — — — desgracia-
reux trouve, jusqu'au milieu des jeux, à redoubler ses
do —, hasta en medio — juegos, con que redoblar —
peines, et qu'on ne perd le souvenir de ses maux qu'*en* perdant
—, — — — — — — — — — — sino —
celui de ses plaisirs. Elles cherchèrent donc *à* éloigner Ariadne
— — — placeres. — procuraron pues alejar á —
des lieux et des bruits qui pouvaient lui rappeler son amant.
— sitios — — ruidos — — — recordar — —
Elles l'engagèrent à venir dans leur ville, où elles lui donnè-
— persuadieron que viniese á — —, — — — —
rent *de* grands festins dans des salles magnifiques, soutenues
— — festines — unas salas —, sostenidas
par *des* colonnes de granite. Là *il* n'était permis à aucun homme
— columnas — granito. — — — permitido á — —

d'entrer, et aucun bruit du dehors *ne* se faisait entendre. Elles
—, — — — de fuera — dejaba oir. —
en avaient couvert *le* pavé, les murs, les portes et les fenêtres,
— — cubierto suelo, sus paredes, sus — — sus ventanas,
de tapisseries, où elles avaient représenté *des* prairies, *des* vi-
con tapicerías, — — — — praderas, vi-
gnobles, et *d'*agréables solitudes. Elles les éclairaient avec *des*
ñedos, — agradables soledades. — — alumbraban —
lampes et *des* flambeaux. *Elles* faisaient asseoir Aridane au
lámparas — hachas. — sentar á — en
milieu d'elles sur *des* coussins; *elles* mettaient une couronne
— — — — almohadones; — — —
de lierre, avec ses grappes noires, sur ses cheveux blonds et
— yedra, — — racimos negros, — — cabellos rubios —
autour de son front pâle; *elles* posaient ensuite à ses pieds *des*
en torno— — frente pálida; colocaban en seguida— — —
urnes d'albâtre, pleines de vins excellents; *elles* les versaient
urnas —alabastro, — — — —; — vertian
dans *des* coupes d'or, et les lui présentaient, *en* lui disant : Bu-
— copas ——,— — — —, — —: Be-
vez, aimable fille de Minos; cette île produit les plus doux
bed, — — — —; — — produce — — —
présents de Bacchus : buvez, le vin dissipe les chagrins. Ariadne,
— — Baco —, — — — — penas. —,
en souriant, se laissait aller à leurs invitations. En peu *de* temps
sonriendo, — — llevar — — invitaciones. — — —
les roses de la santé reparurent sur son visage, et aussi-
— — — — salud parecieron de nuevo— — —, é inmediata-
tôt le bruit courut dans Naxos, que Bacchus était venu au
mente— rumor corrió — —, — — — — en
secours de l'amante de Thésée. Les habitants, transportés de
socorro — — — — — — —, — —
joie, élevèrent à ce dieu un temple, dont *vous* voyez encore
—, edificaron —— — — —, del cual — —
quelques colonnes et le frontispice, sur ce rocher au milieu des
— — —— frontispicio, — — roca en — —

flots. Mais le vin ne fit que donner *des* forces à l'amour d'A-
olas. — — — — — mas que — — — — — —
riadne. Elle fut à la fin consumée par ses regrets, et même par
— — — en fin consumida — — penas, — aun —
ses espérances. Voilà au bout de ce vallon, sur un petit
— — Ved allí — extremo — — valle, — —pequeña
tertre, couvert d'absinthe marine, son tombeau et sa statue,
elevacion, — — ajenjos marinos, — sepulcro — — estatua
qui regarde encore vers la mer. On[2] y[4] reconnaît[3] à peine[1] la fi-
— — — — — — — — reconoce — — fi-
gure d'une femme; mais on *y* distingue toujours l'attitude in-
gura — — —; — — — — — actitud in-
quiète d'une amante. Ce monument, ainsi que tous ceux de ce
quieta — — — — monumento, — como — — — —
pays, ont été mutilés par le temps, et encore plus par les bar-
—, — — mutilados — — —, — aun — — — bár-
bares; mais le souvenir de la vertu malheureuse n'est *pas*, sur
baros; — — memoria — — — desgraciada — — — —
la terre, au pouvoir des tyrans. Le tombeau d'Ariadne est chez
— —, en poder — tiranos. — — — — — entre
les Turcs, et sa couronne est parmi les étoiles. Pour nous,
— Turcos, — — — — entre — estrellas. En cuanto á —,
échappés aux regards des puissances du monde, par notre
escondidos — miradas — potencias — —, — —
obscurité même; *nous* avons, par la bonté du ciel, trouvé la
— —; —, — — — — —, hallado —
liberté loin des grands, et le bonheur dans des déserts. Etran-
— lejos — —, — — felicidad — los desiertos. Extran-
ger, si les biens naturels vous touchent encore, vous serez *le*
gero, — — — — — mueven todavía, — —
maître de | les partager avec nous. |
dueño — | disfrutar de ellos con nosotros. |

FIN.

TABLE DES THÈMES.

FIN DE LA TABLE.

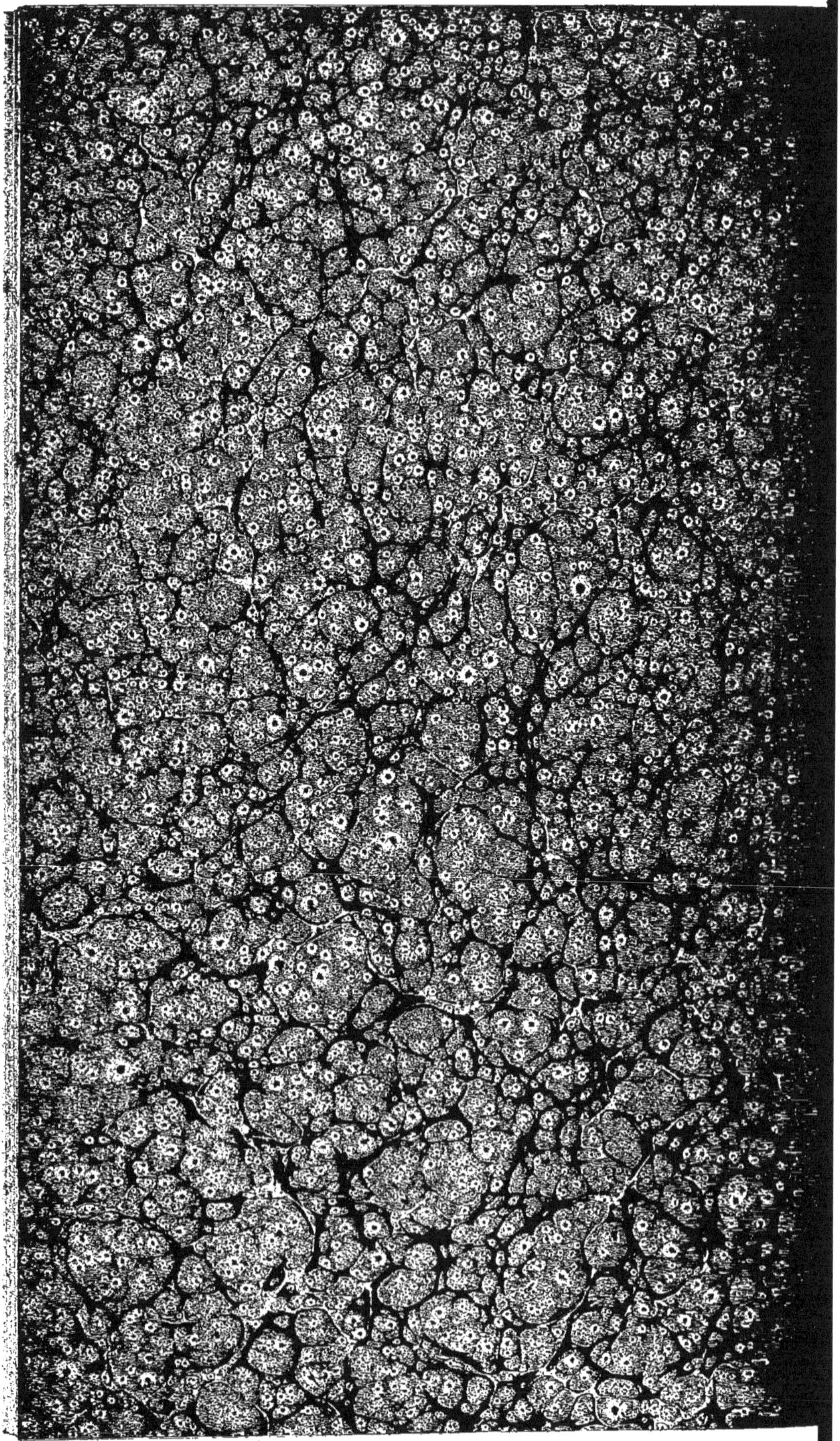

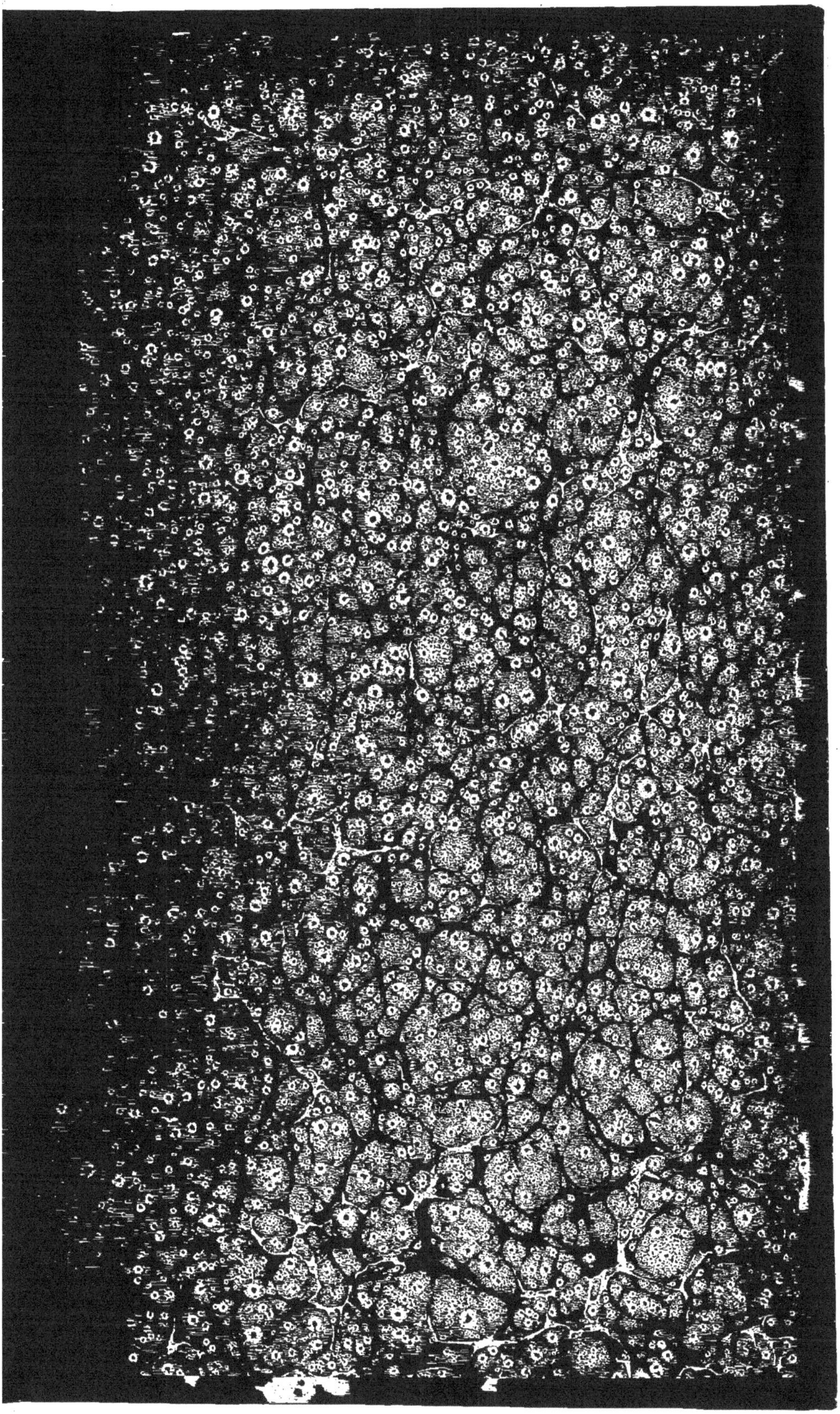

www.ingramcontent.com/pod-product-compliance
Lightning Source LLC
Chambersburg PA
CBHW070806270326
41927CB00010B/2310
* 9 7 8 2 0 1 9 5 5 2 2 9 9 *